家·國·安全

從聖戰士媽媽、德國新納粹到斬首者，
在全球「暴力極端主義」時代尋找消弭衝突的希望

HOME, LAND, SECURITY

Deradicalization and
the Journey Back from Extremism

卡拉·鮑爾
Carla Power
——著

黃佳瑜
——譯

炸彈隨時可能擊中這個房間。一、二、三、四、五、六……幾秒鐘過去了，炸彈並未落下。但在那懸而未決的幾秒鐘裡，腦筋一片空白，除了呆滯的恐懼感，所有感覺不復存在，整個人猶如被釘在硬紙板上。所以說，恐懼與仇恨的情緒令人失去生氣，貧瘠而不毛。恐懼消退之後，心靈立刻向外舒展，本能地試圖靠著創作恢復生機。

——維吉尼亞．吳爾芙，〈空襲中思索和平〉，一九四〇年

目次

引言／7

第一部　出走的孩子，等待的母親

迷失的男孩／33

「妳是恐怖分子之母」／73

教母和她的「教女」／99

第二部　改變者

信任練習／119

書本的力量／133

恐怖分子受理中心／159

遇見斬首者／185

失去信仰／211
唯有真主鑒察人心／235
大博弈／259
全球最佳去激進化專案／283

第三部 **從宏觀角度來看**

美國的反彈效應／309
量子糾纏／333
如何讓家園去激進化／355

致謝／381
附注／385

引言

二〇一六年冬天，唐納．川普當選美國總統後，我和許多美國人一樣，全身血液嗡嗡作響，感覺某種新的毒素在全國各地和我自己的體內流竄。夜裡躺在床上，我把滾燙的臉埋進枕頭，腦海中翻騰著白天聽到的有關禁令、高牆和政策反轉等種種醜惡的報導。我的胸口發悶，呼吸短促，肌肉因某件事——我不確定是什麼——而僵硬緊繃。我凝視天花板，然後盯著時鐘上的指針吃力地爬向早晨。我會感覺一波波腎上腺素推著我的怒氣往外竄，衝向川普，衝向他的政黨，衝向投票給他的每一個選民。有時候，怒氣甚至凝結成恨意。

白天，我開始考慮寫這本書。就在美國政治愈來愈兩極化、美國極端主義者的聲量愈來愈大之際，我讀著德國、挪威、巴基斯坦和沙烏地阿拉伯的人們步入與脫離暴力極端主義的路徑。我較早的研究是以加入ＩＳＩＳ的西方青年為焦點，在他們其中幾人身上，我認出自己在大選過後的心理狀態。如果「激進化」的其中一項定義是世界觀的窄化，是削弱一個人理解其他觀點的意願或能力，那麼我的確親身領略了箇中滋味。儘管我蒐集的故事是關於海外的戰爭和暴力極端的聖戰士，但美國的狂熱氣氛和這些故事不乏相似之處。某天下午，我向一位友人描述這項書寫計畫，對方不以為然。那樣想必有點過火吧？他答道，美國人還沒準備好閱讀把他們拿來跟ＩＳＩＳ成員相提並論的書。

然而，正如經常發生的那樣，一度被視為激進的想法，如今躍入了主流。二〇二一年二月，目標是以「在俄亥俄州公民與州政府之間搭起銜接橋梁」的《俄亥俄首府日報》（*Ohio Capital Journal*）請教去激進化專家，川普時代的極端分子和ＩＳＩＳ招募的新成員究竟有什麼不同[1]。二〇二一年一月六日，美國國會大廈遭到襲擊之後，曾在川普任內擔任三年國土安全部助理部長、主掌反恐行動的伊莉莎白・紐曼（Elizabeth Neumann）對《時代》雜誌（*Time*）表示，總統之於這群叛亂者的角色，堪比奧薩瑪・賓拉登（Osama bin Laden）之於九一一劫機者所扮演的「精神領袖」。她敦促美國「以我們追捕蓋達組織的同樣力度」追捕這群叛亂分子[2]。

九一一之後，政府與媒體莫不在暴力極端主義與伊斯蘭聖戰組織之間劃上等號。關於恐怖主義如何從九月的蔚藍晴空橫空降臨美國的故事，被一而再、再而三地反覆訴說。將近二十年過去，許多美國人非得經歷另一次全國性創傷，才終於看清統計數字所呈現的、也是有色人種早就透過經驗得知的事實：最嚴重的恐怖威脅並非來自異國、深色人種和穆斯林，而是來自土生土長的美國白人。就像恐怖電影裡的保姆發現連續殺人魔並沒有躲在樹林中，而是藏在屋裡，美國終於意識到暴力極端分子就在我們身旁。「我們最嚴重的威脅來自內部，而不是外部，」前國防部長查克．海格（Chuck Hagel）說，「受政治因素啟發的武裝叛亂分子、極端主義者、法西斯團體和其他活躍的破壞力量，如今已是美國常景的一部分，正如我們見到象徵美國民主搖籃的國會大廈上星期遭到了襲擊與占領。」[3]

隨著國家絞盡腦汁思索如何因應本土政治暴力課題，許多問題一一浮現。我們如何在國土安全與個人自由之間取得平衡？是否有辦法教導人民接納強健有力的多元主義，甚至只是多一點點包容？在去激進化方案的制定上，政府應扮演何種角色？正當的政治異議與社會威脅的界線在哪裡？

這本書探索其他國家如何克服此類問題的方法，並簡單研究美國的幾位去激進化先驅。我跟警察、政治人物、神經醫學家、社會工作者和ＩＳＩＳ激進分子的母親對談，尋找把人們推向暴力極端主義的原因。我前往印尼和巴基斯坦，看看社區如何改造恐怖分子；那些恐怖分子不是陌生的異鄉人，而是人們的鄰居和親戚。我在丹麥和比利時見到幾位警官，他們為原本抱有極端思想的人精心策畫了被批評者斥為「擁抱恐怖分子」的創新方案。在比利時，我訪問一位想方設法阻止市民投向激進主義的市長。在德國——一個因檢討其納粹歷史而成為感化行動先鋒的國家——我了解到該國七百二十項去激進化方案的潛力與局限。

在這趟過程中，我見到曾執行邪惡計畫的人——無論是密謀炸毀長島鐵路，或計劃持刀砍殺和平遊行的抗議者。我漸漸學會以新的角度思考恐怖主義與極端主義，但也帶著一股古怪而顯著的樂觀情緒。全球各地都在實驗人性化且創新的替代方法，取代監獄及武裝防衛等傳統對策。我在書中描述的許多解決方法或許看似激進，但正如文化批評家雷蒙・威廉斯（Raymond Williams）所言，「真正的激進是讓希望得以成真，而不是讓絕望成為具說服力的選擇」[4]。

不過我說得太快了，待我慢慢道來。

唐納・川普宣誓就職幾天後，我在德州待了一星期，開啟最終成為這本書的一趟旅程。一個在達拉斯對國際事務感興趣的協會，邀請我談談我的第一本書——《古蘭似海》（*If the Oceans Were Ink*）。我抱著希望，但願那天晚上是逃離整個冬天新聞上關於仇恨、高牆與封閉邊界等種種談話的機會。我一走進會場，立刻見到令人寬心的跡象。在貝聿銘設計的建築物裡，一群衣冠楚楚的人士優雅地吃著起司和水果。該協會會長是一位銀行家，他正在用法語跟一個巴黎人聊天。一名巴勒斯坦裔的美籍醫生跟一名阿爾及利亞裔的美籍女企業家商量著籌辦即將到來的募款盛會。

我的書堆放在美耐板桌面上，負責顧攤位的是個留著鬍鬚、穿著寬鬆T恤、活潑而年輕的書店員工。《古蘭似海》講述我與一位傳統伊斯蘭學者的友誼，以及我們共同研讀《古蘭經》的點點滴滴；這本書是一次嘗試，看看身為世俗的美國女性主義者，我自己的世界觀跟來自印度鄉村、受伊斯蘭學校教育的保守派宗教學家會有怎樣的激盪與碰撞。大出我意料之外的是，我們兩人找到了共通之處——一片由共同的道德觀構成的廣袤之地。我們都相信民主、科學、理性、多元包容與人權的價值，也都致力將我們的女兒培養成堅強且對世界充滿好奇的女性。長達一年的聆聽練習，令我跟一個擁有和我截然不同世界觀的人意外合拍。

我寫《古蘭似海》來說明伊斯蘭教是個正當且人性化的信仰，和登上新聞頭條的那些激進組織所展現的不寬容與暴力大相徑庭。以前曾有人質疑我的這項論點，但環顧那天晚上在達拉斯的這群都會名流，我但願他們能放我一馬。

事實證明，我想得太美了。

在隨後的提問環節中，一位骨瘦如柴的長者舉起了手。「妳的整場演說完全沒有提到聖戰，」他責難地說，「我這裡有一份清單，列出從網路上查到的、伊斯蘭教中有關聖戰的說法。」他攤開一疊紙張，逕自讀起摘自《古蘭經》的一段話：「殺死偶像崇拜者，無論你們在哪裡找到他們……」

「是的，」我俐落地打斷他，「那是所謂的『殺戮詩句』（Verse of the Sword）。恐懼伊斯蘭教的人和聖戰士同樣都喜歡引用這段話，因為那似乎讓暴力師出有名。」

各位讀者，我得承認，我對他板起面孔，擺出十足的教師派頭。這樣的言論並不新鮮——從

《古蘭經》擷取特意的一小段話，然後得意洋洋地拋出震撼彈。

「不論從歷史或文本的角度，這段經文太常被斷章取義，」我慷慨陳詞，臉頰泛紅，「如果你讀完整段經文，而不光是你引用的這幾句話，你會發現它其實和《古蘭經》的整體精神一致，都在勸人寬大為懷。」我緊接著說，很少被人提及的，是這段經文的下半段：「但假如他們悔改、定期祈禱並樂善好施，那就為他們開路，因為神是寬容的，是至仁至善的。」[5]換句話說，假如敵人求和，就跟他們和平共處。

除此之外，我繼續說，這段經文不該被用來一竿子打翻一條船，當作是對待非穆斯林的圭臬。不論《古蘭經》或先知穆罕默德的話，都反覆要求穆斯林包容猶太人和基督徒。「殺戮詩句」是先知在伊斯蘭歷史的一個特殊時刻得到的揭示：當時，早期的伊斯蘭族群正在跟一群非常特定的異教徒對抗。

那人收起紙張，嘆了一口氣，眉頭緊蹙，八成是為我的天真嘆息。

「下個問題？」我問，稍微顯得太過急切。

我開車回旅館，在紅燈前爆粗口，狠狠地踩剎車。我以前就遇過類似問題，人們詢問「穆斯林世界」為什麼製造出那麼多恐怖分子，以及「他們」為什麼憎恨「我們」。我會指出，所謂「穆斯林世界」是個思想建構出來的鬆散概念，涵蓋從蘇丹部落居民到德州神經科醫生等包羅萬象的族群，而武裝的聖戰士更僅占全球十九億穆斯林人口的一小部分。此外，當發現武裝聖戰士的受害者絕大多數是穆斯林本身，「他們憎恨我們」的公式立刻不攻自破。不過，這些論據很難動搖早已固化的信念。

當有人問起，伊斯蘭教為什麼天生暴力，我會告訴他們，伊斯蘭的核心教義勸導和平與寬容，但和每一個主要的一神教一樣——事實上，跟每一個人數眾多的群體一樣——總有一部分追隨者支持暴力。我接著提起，從十字軍到西班牙征服者，再到三K黨和愛爾蘭共和軍，好戰分子與恐怖分子聲稱自己受基督教義所啟發，已有悠久的歷史。不論是緬甸倡議滅絕羅興亞族群的佛教僧侶，或是梅爾．卡漢（Meir Kahane）的猶太保衛同盟（Jewish Defense League），大多數信仰團體都有一小部分成員利用他們對教義的詮釋，透過暴力追求其政治目標。

正如那天晚上在達拉斯，聽眾經常向我提出有關聖戰的問題，我會設法說明來龍去脈。我會告訴他們，「jihad」（聖戰）這個詞語意謂「奮鬥」，而非「戰爭」[6]。先知穆罕默德說，最重要的聖戰形式不是拾起武器，而是自我聖戰（jihad al nafs）——努力克服內心較陰暗的一面。我會指出，對於戰鬥的嚴格規範，限制了伊斯蘭的武裝聖戰概念。唯有合法正規的伊斯蘭領袖——而非自作主張的獨立戰士或激進團體——才能發動軍事行動。女人、兒童和平民應該受到保護。根據經典的伊斯蘭教義，就連敵人的莊稼和田地都不得侵犯。

更重要的是，我接著說，在美國，對於聖戰激起的恐怖主義，人們的恐懼過於誇大。二〇〇八年到二〇一五年間，每年死於恐怖攻擊的機會是三千萬分之一，而死於動物攻擊的機會則是一百六十萬分之一[7]。二〇一九年，美國人一生中有九十二分之一的機會因使用鴉片類藥物過量而喪命，有一百零七分之一的機會因車禍傷重不治[8]。除此之外，我們在西方世界遭到恐怖攻擊的危險性，比起過去幾十年來已相對較低。一九七〇和八〇年代，西方世界見證了北愛爾蘭衝突、義大利赤軍旅，以及西班牙巴斯克地區（Basque）分離主義運動最血腥的幾年；在那之後，政治暴力已大幅下降[9]。

我會接著指出西方媒體報導的危險偏見。儘管由於川普當選，白人至上主義者的恐怖行動開始受到媒體較高關注，但恐怖主義的相關報導仍壓倒性地以聖戰士為焦點。阿拉巴馬大學二〇一八年研究發現，二〇〇六年到二〇一五年間，穆斯林在美國發動的恐怖襲擊，受到比非穆斯林主導的行動高出百分之三百五十七的媒體曝光率[10]。二〇一八年的另一項研究則發現，敗露的聖戰士密謀受到的媒體報導，是失敗的極右派行動的七倍半[11]。

聖戰士的暴力是真實的，這一點無可否認，但對美國人而言，右翼極端主義者的暴力甚至更加危險，而且在川普任內變本加厲。自一九九五年反政府極端主義者炸毀位於奧克拉荷馬市的聯邦大樓，導致一百六十八人死亡以來，極右派恐怖分子在二〇一八年殺害的美國人比任何時候都還要多。反誹謗聯盟（Anti-Defamation League）發現，二〇一八年，與極端主義信念有關的每一起謀殺案件，背後元凶都是右翼好戰分子[12]。

儘管統計數據擺在眼前，但在我演說時，仍有數量驚人的觀眾似乎是以恐懼為問題框架發問：「伊斯蘭靠武力傳教，難道不是真的嗎？」或者，「穆罕默德不是軍事領袖嗎？」在這些字斟句酌的關於「為什麼穆斯林如此暴力？」的各色問題背後，成見與惡意隱隱作祟。的確，有些人以伊斯蘭之名犯下暴行，但人們常以各式各樣的名義煽動暴力。極端主義者將自己的暴力依附在各種信仰上。在穆斯林占少數的社會，對「聖戰暴力」的執念仍是一種反射式的種族偏見。這種偏見也具有危險本質，因為它在不知不覺中放任其他極端主義蓬勃發展，直至爆發暴力行為。

西方國安官員因使用雙重標準而遭人詬病；他們對於疑似極端主義者的外國人及有色人種採取一種審查標準，卻以寬鬆許多的標準審查涉嫌的白人。二〇二一年一月六日，暴民打著「停止竊取選票」（**Stop the Steal**）的旗幟闖入美國國會大廈。在探討這起事件背後的安全漏洞時，前反恐官員兼外交官藍道夫．艾迪（**R.P. Eddy**）對《紐約時報》（*The New York Times*）表示，「執法人員錯就錯在無法想像『看起來和我一樣』的人會幹出這種事」[13]。二〇一九年紐西蘭基督城發生屠殺事件，一名白人至上主義者闖進清真寺射殺了五十一名穆斯林。官方調查發現，該國的反恐策略失之於將「不成比例的資源」集中在聖戰恐怖分子的威脅上[14]。

川普剛上台時，我曾提出論點表示各種信仰、群體與國家都存在極端主義與暴力的傾向。然而每次跟人辯論完後，我總帶著一敗塗地的感覺離開。我的態度舉止幫了倒忙。這場大選令我和數百萬美國同胞一樣，變得比以往易怒、狂躁、渾身是刺。尤其在怒火愈燒愈烈、日益兩極化、愈來愈不包容的時刻——包括我自己和我的國家——我不太想參與有關聖戰的對話。我們剛剛選出一個靠散播恐懼與衝突而登上大位的總統。我拜訪德州的那個星期，川普簽署了行政命令禁止敘利亞難民及七個穆斯林國家的公民入境美國。各種色彩的極端主義者互相滋養，從彼此的強硬說詞與立場汲取力量。伊斯蘭國的社群媒體帳戶大讚川普，貼文表示這是一條「受祝福的禁令」[15]。ＩＳＩＳ的時事評論員開心地表示，川普的歧視會加劇穆斯林群體的疏離感，為他們的招攬工作推波助瀾。有人甚至封川普是「伊斯蘭教的最佳召集人」。

在針對穆斯林及其他少數族裔的仇恨犯罪急遽惡化之際，我為什麼要談論聖戰分子？討論伊斯蘭恐怖主義——或甚至宣稱受伊斯蘭啟發的非暴力極端主義——似乎只會放大伊斯蘭恐懼症患者的言論，助長他們以滿腹牢騷的樣板文章描述斬首和毛骨悚然的伊斯蘭教法。我不想將焦點放在信奉仇恨的少數穆斯林身上，以免為這樣的偏狹觀念加分，所以我盡可能迴避這個話題。

一天，酒酣耳熱之際，一個在她的國家任職於國安機構的研究所同學難以置信地說：「妳不會再次對我說『伊斯蘭是個和平宗教』這類陳腔濫調，對吧？」

事實上，我確實說了類似的話。將一個全球化宗教的一千四百年歷史濃縮成短短一句話，令人感到痛心；在這個充滿憂慮的時代，把目光瞄準我在伊斯蘭教義中看到的寬容與正義，感覺可能是更好的做法。當我的母國和我入籍的英國愈來愈兩極化，凸顯和平的多數人而非好戰的邊緣分子，談論寬容而非暴力、共通的人性而非仇恨，似乎已是刻不容緩的事。在聲稱「伊斯蘭憎恨我們」的男人剛剛搬進白宮之際[16]，談論聖戰似乎是個錯誤。遠遠不如談起《古蘭經》中頌揚多元包容的經文，以及先知對寬容的提倡。

在達拉斯演說後隔天，我飛往奧斯汀發表另一場演說，這一次是在德州大學。和在達拉斯一樣，這裡的聽眾也很國際化：演講廳裡有許多人主修伊斯蘭教、國際關係或世界歷史，還有幾位女性戴著頭巾。我講完後，一名年輕學生舉起了手。她大聲說出自己的想法：為什麼許多穆斯林以及捍衛他們的自由派分子似乎無法理解，對某些非穆斯林來說，聖戰和伊斯蘭教法的概念真的非常可怕？「當伊斯蘭的捍衛者不正視這些問題，」她繼續說，「豈不等於拱手將話語權讓給極端主義者？」

我再次發現自己被問得啞口無言。奧斯汀是個以自由主義著稱的城市；她在奧斯汀的大學演講廳，在穆斯林淪為仇恨目標的時節，當著包含穆斯林在內的聽眾提出這個問題，確實勇氣可嘉。我站在那裡，心知她的話不僅挑釁意味十足，更說得在情在理：談起暴力極端主義，聲音最響亮的通常是極端主義者本身。你大可以試著藉由談論和平，藉由分析他們的詮釋為什麼不符合伊斯蘭教義來反擊他們，但以這些細緻的方法對抗暴力行動，怎會有任何希望？蓋達組織、博科聖地（Boko Haram）和伊斯蘭國這類組織以炸彈和斬首掌握了話語權——而西方政府經常上鉤，開始對國內的穆斯林人口施加嚴密監控，並在海外發動侵略，以此回應。

蓋達組織摧毀雙子星大樓，在美國人心中烙下對恐怖主義的原初印象，美國及其盟友便以入侵伊拉克和阿富汗做為反擊。十多年後，自稱的伊斯蘭國宣傳人員琢磨出一套專屬的「震撼與威懾」（shock-and-awe）策略：他們製作足以登上電視黃金時段的獻祭與斬首影片，擦亮他們的殘暴狂熱分子招牌。僅僅透過報導這些暴行，西方媒體在無意之間成了ISIS恐怖活動的代言人。ISIS的政治宣傳與媒體報導，聯手鞏固了聖戰士窮凶惡極的形象。九一一後，人們莫不將恐怖主義想像成來自冥間異界的災難，跟孕育它的社會政治狀況絲毫無關。

沙烏地阿拉伯在二〇一七年發佈了一段影片，三名年長男性在一群政要的恭敬注視之下，將手貼到一顆發光的球體上。沙烏地阿拉伯國王以及埃及和美國的總統面向「指揮與控制中心」——源源不斷送上關於恐怖主義的最新消息、影片與數據的好幾排螢幕[17]。燈光暗下來，幾位領袖凝視著旨在監控極端主義者的系統「核心中的核心」時，臉孔被下方的光球照亮。偽《星際大戰》（*Star Wars*）的主題隱隱浮動，不斷膨脹，凸顯整個場合的死星（Death Star）式*黑色美學。

沙烏地阿拉伯「打擊極端主義意識型態全球中心」（Global Center for Combating Extremist Ideology）的二〇一七年開幕典禮，似乎認定暴力極端主義是無涉於人性的一項問題。指揮與控制中心鎖定的目標甚至沒有大頭照，只用數據點的方式呈現。川普總統當天稍早關於對抗恐怖分子的演說，甚至更不把他們當成人看。「趕走他們，」他咆哮著說，「把他們趕出你們做禮拜的地方，把他們趕出你們的社區，把他們趕出你們的聖地。乾脆把他們趕出這個地球。」與恐怖主義的戰爭，他拖長了尾音說，「是善與惡之間的戰爭。」[18]

將恐怖主義定調為文明的生存威脅，是一種爽快而直接的做法，既撫慰人心又具有凝聚力量。二〇〇一年，我是《新聞週刊》（*Newsweek*）的一名特派員。在飛機撞擊世貿中心及五角大廈引來的恐慌與哀傷氣氛當中，雜誌社的記者紛紛交換消息，試圖理解美國遭到襲擊的原因。當大夥兒試著從歷史、政治、宗教和社會角度提出解釋，一名編輯悍然地說：「我們為什麼不能乾脆說出它的名字——邪惡？」

二十年過去了，「邪惡」依然是個直接得令人麻木的概念；它扼殺了對人們為什麼訴諸暴力極端主義的探問，阻擋了改變或贖罪的可能性，也封鎖了通往深入理解這些行為發生原因的途徑。漢娜．鄂蘭（Hannah Arendt）或許證明了納粹邪惡的平庸，但人們依舊將現代聖戰恐怖分子的行動歸因於塵俗之外的動機。這樣的人被剝除了平庸的可能性，也被剝除了令他具有理性，而且或許能為他的奮鬥目標提出解釋（雖然不能作為藉口）的時空背景。媒體以灑狗血的標題報導聖戰士恐怖主義，沒有提出事實根據，純粹因當時狀況或悲傷氛圍而發洩情緒；「聖戰士恐怖主義」所代表的，無非毀滅。二〇一五年，伊斯蘭激進分子在巴黎發動恐怖攻擊，導致一

＊ 譯注：《星際大戰》系列電影中的虛構太空要塞。

百三十人喪命並令四百餘人受傷；澳洲總理稱這起悲劇事件是「惡魔的手筆」[19]。過了兩年，英國首相特蕾莎・梅伊（Theresa May）在倫敦橋恐攻事件後，將罪責歸於「伊斯蘭極端主義宣揚仇恨、散播分裂、排斥異己的邪惡意識型態」[20]。然後當一名自殺炸彈客在歌手亞莉安娜・格蘭德（Ariana Grande）的曼徹斯特演唱會炸死二十三人，英國小報立刻以鋪天蓋地的報導將炸彈客描繪成怪物。「純粹」，這是標題的開頭兩個字，放在最年輕的爆炸案受害者——一名八歲女童——的照片上方；接著兩個字是「邪惡」，放在自殺炸彈客的模糊大頭照上方：「純粹邪惡」[21]。

菲根・穆雷（Figen Murray）沒有在自殺炸彈客的臉上看見邪惡，儘管後者殺害了她的兒子馬汀和其他二十二人。曼徹斯特襲擊事件之後，她為了避免看到自殺炸彈客的照片，好幾天不讀也不看新聞。不過馬汀去世兩天後，她無意中瞥見殺手的臉孔；當時她恰巧從一疊報紙旁走過，他的照片就印在報紙頭版上。她本能地別過頭，但即便當時，她說，「我的腦海裡只有幾個字：『你這個傻孩子』。」

她看到的面孔並不邪惡，只不過一臉傻氣。「他們或許挑了一張很糟的照片，但老實說，」我們幾個月後通電話時，菲根在電話中說，「他看起來有點蠢，彷彿魂不守舍。我止不住納悶，『你到底在想些什麼？』」

警方堅稱炸彈客知道自己在做什麼，但這位生下五名子女的母親看法不同。「我有小孩，」

她說，「二十二歲？那個年紀的孩子不知道自己在幹什麼。他雖然殺了我的兒子，但我無法跟一個盲目遵從自己被灌輸的鬼話，然後蠢得願意為之犧牲的人置氣。」

菲根的通透是從哪兒來的？或許跟她一生輾轉遷徙、三度移民有關；她是在德國長大的土耳其女兒，後來定居英國。或許她作為一名心理諮商師，已被訓練得謹言慎行。無論如何，她從一開始就拒絕使用分裂的語言。

爆炸案幾星期後，當一位高層的反恐官員到她家拜訪，菲根說起那天晚上死去的二十三人，官員糾正她：「錯了，死亡人數是二十二人。」

「呃，恐怖分子也死了，」菲根回答。

「噢，我們警方不把犯案人算在內，」官員說。

「哎呀，他依舊是個人，」菲根說，「他也是某個人的小孩。」

「妳的想法非常高貴，」她記得對方說，「但我們不那樣看待他們。」

他們。另一個分裂字眼；浮誇媒體的另一個最愛。（「現在他們殺了我們的小女孩！[22]」，一則頭版頭條如此吶喊，儘管炸彈客薩勒曼．阿貝迪〔Salman Abedi〕是出生於曼徹斯特的本地人。）

即使死了，恐怖分子仍被當作無形之人，不被算在內，可以忽略不計。

爆炸案之後的幾星期，菲根持續跨越「我們」與「他們」之間的界線。在另一起恐怖攻擊事件後，她明白表示對這條界線嗤之以鼻。事件發生在馬汀葬禮幾天前，當時，一名男子開車衝撞倫敦一座清真寺附近的人群，叫囂著要殺死所有穆斯林，並成功奪走一條性命。群眾抓住肇事者圍毆，最後清真寺的伊瑪目（Iman）*和信徒形成警戒線，保護他直到警方抵達。

菲根看到了現場的一張照片，深為那群人拒絕讓憤怒淪為群眾暴力的精神感動，因此決定原諒奪走馬汀性命的兇手。一位哀傷的母親，同時是一個生而為穆斯林的新住民，菲根決定公開表示原諒——這會破壞宗教狂熱者與民粹主義者大力推廣的「我們對抗他們」的簡單有力的說詞。爆炸案一個月後，她致電英國廣播公司（BBC），隨後登上晨間節目，在節目中寬恕自殺炸彈客。她後來告訴我，面對爆炸案，最好的回應是拒絕分裂與怨恨。「恐怖分子想激起憤怒、混亂與仇恨，」她平靜地說，「我拒絕配合。」

她為自己的克制付出了代價。網路酸民說她不像哀傷的母親，因為她的笑容太多了。有人在推特上寫道，「就妳這種態度，妳的兒子活該去死。」爆炸事件後的幾年裡，菲根進入研究所攻讀反恐策略，迫切希望了解人們為什麼加入激進組織，尤其因為「從社會整體的角度，我們每個人都參與製造了這些怪物。」

九一一之後，製造怪物成了一門欣欣向榮的產業。二〇〇二到二〇一七年間，美國政府將彈性預算的百分之十六——大約二點八兆美元——投入於打擊恐怖主義[23]，包括美國在伊拉克、阿富汗和敘利亞的戰爭。這加強了本土的監控與監禁力度，並擴大美國政府在海外暗殺本國公民與外國人的權利。這些用來對抗恐怖主義的安全化措施並沒有奏效：二〇〇〇到二〇一四年間，全球死於恐怖主義的人數暴增九倍。根據美國國務院以及史丹佛大學的「激進組織印現計畫」（Mapping Militant Organizations Project），聖戰士激進分子的人數呈三倍成長，從三萬兩千兩百人增加到逾十一萬人[24]。分析師崔佛・索爾（Trevor Thrall）與艾瑞克・葛普納（Erik Goepner）在為加圖研究所（Cato Institute）所做的一項研究中發現，美國在所謂「反恐戰爭」期間入侵或轟炸的七個國家，恐攻次數增加了百分之一千九百[25]，相較之下，其他穆斯林國家只增加了百分之四十二。

一種兩極化的觀點——把世界區分為善與惡兩端——已在大西洋兩岸擴散開來。它不再只套用於我們與外敵的對抗，也逐漸被用在我們的同胞與鄰居身上。英國二〇一六年脫歐公投後的一個月，出於種族和宗教因素的仇恨犯罪上升了百分之四十一[26]。分裂、分裂、再分裂：我們在城市和郊區、在私有化的警隊與消防隊、在門禁社區看到這種現象。我們在網路上的推特式叫囂和尖酸刻薄的臉書貼文上看到這種現象。我們在華府看到這種現象。我們的思維方式愈來愈像人口

---

* 譯注：伊斯蘭宗教領袖。

普查員或焦點團體座談會（focus groups）主持人，把公民同胞扁平化成單一面向：黑人、拉丁裔或白人；本國出生或新住民；百分之一的成員或其餘的百分之九十九；共和黨人或民主黨人。正如我們選出來的民意代表，我們比以往更緊密地依附我們的政治群體（political tribes）。

我們每個人都有自己定義的「他者」，也就是我們個人眼中的「他們」。好比說，我會像聆聽聖戰士的故事那樣，同樣專注且認真地聆聽新納粹或末世崇拜教徒（End of Days cultist）的故事嗎？我希望我會，但我沒有太大把握。有一次返回家鄉聖路易斯（St. Louis）做客時，赫然發現自己也參與製造了日常生活中的他者。我和十四歲女兒妮可在雜貨店，碰巧遇見我的一個老鄰居。我們寒暄完各自離開後，妮可靠過來小聲問：「妳覺得她會不會是川普支持者？」

我停下來想一想，然後猜測：「很有可能。」

妮可轉身注視那女人逐漸遠去的身影，眼睛睜得大大的，彷彿看見魔神蟄伏在冷凍食品區。

自從世貿中心遇襲以來，伊斯蘭恐怖分子就被塑造成最原始的他者（*ur*-Other），用來安放從移民到全球化、再到西方力量衰落等所有事情引發的無名焦慮，無所不包。不論作為關塔那摩（Guantanamo）囚犯，或美國無人機的空襲目標，或伊斯蘭國的戰士，聖戰士都活在法律和想像中的文明社會界線之外。布希政府使用「非法的敵方戰鬥人員」一詞，得以隨意拘留並審問恐怖分子嫌疑人，不受日內瓦公約束縛。在ISIS所謂的哈里發政權（caliphate）遭到摧毀後，世界各國開始爭論是否應將敘利亞境內的五萬多名外籍戰士遣送回國，或者任他們留在難民營自生自滅。在幾位西方領袖直率的言論中，這些戰士被抹除了一切人性成分，例如英國的國防大臣宣布，他的政府應「消滅」任何一個在敘利亞作戰的人，理由是「死了的恐怖分子無法對英國造成危害」[27]。就連格外溫文爾雅的羅利．斯圖爾特（Rory Stewart）——一位會說九種語言，在哈佛大學開課講授人權，並曾創立非營利組織援助阿富汗手工藝家的前英國政府大臣——在面對從敘利亞返鄉的外籍戰士的威脅時，都曾如此回應：「很遺憾，在絕大多數情況下，對付他們的唯一方法就是除掉他們。」[28]

當我讀到這段話，我滿腦子都是約瑟夫．康拉德（Joseph Conrad）的《黑暗之心》（*Heart of Darkness*）中那臭名昭著的七個字。昔日彬彬有禮的庫爾茲（Kurtz），在他為虛構的國際消除野蠻習俗協會（International Society for the Suppression of Savage Customs）所做的非洲報告末尾潦草地寫著：「消滅所有野蠻人」。

當然，如何定義「恐怖分子」，本質上始終是一種政治過程。誰會被冠上「恐怖分子」之名，誰又會被視為——好比說——「自由戰士」，取決於是誰在什麼時機所下的定義。根據美國陸軍統計，「恐怖主義」有超過一百種定義[29]；只要看看當權者如何使用或濫用這個詞彙就不難理解其中道理。北愛爾蘭和平進程中的首席談判代表強納森．鮑威爾（Jonathan Powell）表示，恐怖主義是「政府用來在國內製造恐懼，或在海外支持敵人的敵人的手段」[30]。一九八〇年代，雷根總統曾盛讚奧薩瑪·賓拉登是阿富汗的「自由戰士」，與蘇維埃帝國奮戰不懈。在種族隔離衝突期間，南非政府以恐怖分子之名囚禁了曼德拉。二〇二〇年，沙烏地阿拉伯的審判庭根據該國的反恐法案與反恐融資法，判定提倡女性有權駕駛的女權主義者魯嘉因·哈德洛爾（Loujain al-Hathloul）有罪[31]。

「極端主義者」（extremist）和「激進分子」（radical）這兩個經常被人漫不經心地跟「恐怖分子」（terrorist）混為一談的詞彙，也因為政治原因遭到類似的濫用。二〇一七到二〇一九年間，美國聯邦調查局宣稱某些煽動暴力的社會運動人士，針對他們制定一個叫做「黑人認同極端主義者」的新類別。俄羅斯禁止耶和華見證人（Jehovah's Witness）教派，認定他們是「極端主義者」。中國政府聲稱集中營裡的上百萬維吾爾族穆斯林很享受所謂的去激進化過程。二〇一九年，英國政府在多年嘗試將「極端主義者」定為法律術語後，終於因其定義過於模糊而不得不放棄[32]。

一九六三年，金恩（Martin Luther King, Jr.）牧師的行動被白人溫和派貼上「極端主義」的標籤，他備感絕望，因而在伯明罕監獄中聲稱極端主義是一項光榮的傳統[33]。假如他是極端主義者，那麼保羅、馬丁·路德和耶穌也都是。更重要的是，金恩所說的「極端主義」，是對一個倚賴恐怖炸彈攻擊與私刑的南方政權所做的回應，是對一個不僅因風俗與法律、更因揮之不去的暴力威脅而持續存在的種族隔離制度所做的回應。幾乎所有極端主義都是相對的；你定義的極端，幾乎完全取決於你的立場。

以及取決於時機。今天的政治家往往是昔日的恐怖分子，只是一段時間過去。二十世紀中葉的英國政治家休・蓋茨克（Hugh Gaitskell）曾思索現實政治（Realpolitik）*如何令昔日的激進分子變得高貴體面，他譏諷地說：「應政府之邀，所有恐怖分子最終在多徹斯特〔大飯店〕把酒言歡。」[34]當然，並非所有恐怖分子都能搖身變成政治家，正如歷史學家麥可・伯利（Michael Burleigh）所言：「如果你想像賓拉登會演化成曼德拉，你需要的是心理醫生而不是歷史學家。」[35]雖說如此，前愛爾蘭共和軍（IRA）領袖馬丁・麥金尼斯（Martin McGuinness）的案例，證明了前恐怖分子可以改過自新，重啟人生。愛爾蘭共和軍參謀長在一九九〇年代致力於締造和平，最終成為北愛爾蘭第一副部長。當他在二〇一七年過世，這位曾指揮準軍事部隊格殺英軍的男人，受到各國領袖——包括伊莉莎白女王本人——哀悼致敬。[36]

昔日的敵人也許可以脫胎換骨，但當前的敵人很少被描繪成具有改邪歸正的能力。西方世界每次遭到恐怖攻擊，媒體總會訴說施暴者的成長故事——一種無可避免以暴力告終的說教小說。當男孩加入索馬利亞青年黨（Al Shabab）或蓋達組織，或者女孩逃家投奔ISIS，他們在我們眼中實際上已是死人。既然加入黑名單上的恐怖組織，他們就不再是活生生的人，而是靜止的

---

* 譯注：主張當政者應多計算國家利益而少考量道德價值和意識型態。

標靶。除非他們成為通緝或受審的對象，否則將遭到遺忘。主流看法認為，一日為恐怖分子，終身為恐怖分子，直到他們被殺或被捕。

思索那名年輕女孩那天在奧斯汀提出的問題，我突然發現自己對恐怖主義、激進主義與極端主義抱有一種執拗的講究。我加入新聞業的初衷，是為了報導能減少撕裂的故事。在因人口移動與科技而縮小的世界，我總希望嘗試理解那些被定義為他者的人，以及令他們成為他者的制度與假設。比起爭論已被人認定確鑿無疑的事，我更有興趣抽絲剝繭，梳理其中的過程與複雜狀況。我在書桌上貼了一張便條紙，上頭寫著電影大師尚·雷諾瓦（Jean Renoir）的名言：「真正可怕的是，每個人都有自己的理由」。

所以，我怎能不深入探索人們加入伊斯蘭激進組織的原因？如果我真心希望描繪世界觀各異的群體之間有哪些相似之處，我當然不能像我的第一本書那樣，只在我和一位親切文靜的伊斯蘭學者之間尋找共同點，而是應該探尋那些參與暴力活動的人。目光一旦迴避醜惡或麻煩的人，就等於關閉了真正的探索之路。那會創造出一種安穩的封閉系統，無異於以自由派的方式詮釋副總統迪克·錢尼（Dick Cheney）的強硬格言：「我們不跟邪惡談判；我們打敗邪惡。[37]」

更糟的是，拒絕跟恐怖分子充分打交道——甚至拒絕跟並不暴力，而是被視為「激進」的人打交道——我是在為怪物提供養分。當我們刻意迴避煽動分裂、挑撥離間的人，這是在默許他們的「邪惡」。如果不加以審視和探索，我們依然無法解釋這些被世人以「恐怖分子」標籤概括形容的人，依然沒有對他們的暴行提出質疑。而且愈來愈明顯可見的是，我們已經進入一個新的時代，衝突不再是由默默信奉某種信仰與意識型態的人之間的爭論所構成。假如我們不正視各種立場的極端主義者，無疑放棄了在此激進化時代消弭衝突的一切希望。

我被那個年輕女孩的問題攪得心慌意亂，不由得覺得自己疏忽了道德責任。我想起之前另一次來德州玩，參觀了位於休士頓的羅斯科教堂（Rothko Chapel）——一個供任何宗教信仰或無信仰的人沉思冥想的空間。教堂裡陳列馬克．羅斯科（Mark Rothko）著名的十四幅黑色畫作。參訪那天，屋外陽光明媚，所以剛走進教堂時，我覺得那些畫作不過是巨大的深紫色和黑色色塊。我的眼睛過了一會兒才適應過來，開始在起初看似單調、甚至沉重的畫作上看到了深度和筆觸的流動。羅斯科以「備受折磨」形容創作這些畫的六年時間，他說他想畫出「你不願意直視的東西」。[38]

直視我不願意直視的——那是我不可逃避的任務；我在入睡前下了這樣的決心。如果我轉身面對這些怪物，如果我接觸這些被視作終極他者的人，我會學到什麼？跟這些不容異己的人相處，我們能對自己的偏狹和自我設限產生什麼新的認識？我們可否透過認識他們走向極端主義的過程，學會修正我們自己的兩極分化與極端觀點？

我想，要為被剝除人性的人重新賦予人性，第一步就是跟加入伊斯蘭國的西方年輕人的母親交談。但願透過聆聽他們走向暴力極端主義的歷程，能開始令我對聖戰士產生更複雜的理解。

讀者若想尋找嚴謹的學術著作，應該去找如今各智庫與大學出版的、有關反恐與極端主義的大量作品。如果想閱讀全球各地的激進化以及反恐政策，也請另尋其他書籍。本書純粹希望透過訪問聖戰士以及努力幫助他們擺脫暴力的人（包括父母、假釋官、心理諮商師或其他良師益友），質問我們所謂伊斯蘭恐怖主義的意義。儘管我將調查重心放在聖戰士激進分子，但我也有一個更大、更迫切的目標：了解他者如何成為他者，以及——有時候幸運的話——如何卸下他者身分。

我離開德州一年後，一名破壞者在羅斯克教堂的外牆上潑油漆，並且在獻給馬丁·路德·金恩博士的雕塑附近撒下寫著白人主義至上標語的傳單。執行總監告訴《休士頓紀事報》（*Houston Chronicle*），他決定在清除白漆之際，派人到外面向遊客訴說有關破壞事件的「故事」。[39] 藉由選擇無視仇恨，繼續保持開放與坦承，他捍衛了教堂做為冥思與對話之地的使命。更重要的是，他彰顯了教堂內的畫作所代表的精神。正如創作者所言，這些畫作的力量根源，大體來自某個「你不願意直視的東西」。

第一部

出走的孩子，等待的母親

迷失的男孩

在潮濕灰敗猶如一塊髒抹布的十一月天空下，我從我定居的布萊頓（Brighton）搭火車北上，前往英格蘭中西部的伯明罕（Birmingham），去見一個曾在敘利亞為ＩＳＩＳ作戰的年輕人的母親，妮古拉．本葉海雅。我很緊張。這次會面之前幾天，妮古拉的形象在我腦海中幾乎無限放大，蒙上神秘色彩。隨著企圖建立哈里發政權的激進團體取得了土地和追隨者，我也被這些冷血戰士如何喪心病狂的故事洗腦。他們把一名約旦飛官關進鐵籠活活燒死、強迫雅茲迪（Yazidi）婦女成為性奴隸，並且把同性戀男子扔出大樓。什麼樣的母親會教出這樣的戰士？

當火車哐瑺哐瑺穿越英國鄉村，我穩穩地握著我的卡布奇諾，試圖集中精神閱讀面前的文章：那是一位英國法學教授的論文摘錄，關於我們需要以新的方法談論恐怖主義，不論在法庭上或在公眾場合中。新堡大學（Newcastle University）的伊恩．沃德（Ian Ward）寫道，反恐法案的擬定，有賴「能正確理解人性情感生命力的道德倫理觀」。理想情況下，我們需要「另一套法理學，一套至少讓感情與悲憫占有與理性和虛偽的篤定相同比例的法學觀，」沃德寫道，「比起針對恐怖主義制定『法案』，我們更需要學會敏感地對待它引發的悲劇。」[1]

我在這段話底下畫線，並在旁邊胡亂打了顆星星。假如我們只透過法律的鏡頭查看恐怖分子，我們是將目光鎖定荒蕪的土地，沒有任何線索可以得知最初讓人們變成恐怖分子的原因。

在我看來，母性似乎是從情感上理解恐怖威脅的最直接途徑。那是我所能想像我跟這個女人的唯一共通點，而且我想，那或許是為被非人化且被誤解的人注入某種人性、甚至理解的方法。人們一般不會想到ＩＳＩＳ戰士也是人生父母養的。怪物和惡魔通常沒有母親，因為沒有什麼比母親更能讓人流露出人性。戰爭宣傳家深諳這個道理，因而竭力宣傳我們有母親而他們沒有的虛構情節。二次大戰期間，英國政府推銷公債的一則廣告主打大轟炸時期一名將嬰兒抱在懷中的聖潔母親——一個粉紅、白皙、金髮的形象，象徵著溫暖的家。畫面旁邊，幾隻烙著納粹卍字符號的可怕灰爪伸向那名母親，上方的標語吶喊：「把手拿開！」

擁有母親的事實洩露出童年的依賴，讓人們想起自己並非總能掌握自身命運。這就是青少年不願意跟證明自己不久前還是個寶寶的活證據一起出現的原因。如果你想驗證這個說法，可以隨便問問任何一個曾經讓父母開車送他們參加學校舞會的小孩，或者任何一個曾經遭子女咬牙頂撞「好啦，再見……拜託趕緊走。拜託？現在？」的父母。為了免除我自己的孩子遭受被人看見跟媽媽一起出現的恥辱，我曾在幾個學校的大門和街角努力降低存在感。問問你自己的母親，我敢打賭她也曾這麼做。母親是鮮活的提示，說明我們曾是哭哭啼啼的嬰兒，展露最脆弱的人類特質。

我北上伯明罕，尋訪一名恐怖分子的源起故事，這讓我無可避免地接觸了他的母親。沒有人比母親更在乎為子女的人性辯護。國安機構所能期盼最狂熱的調查人員，莫過於來回踱步、思索孩子的過去、為他們的所作所為尋找線索的母親。我們做母親的都很善於追溯過往：我曾深切體會夜不成眠，眼睛瞪著天花板，想要弄清楚我究竟做過或沒做過什麼，導致我的孩子遭受某種痛苦或犯下某個錯誤。當然，母愛不見得客觀。事實上，母愛很可能盲目。（「艾爾是個好孩子，」據說美國黑幫老大艾爾．卡彭〔Al Capone〕的母親在臨終前如此喃喃自語。）雖說如此，假如我想知道一個男孩如何變成了恐怖分子，以及原本可以怎樣阻止他，似乎非得見見他的母親不可。

近年來，反恐專家把母愛視為對抗暴力極端主義的潛在武器。聯合國呼籲各國更明確地將婦女納入反恐行列。奧地利的一個非政府組織——無國界婦女團體（Women Without Borders）——在全球各地創辦母親學校，訓練從英國到巴勒斯坦的婦女覺察家中和社區的極端主義跡象，並勇敢地揭發出來。我曾在一次反恐會議上，聽到該組織創始人伊迪特．施拉芙（Edit Schlaffer）博士向一屋子的安全專家解釋，在她所謂「對抗極端主義的第一道防線」上，母親為什麼能發揮如此強大效力。關鍵在於時間與愛。「母親永遠不會放棄，」她告訴聽眾，「她會投入一切必要時間。當事關保護子女，母親不會斤斤計較地計算時數。」

不是每個人都信服。批評家指出，這項趨勢只強化了傳統的性別角色，把母親視為馴良的照顧者，以及看守子女靈魂的哨兵。「華府、倫敦、巴格達和紐約的政策制定者希望動員一支母親大軍為他們的目標奮戰，」提倡女權、和平與安全的「國際文明社會行動網路」（ICAN）創始人莎娜姆・納拉吉安德莉妮（Sanam Naraghi-Anderlini）寫道，「不過他們要的是不質疑他們的母親。根據傳統上、或甚至生理上的女性特質，母性典範將女人包裝成對政治不感興趣，並且毫無威脅性——這是保護小崽子的母獅子形象……〔藉由〕強迫她們扮演第一線檢舉人，政府是在利用女性。正如一名伊拉克婦女所言，『政府要求女人替他們收拾爛攤子。』」[2]

在最糟糕的情況下，反極端主義的母性風潮令人聯想起新自由主義面對其他社會問題的首選解決方案：媽媽會處理得更好。就像育兒或照顧年邁的父母，極端主義不被視為眾人之事，而是「家庭」（讀作「女人」）可以在家裡私下解決的問題。正如一名母親對我開玩笑說的：「我整天上班，現在還得打擊恐怖主義？」

如果官方把母親視為反恐工具的作法，更鞏固僵化了母親是維繫家庭的角色，我也同樣犯了本質化的錯誤。作為女權主義者，承認母親而非父親是家庭的情感中心點，令我感到痛心。不過從報導的角度，這樣的偏見不可避免，因為尋求幫助並勇於發聲的，通常是年輕西方聖戰士的母親。「一開始來接觸我們的，六成五到七成是母親，」克勞蒂亞・丹奇克（Claudia Dantschke）說；她服務於「生命」（Hayat）倡議計畫——這是一個德國組織，致力為子女加入伊斯蘭暴力極端組織的家庭提供協助。通常是母親撥打熱線電話、建立國際支援網絡、尋求諮商，並公開談論子女加入戰鬥的經過，以及她們本身的痛苦。

若說哀傷驅使了幾位ＩＳＩＳ戰士的母親向外發聲，它似乎對父親產生恰恰相反的效果，後者似乎會陷入沉默的憂鬱。一位悲痛的母親告訴我：「如果由我做主，我早就把事情說出來了。我熱切相信我們必須改變我們談論這件事情的方式。但我得仔細體察我先生的感受，他會躲進他的洞裡，索性麻痺自己。」

「父親，」另一位遭受喪子之痛的母親解釋，「只想遺忘。」

母親或許比父親更勇於發言，但事實上，根本沒有幾個家長願意公開談論隱私。火車在伯明罕靠站之際，我突然發現，圍繞在這些年輕人身上的緘默，為他們的恐怖分子形象產生了封印效果。但願和妮古拉．本葉海雅的談話，能幫助我讓他們的形象豐滿起來。

走出伯明罕火車站，眼前是一片開闊的水泥地廣場。生意人來回踱步，等待他們叫的Uber。幾對老婦人手挽著手，小心翼翼地在光滑的人行道上行走。一群扎著高馬尾的少女嘰嘰喳喳朝車站的商店街走去。我四顧搜尋妮古拉的身影，本能地陷入刻板印象，發現自己在找某個一本正經、不苟言笑的人，或許穿著黑色布卡（burqa）*。不過這時，我看見廣場對面有個人興高采烈

＊ 譯注：一種穆斯林女性的服飾，是覆蓋全身的罩袍，僅眼睛部分勉強能看到外面。

地揮手，踩著細高跟鞋輕快地向我走來。

妮古拉是個輪廓分明的中年美女，穿著繫緊腰帶的風衣，寶藍色襯衫外面套著一串長長的珍珠項鍊。她用水鑽別針固定她的乳白色頭巾，幾縷金色髮絲從頭巾底下偷跑出來。在她的脖子上，一顆小巧的鑽石掛在精緻的鍊子上晃來晃去。那天早上稍後，她細述她的兒子拉希德跑到敘利亞的不久前，她在她的床上發現一個包裝精美的盒子，裡頭有個吊墜和一張紙條：「媽媽——不論多少金子和珠寶，都不足以表達妳對我的珍貴」。這名ISIS戰士給媽媽買了一顆符合道德標準開採的鑽石，作為臨別贈禮。

妮古拉的家是勞工階級社區裡的一間連棟排屋，客廳非常整潔，一塵不染。牆上掛著她的丈夫和五名子女的照片，一束粉紅色和白色的鮮花令壁爐增色不少。壁爐架上僅有一幀加了框的相片：那是拉希德，一個有著一頭亂蓬蓬栗色頭髮、一雙明亮棕色眼睛和一臉燦爛笑容的男孩。

相框旁立了一本相簿，裡頭裝滿拉希德在敘利亞期間跟家人的簡訊往來。妮古拉煮茶的時候，我隨手翻閱了一下。「我非常非常愛妳，」拉希德曾發簡訊說，「妳的〔原文如此〕是我見過最堅強的人。」妮古拉的文字風格則從深情（「我愛你，你永遠是我的寶貝兒子」）轉為故作輕鬆（「但願你小心騎車，並且遵守媽媽的健康與安全指示！」）。

摩托車引來拉希德和妮古拉之間最超現實的一段對話。他從拉卡（Raqqa）*打電話回家，請求媽媽准許他騎長官的摩托車。這名十九歲年輕人熱愛摩托車，但知道媽媽擔心騎摩托車的危險。「媽媽，我可以騎摩托車嗎？」他問她，「我的指揮官說他會讓我騎。」

乍聽到這個問題，妮古拉無言以對。她的獨子三個月前偷偷溜去伊斯蘭國參戰，但現在他打電話回家，詢問她是否同意他騎摩托車。聽到他在電話中徵求許可，彷彿又聽到從前那個拉希德——那個只要晚十分鐘回家就會打電話跟她報備，那個依然會親吻她的臉頰道晚安，然後取笑說她的面霜味道很怪的乖兒子。

拉希德逃家後的幾個月裡，妮古拉學會在他排除萬難打電話回家時保持鎮定的語氣，並在他無法打電話時忍受他的杳無音信。她訓練自己壓抑聲音裡的恐慌。「保持平靜，」她告訴自己，「不要驚慌、生氣，或出現可能嚇到他的其他任何情緒。」

但面對騎摩托車的請求，她得努力忍著不笑。「呃……」她躊躇著說，「我可以答應讓你騎車……前提是你得戴安全帽。」

敘利亞那頭沉默了。然後她聽到熟悉的宏亮笑聲漸漸冒出來。

「噢，當然，還有護膝，」她繼續補充，愈說愈起勁，「以及醒目的夾克。」

他們倆都笑了起來，共同感受「箇中的荒謬，」妮古拉回憶，「遠在炸彈滿天飛的拉卡，那個白皮膚金頭髮的小男孩為了騎摩托車，到處想辦法尋找安全帽和護膝。」

---

* 譯注：敘利亞北部城市，曾為伊斯蘭國國都。

沒有任何一段關於對ＩＳＩＳ的抗戰歷史會記錄下這個時刻（除了這段文字），但妮古拉認為這起摩托車事件是對伊斯蘭國的一次小型攻擊。藉由逗兒子笑，她在他和ＩＳＩＳ之間打開了一道微小的缺口。而他徵求她的許可、他們倆共同歡笑的事實——如果不能證明她還沒有完全失去他，那又是什麼？對妮古拉而言，那顯示他們還是一家人，意謂著ＩＳＩＳ還沒有徹底贏走他。笑聲能將人們凝聚起來，即便其中一人身處敘利亞戰區，另一個人遠在英國的客廳裡。深夜的喜劇節目總愛詼諧地諷刺總統，心知笑聲會戳破那趾高氣揚而鼓脹的皮囊。如果聽得夠仔細，你通常可以聽到藏在笑聲底下一道明顯的嘶嘶聲，那是被笑鬧扎心之後，空氣從信念體系逸出的聲音。

妮古拉訴說摩托車事件時，我發現自己露出微笑。我慢了一兩拍才察覺這一點——畢竟，我們之所以見面，是為了聊聊她的兒子，一名ＩＳＩＳ戰士。但在那天早晨，我第一次笑了，也許笑得有點太歡暢、太開懷了。

妮古拉是在威爾斯的一個村子由酗酒的母親和家暴的父親撫養長大，很早就尋求獨立。十五歲時，她離家到老人院工作。她在二十歲出頭皈依伊斯蘭教，不久後嫁給出生於阿爾及利亞的丈夫。拉希德出生前，她生了三個女兒，後來又生了第四個女兒。「由於童年的經歷，生兒育女、成為一個好媽媽，對我來說非常重要，」她用她那歡快的口音說，「我多麼想當個好母親。」現在，她是個諮商師，專門輔導罹患心理疾病的年輕人，流露出曾遭客戶拿菜刀威脅的工作所必備的淡定氣質。

談起她的兒子，妮古拉就像把一艘紙船放進池塘那樣，小心翼翼地字斟句酌。拉希德是「百分之百的恩典」，隨和，敏感，金錢觀念很差。他不是明星學生，但很高興在當地的電子公司當學徒。他是喜歡把全家人逗得哈哈大笑的開心果，偶爾會把自己塞進媽媽的衣服裡，讓姊妹們忍不住咯咯地笑。或者，他會哄騙她們吃下他從亞馬遜網站訂購的惡作劇糖果。十多歲時，他迷上了花式奔跑（free running）——在都市的街頭與大樓上表演特技。他會側身走壁、在長椅上後空翻、把混凝土邊界牆當成發射台。他經常狠狠地摔到地上，一天到晚因骨折和瘀血進急診室，妮古拉打趣說他應該辦一張終身會員卡。

跟他肢體上的大膽相比，拉希德的莽撞也不惶多讓。「他會為了這件事或那件事興奮不已，我得把他拉回來，說，『嘿，拉希德，我們得再想想。』」

有一次，他回到家，決定投資別人告訴他的一個商機——販賣機能飲料。「真的，真的，媽媽，」他興致勃勃，「妳投入一些錢，然後賺回更多的錢！」

「拉希德，我也許上了年紀，但我早在九〇年代就見過這種事，」她記得自己回應道，「那是老鼠會，騙人的玩意兒。」

「不，媽媽！妳付大概一百英鎊，然後……」

「拉希德，聽我說。我現在告訴你，那是騙人的，你不准參加。只有上層的人或許能賺錢，像你這樣的小人物什麼都拿不到。」

幾天後，妮古拉接他放學回家。拉希德上車後，靠過來親吻她的臉頰。「媽媽，謝謝妳。」

「謝什麼？」

「關於機能飲料那件事，妳是對的。那是場騙局。」

妮古拉停頓片刻。「他就是那樣，」她說，「非常天真，毫無防人之心，容易受傷害。」

二〇一四年夏天，一股勢力在伊拉克和敘利亞迅速崛起的消息登上晚間新聞，擄獲這名十八歲少年的全副注意力。作為伊拉克蓋達組織的殘餘勢力，這個自稱伊斯蘭國的組織因應美軍二〇〇三年入侵伊拉克而生，靠著伊拉克與敘利亞在千預年代的動亂而趁機坐大。妮古拉記得，當ISIS首領阿布·貝克爾·巴格達迪（Abu Bakr al-Baghdadi）宣布建立哈里發，她的兒子熱血沸騰地談論一個受伊斯蘭律法而非巴夏爾·阿薩德（Bashar al-Assad）這類殘暴獨裁者統治的國家，會有怎樣美好的未來。他認為巴格達迪是位強大的領袖，能夠在混亂中重建秩序。「拉希德開始談起敘利亞的情勢，我們得說，『等等，我們不知道這傢伙是誰。他不知道是從哪兒冒出來的。』但我看得出來，他心裡蠢蠢欲動。」

我無法將妮古拉形容的拉希德跟ISIS戰士的媒體形象重疊起來。從她的描述來看，拉希德之所以被這個組織吸引，不是因為意識型態，甚至不是因為特別熱衷於政治，而僅是出於某種魔幻信念（magical thinking）。他跟我在新聞上反覆看到的戰士不同，反而讓我想起小飛俠彼得潘，或甚至更像夢幻島（Never Never Land）上那群迷失孩子中的一員：一個想飛、想離開媽媽的孩子，他對冒險的天真爛漫的熱愛，似乎讓他像彼得潘似地永遠長不大。如同其他激進的聖戰組織，伊斯蘭國的招募人員往往將目標鎖定對伊斯蘭教所知甚少的年輕人——以便輕易向他們灌輸有關哈里發、異教徒（kafirs）和統治全世界等各種極其危險的扭曲神話。ISIS利用文宣，將自己描繪成超越國際秩序範疇、不受西方法則和強權染指的一塊淨土。仔細想想，我能明白拉希德這類涉世未深的孩子為什麼深受吸引。

我想起自己的兩名青春期子女，以及他們剛剛萌芽的理想，和對未來的胡亂規劃。小女兒夢想在柏林的閣樓裡生活，在那裡養育子女、追求音樂生涯。大女兒曾表示想到高中教英文、成為心理醫生並贏得奧斯卡獎。遠大的計畫和對刺激的追求，不過是青春的一筆。幾星期前，我的女兒妮可硬要我看網路上的一段短片，內容是一名笑容滿面的美國少女在浴缸裡裝滿果凍，然後一頭跳進去。她看得津津有味，想要自己嘗試看看，充耳不聞我關於糟蹋食物和企業贊助的無力抗議。

如此頹廢奢逸的行為，似乎很難跟暴力極端組織的行動相提並論。然而，照妮古拉所述，她兒子的情緒強烈到淹沒了理性思考，作為一名母親，我很熟悉這種情況，足以用來比較兩者的動機，甚至結果。神經生物學家羅伯．薩波斯基（Robert Sapolsky）曾寫道，危險、新奇事物和激

情對青少年的吸引力，內建在大腦的發育過程，是還不成熟的前額葉皮質的運作結果。薩波斯基寫道，青春期和二十歲出頭，

> 是一個人最可能殺人、被殺、永遠離家、發明某種藝術形式、協助推翻獨裁者、對一個村落進行種族清洗、奉獻自我給有需要的人、上癮、與外族人結婚、扭轉物理法則、時尚品味差勁透頂、在玩樂中摔斷脖子、將生命奉獻給上帝、搶劫老太太、並堅信「歷史的長河匯聚起來，使得他們所參與並創造改變的此時此刻，是歷史上最重要、充滿最多危險與希望，也最吃力的一刻」的時期。[3]

拉希德在二〇一五年五月二十九日離家前往敘利亞。那是個星期五。和每個星期五一樣，他會工作半天，然後上清真寺，晚上做完最後一次禮拜後回家。「他有一套例行動作，從不漏掉，」妮古拉回憶，「他會從清真寺回來，照例走進我的臥房，向我親吻道晚安。」

那天夜裡，她躺在床上，但沒有等到兒子，傾身靠在床邊的反而是她的丈夫。他緊抓著床頭板，臉色蒼白。「我聯絡不上拉希德，」他說。

星期一早上，妮古拉接到一封據稱是拉希德傳來的簡訊，表示他將失聯三十天。語氣極其生硬正式，她知道那些話不是出自拉希德之口：

我非常安全，受到妥善照顧……我請求真主庇佑你，獎賞你至樂的天堂。請勿掛念。我比從前更愛你。再次致歉。

妮古拉和丈夫跳上車，直奔伯明罕警察總局。那是星期一一大早，警察局等候廳人滿為患，櫃台後的值班員警一臉無聊。妮古拉把顯示拉希德簡訊的手機滑給他看。「我們剛剛接到兒子的消息，」妮古拉告訴他，「我們很擔心。」員警讀著簡訊時，「我看得出來，他的心裡警鈴聲大作，」她回憶。

妮古拉十個星期沒有接到拉希德的隻字片語。然後一天早晨，她的電話響了，手機上出現拉希德的頭像，她開始發抖。起初鬆了一口氣，然後「我真的覺得自己快中風了，完全說不出話來。」

「你在哪裡？」她問。

「妳應該知道。」

「你在哪裡？」她再問一次。她心裡有數，但不知道為什麼，她想聽他親口說出來。

「我在拉卡。我知道妳會擔心，」他說，「我不斷告訴我在這裡的朋友，『她一定急死了。』」

他很抱歉斷了音信，但他沒辦法從訓練營打電話出來。

「你不明白你幹了什麼，」妮古拉說，「你留下創傷。你姊姊和妹妹的心都碎了，我們心急如焚。」

妮古拉對我說著整件事，口齒流暢，鎮定自若，但我能看出，她還沒有從震驚中走出來。這通電話讓她等了十個星期，心知他或許已經喪命。但當她細述來自敘利亞的第一通電話，我從她特定的痛苦感受中，認出了一種不可思議的平庸。親子教養手冊將青春期描述為對父母的感受漠不關心的時期，這個階段的孩子有一種理所當然的篤定，瘋狂地自以為是。在妮古拉不尋常的故事中發現如此尋常的親子動態，著實令人感到不安。

同樣詭異的，是妮古拉口中拉希德在電話裡如何嘰嘰喳喳說個不停。在我聽來，他彷彿從夏令營打電話回家，迫不及待分享同寢室那群酷小子的故事。「他開始聊起他在拉卡的朋友，說起他們有多棒，」妮古拉追憶，「說起那裡有來自五湖四海、各個國家的許多人，有窮人，有富人。說起百萬富翁放棄原本的生活來參戰。」

「我想對他吼，『他們不是你的朋友！』」妮古拉說，「但那樣會激起他的防備，所以我只是告訴他，『他們也許是你的朋友，但我們是你的家人。』」

他似乎不明白他留下怎樣的傷痛。「妳會被賜福，媽媽！」他向她保證。

妮古拉娓娓道來，沒有停頓一拍或歇一口氣。當她反覆說著「媽媽」這個詞，我的喉嚨發緊，不只因為拉希德喊了她，也因為妮古拉記得他們的對話，一字不漏。

後來幾次跟兒子通電話，妮古拉都小心翼翼保持輕鬆語調。從她向當局呈報他自拉卡傳來的第一通簡訊之後，西密德蘭郡（West Midlands）反恐小組便與她保持固定聯繫，要求她囑咐拉希德回家。

妮古拉本能地知道她不能逼得太緊，「我一開始囑咐過他，後來就停了，」她說，「我得維繫他對我的感情。」她知道ＩＳＩＳ沒收了他的護照，也猜測新兵會受到嚴密監視，她想，建議他逃跑恐怕會把他嚇得不知所措。「所以我只是說，『只要你準備好，我會盡我所能，不計一切代價，』」她告訴我。如果出現某種奇蹟，他在沒有護照的情況下找到辦法回家，他將必須入監服刑。只要他回來，她可以接受這種情況。

妮古拉渴望他用WhatsApp連絡，卻也害怕接到他的電話。她想知道他還活著，而警方想得到關於他的位置與活動的詳盡訊息。他每一次打電話回來，她發現自己同時扮演著母親、心理諮商師、緩刑監護官和情報調查員的角色。

「我不知道該怎麼做，」她告訴她的姊姊，「我撐不下去了。」

「你們電話裡都聊些什麼？」她的姊姊問。

「彼此打趣，說說笑笑。」

「就那麼做。做妳自己就好。」

妮古拉和拉希德有時笑得如此開懷，以至於掛了電話後，她會愣一秒鐘才想起他在哪裡。有幾次通話時，她想辦法讓他知道自己錯過了怎樣的家庭生活，刻意降低對話中的輕浮感。她寄去一張他小時候抱著妹妹的相片，旁邊附著說明文字：「我把你抱在懷裡的時間或許不長，但你始終在我心裡。」

拉希德寄回來他在前線的一張照片，妮古拉沒有勇氣注視太久。「他面帶笑容，」她回憶，「但他的眼睛很哀傷。我認得那個表情。那是他回來時會對我說，『媽媽，對不起，我錯了』的表情。」

幾個月過去了，她感覺他靈魂上的撕扯愈來愈強烈。當拉希德的指揮官開始逼他結婚，妮古拉出言反對，她警告他：「假如你死了，而我有個孫子流落在外——一部分的你永遠流落在外——我絕對無法承受。」然後，她強迫自己轉回嬉鬧的語氣，「況且，你得小心——有面罩遮著，你永遠不知道她們會是什麼模樣！」

和拉希德通電話時，妮古拉總努力保持輕快語氣，但有些對話比較沉重。「我們談起死亡，談起他死去，」她說。在敘利亞，指揮官說服拉希德相信死亡會為他的姊妹和父母帶來回報。「他被灌輸福氣會如雨點般傾瀉在我們身上的奇思異想，」妮古拉搖搖頭說。

「媽媽，別擔心，」他有一天告訴她，「如果我死了，你們會得到很好的運氣。我聽說，當有人死了，全家都會變得很好運。」

「你是指福氣？」

「對！這裡有許多人，他們遠在家鄉的親人沒有朋友，沒有錢，沒沒無聞。等到他們死掉或在戰場上犧牲，一下子有好多人去他們家拜訪！他們不再孤單！」

「拉希德，那些家庭並沒有突然交上一群新朋友，」她氣急敗壞地說，「那些大概是媒體或警方的人。我不覺得那是福氣。」

聽到拉希德毫無遮掩、簡直閃閃發光的天真好騙，我隱隱感到不安。那不僅令ＩＳＩＳ戰士在我心中的形象變得複雜，也顯示這個年輕人——如今被視為「嫌疑人」，涉嫌違反英國反恐法，拾起武器參與外國內戰——內心深處有個朦朧的渴望。他試圖填補某種無以名之的空洞，我想，那是他或妮古拉都說不清、道不明的某種空洞。他之所以遠走敘利亞，感覺不太像是出於信仰或政治理念的追尋，更像是出於人類的基本需求，為了——什麼？讓生命完整？使命？假如逃家去打聖戰是為了填補那種空虛，可以想見，妮古拉和她丈夫拿出的各種理性的反對論點為什麼毫無勝算。

在妮古拉的沙發上坐不到一個小時，她已徹底推翻我對她的兒子加入ＩＳＩＳ的動機所做的一切預先設想。我原本預期聽到一個男孩受《古蘭經》大力宣揚的公理正義所驅策，結果卻聽到一段天真爛漫的故事。我早就知道伊斯蘭教本身不是背後原因；我見過這個有一千四百年歷史的信仰的無數種詮釋，其中絕大多數告誡穆斯林遠離極端與暴力，規勸他們走向溫和與和平。不過，我始終假設那些自願參加聖戰的人，是受到投機團體從伊斯蘭文本斷章取義並加以扭曲的某種極端主義意識型態所吸引。那是英國政壇上關於伊斯蘭國的主流說詞。前首相卡麥隆（David Cameron）警告，與ＩＳＩＳ「有毒意識型態」的對抗將是一場跨世代的戰爭[4]，而他的繼任者梅伊（Theresa May）則大力鼓吹有必要擊潰「最邪惡的伊斯蘭極端主義意識型態」[5]。

然而事實證明，有關教條式聖戰信念的說詞是不可信的。後來我讀到，在宗教理念之於聖戰激進分子的重要性上，研究恐怖主義的學者對此長期爭論不休。有些學者把虔誠的信仰視為最主要的驅策力量，其他人則認為根本原因更可能在於對認同感、歸屬感和使命感的追求。正如分析暴力極端主義的案例時，意識型態的重要性也因具體情況而有很大的不同。

甚至在同一個人身上，意識型態的重要性也可能起起落落。動身前往敘利亞之前上亞馬遜網站購買《古蘭經懶人包》（*The Koran for Dummies*）的年輕人，顯然不是受到宗教信仰所驅策。不過，等他們後來進了ＩＳＩＳ新兵訓練營或親上火線之後，宗教信仰可能變得日益重要[6]。人們經常基於個人理由加入極端組織，事後才漸漸信奉他們的教條。「意識型態是我們尚未妥善破解的一大問題，」激進化議題的著名專家約翰·霍根（John Horgan）在他位於喬治亞州立大學（Georgia State University）的辦公室接受電話訪問時對我說，「意識型態能為一個組織塑造特色，賦予方向和使命感，意義重大。但在個人層級，事情變得含混而模糊。你或許能找到真正的信徒——但根據我的經驗，那樣的人非常非常少。事實上，人們多半不是基於意識型態而加入，而是為了冒險、刺激或袍澤之情。」

一整個夏天，妮古拉密切配合警方，如實呈報她和拉希德的所有對話和訊息往來。她知道，她所能期待的最好結果，就是把他帶回家，承擔因加入恐怖組織所需面對的數年刑期。「我明白，」她告訴專門負責她的案件的警官，「他犯了錯，做了錯誤的選擇。假如我有幸把他帶回這個國家，我知道他會坐牢。我只希望他能回來。」

拉希德在敘利亞的六個月間，妮古拉幾乎沒有對警方以外的任何人說出他的行蹤。「那是權宜之計，因為我不知道人們會做何反應，」她解釋，「身為酒鬼的女兒，我知道一個人可以很快被羞恥感淹沒，」內疚加重了羞恥感，「我不由得想著，『我到底做了什麼？我是個差勁的母親嗎？』」

她繼續照常上班，繼續不停偷瞄手機，繼續接聽拉希德打來的電話。「我覺得自己是個怪胎，」她回憶道，「在大多數情況下，不論情節多麼痛苦——例如出車禍或罹癌——總有人理解妳的經歷，感同身受。但是圍繞著激進化議題的政治意識型態，意謂著那不是一件可以公開談論的事情。妳得不到任何奧援，所以更覺得孤單。」

她問一名女警，是否有某種支援團體可以參加，是否有某個地方可以讓她跟同病相憐的父母聊聊。幾星期後，案件的指定警官興高采烈地回覆——「她非常興奮，」妮古拉說。當地有一個婦女團體，她說，女性朋友們早上聚在一起喝咖啡，甚至去做ｓｐａ。當然，妮古拉不能跟她們討論有關拉希德的任何情況，但這些活動或許可以幫助她暫時拋開煩惱。

妮古拉難以置信。「我有朋友，」她回答，「假如我想喝咖啡，我會去咖世家（Costa Coffee）*。」她需要的是子女加入了恐怖組織的人，那些想幫助他們的孩子、同時依法行事的人。

有一天，當她幾乎被孤立無援的感受壓垮，妮古拉上網搜尋專為恐怖分子嫌犯的家人設置的支援團體，找到了德國去激進化專家丹尼爾·科勒（Daniel Koehler）的文章。她發了一封電子郵件給他，後者立刻回覆，傳來有如「天賜之福」的訊息，她說，「簡單、直率。他表示事情不是我的錯，我根本不可能預見情況。」

科勒向妮古拉引薦克麗絲蒂安·布德羅。布德羅是一名加拿大婦女，兒子達米安一年前在敘利亞遇害。她取得聯繫。

和在敘利亞失去孩子的另一個人聊聊，帶來了慰藉。更棒的是，克麗絲蒂安和科勒給了妮古拉實用的建議，教她如何跟拉希德交談。他們訓練她迎接特定的關鍵時刻，例如他第一次打完仗退下戰場。他們警告說，戰爭的創傷可能令他更具攻擊性。妮古拉沒料到的是，情況恰恰相反。她回憶道，拉希德不僅沒有推開她，聽起來反而比以前更渴望母親，甚至「更黏人」。他問她有沒有做關於他的「好笑的夢」，然後要她答應，在他跟父親講完話後，她會回來繼續跟他聊聊。「彷彿他希望腦海裡最後留住的是我的聲音；彷彿他見到了一些事情，心裡很害怕；彷彿他覺得死亡就在他身邊。」

當妮古拉把這些對話告訴克麗絲蒂安和丹尼爾，兩人對於拉希德告訴她那麼多事情、那麼坦白地訴說他多麼想她，都感到忐忑不安。「我們通電話的時候，他甚至會轉身告訴他的朋友我們多麼親密，我們的感情多麼深厚，」她回憶道。

克麗絲蒂安擔心男孩的坦白會使他在指揮官面前處於不利的弱勢地位。「你們兩人之間的連結？」她告訴妮古拉，「那就是ＩＳＩＳ想要打破的連結。」

儘管關係親密，拉希德仍對妮古拉隱瞞他的一些生活細節。他跟父親聊起戰事，而且只有當一名姊妹問起他是否曾親眼目睹斬首，他才承認他在拉卡見過一次。

藉由不放棄拉希德，藉由繼續跟他天南地北地從摩托車安全帽聊到英國足球，藉由相信他經歷過恐怖主義之後仍有未來，就像他之前經歷過童年一樣，妮古拉無視兩邊陣營的絕對主義者使用的語言。ＩＳＩＳ把他視作身負使命的戰士；大多數英國人則把他看成恐怖分子，不再是社會的一員。然而，妮古拉一回頭，就能見到她一路看著學習走路、閱讀以及後來能在大樓之間跳躍飛騰的那個男孩。她也能夠放眼未來，但願他有朝一日長成一個能從可怕錯誤中學到教訓的男子漢。

想到她客廳裡那幾張淘氣男孩的照片，我突然出現一個念頭：父母是子女人生的歷史學家兼

＊ 譯注：英國著名的咖啡連鎖店。

先知，不僅會回顧過去，為他們日後的模樣尋找早期跡象，也會展望未來，納悶他們最後會變成什麼樣的人。做為父母，我們別無選擇，只能相信他們會好好長大。當然，護送他們走向獨立是我們的職責。在這條漫漫長路上，我們必須對心靈的柔軟度保持信心。從把屎把尿開始將一個孩子養大成人，我們必須相信人是可以改變的。

這種精神上的廣闊，這種相信任何人都擁有多重面向的信念，正是暴力極端分子和強硬派民粹主義者想掐滅的觀念。那些信奉「把他們關起來並扔掉鑰匙」的群眾，以一個人一生中的某個時刻定義那個人。就連把恐怖主義歸咎於「暴力意識型態」的政治人物，也是將複雜的過程簡化成一套信念。父母試圖超越單一行為，將目光投向整個人生。當然，妮古拉決定繼續對話，並拒絕相信一個非常愚蠢的選擇會永遠定義一個人，無疑是一個絕望母親的行為。但是，在仇恨不斷升溫、公領域日益分裂的時節，聽到她和拉希德的對話，特別令人心酸。真正的對話和救贖的機會，感覺似乎非常渺茫。

拉希德離開後的幾個月裡，妮古拉始終無法踏入他的房間。一天，一股莫名的力量拉著她走進去。不知道為什麼，她就這樣坐在地板上，翻看他保存在一個扁平塑膠盒子裡的小玩意兒。一輛玩具車，一個忍者龜玩偶，麥當勞快樂兒童餐附贈的玩具。然後她看見一疊卡片，許多是她寫的，一些是生日卡，其他是她偶爾會寫給他和其他孩子、只為了表達她愛他們的卡片。「我會把卡片連同某個小禮物放在他的床上，例如鬍後水之類的東西，」她笑著回憶說，「他全都保存下來了。」

那一疊卡片中夾著另一張短箋。藍邊信封上工整地寫著「我的遺願」，裡頭有一段簡短訊息：

> 死亡隨時可能降臨。我把全部的錢都給媽媽。我的銀行卡在我的手機殼裡。別忘了為我禱告，也別忘了每個人都難逃一死。現在是求助真主的時候了。上天知道我愛你們。記得尊敬爸爸媽媽，以禮對待他們。

妮古拉找到那張紙條不久後，接到拉希德打來的視訊電話。他坐在拉卡的路邊，舉著他的手機。兩個幼童——小的那個才剛學會走路——不斷想擠進鏡頭。「他們非常可愛，但我永遠忘不了，其中一個孩子鼻青臉腫，」她說，「兩個孩子的眼睛裡一片空虛，表情空洞。看得出來，他們受到了創傷。」拉希德說他一直在附近打聽，試圖弄清楚那個眼圈瘀青的男孩發生了什麼事。似乎沒有人清楚狀況。

他們通電話時，一個穿著一襲黑衣的老婦人一瘸一拐地走到拉希德身邊。她指著橫臥在他身旁人行道上的槍，然後指了指天空。拉希德點點頭，試著理解她那串連珠炮似的阿拉伯語。她再度指向天空。「我的兒子，」她說，「他們殺了我的兒子。我可以跟你借槍嗎？我想把那些飛機打下來。」

妮古拉看著拉希德搖搖頭，努力用蹩腳的阿拉伯語溝通。「太高了，」他往上指了指，「太遠了。」

手機螢幕上的這幅三聯畫，呈現出兩塊大陸上三代人的痛苦：試圖透過聲音的力量打動兒子的妮古拉；要求年輕人射擊以美國為首的盟軍飛機，因為她的兒子遭盟軍飛機射殺的敘利亞老婦人；然後是拉希德身旁鼻青臉腫、眼神疲憊的孩子。

回想起拉希德多麼真摯而溫柔地對待這位哀悼的母親，妮古拉浮現微笑。「我的槍打不到他們，」他告訴她，「看看飛機飛得多高。打不到的。」

「打得到的，」老婦人堅持，「打得到的。」

最後一次跟拉希德通話時，妮古拉不斷告訴他，「照顧好自己，記得我愛你。」他則反覆回答，「媽媽，我愛妳，我愛妳。」

「話就是停不下來，」她告訴我，「我們誰都不願意放手。我感覺他時日不多了。」

後來，她傳給他一則簡訊：「我今生不會再見到你，但願來生再見。」

十一月底的一個晚上，妮古拉下班回到家，她的丈夫起身親吻她。當她終於掙脫他的懷抱，他又把她拉回來，摟得更緊。

「我接到電話，」他說。他不必再多說什麼。

他後來向她透露更多細節。一個男人透過斷斷續續的電話信號，以破爛的英文表示他們的兒子已於十天前喪命。拉希德在敘利亞和伊拉克邊境遭盟軍無人機襲擊，當場死亡。

在他死後，妮古拉回溯從前，試圖從他激進化的蛛絲馬跡中，篩出天真無邪的時刻。本葉海雅一家從不曾以說教的態度宣揚伊斯蘭教義，但事後想想，妮古拉現在看到了拉希德變得愈來愈虔誠的線索。有一天，他告訴父親，他不打算再去那間他們倆總是一同前往的「無聊」的清真寺，他要改去城鎮另一端的綠巷清真寺（Green Lane Mosque），那裡吸引了一群更年輕，以及——有些人說——更激進的信徒[7]。還有一次，他要求母親把他的長褲剪短，裁成極端保守的薩拉菲教徒（Salafis）流行的九分褲款式。「別人會以為我不會好好打扮你！」妮古拉說，然後無奈地動手裁縫。

另外還有一次，他突然拒絕剪頭髮。此外，他想加入一個在晚上十點聚會的哈拉卡（halaqa）——人們圍成圓圈研習《古蘭經》的一種宗教活動。「什麼樣的研習班，」妮古拉納悶，「從深夜開始？」回頭想想，他加入的健身房可能也是個線索。那裡很破舊，但他還是想去。妮古拉聽說，伯明罕的毒販和黑幫會在某些健身房招兵買馬。她後來想想，何不也招攬潛在的ＩＳＩＳ新血？

正如妮古拉所說，拉希德的故事是一個家庭的悲劇，不是國家安全問題。「從個人層級來看，這件事跟誘姦沒什麼不同，」妮古拉說，「我們把它叫做激進化。敘事內容不同，但過程本身跟孌童癖者在網路上誘拐兒童的行為相差無幾。你盡可表示兒童可以選擇要不要去見那個人；你盡可表示拉希德可以選擇要不要去敘利亞。我的孩子有選擇權，但他毫無概念自己即將面對的是什麼。」

經常被西方世界定義為威脅的一件事，被妮古拉描述成受害。這是我第一次聽到把暴力極端組織的招攬活動比擬為誘姦的說法，但警方和國安單位早就注意到性犯罪者和暴力極端組織在戰術上的相似之處。正如英國前檢察總長納齊爾．阿夫扎（Nazir Afzal）在《衛報》（*The Guardian*）上發表的文章，在這兩種案例中，「犯罪者挑選那些感到自己被誤解的青少年，向他們宣傳更美好的世界和人生，誘使他們遠離家人和朋友，最後拿下他們。」[8]

無論誘拐拉希德的是誰，他或許可以看出這個男孩很脆弱。二〇一四年，妮古拉和丈夫分開了幾個月。雖然只是暫時情況，但兩人分居令拉希德感到不安。招募人員是否察覺到他的脆弱，並在其中看到吸納新血的可能性？對激進組織抱持同情立場是一回事，實際加入又是另一回事。從不太認真地思索極端主義到正式加入極端組織，需要的不僅是興趣，還需要遭受某種不平待遇。生活事件、創傷或受害，都可能使年輕人特別容易接受極端組織鼓吹的報復訊息。妮古拉試著在兒子身上尋找這類不平之氣，擔心其中一個觸發因子很可能是她自己所受的壓力。

妮古拉曾在當地一所擁有眾多穆斯林學生的公立學校擔任校董。報紙報導曾挑起恐懼、表示伯明罕某些學校宣揚強硬的伊斯蘭教義之後，中央教育當局針對二十一所學校展開調查，其中包括妮古拉義務服務的學校。[9]這起被稱為「特洛伊木馬事件」（Trojan Horse Affair）的案子登上全國新聞，接連幾個月的壓力令妮古拉——董事會唯一女性成員——身心俱疲。她的腿部皮膚爆發因壓力而起的紅疹。她跟丈夫的關係也愈來愈緊張。儘管堅稱政府的指控毫無根據，她最終還是跟董事會的其餘成員一起辭職。事後看來，她懷疑有人利用這起案件煽動拉希德對政府的怒氣。「人們可以輕易告訴他，『看看他們對你媽媽做了什麼，』」她說，「他總是試圖保護我。」她猜想，拉希德也許就是因此「心生不平」。

和拉希德壓力重重的當下相比，更襯托出他在遙遠的穆斯林國度冒險的回憶。在他兩歲時，本葉海雅一家在葉門住了四年。那是一段黃金歲月，生活很簡單，他們經常到陽光明媚的海岸和中世紀城堡一日遊。有一次，他們在餐廳點了一條魚，結果服務員直接上船，揚帆出海，到紅海捕捉他們的午餐。在葉門，斷電措施或許意謂每天得關掉空調好幾小時，但至少拉希德的父母沒有工作壓力。「那裡沒有我們在英國社會感受到的龐大期許，」妮古拉解釋，「重點是全家人在一起。沒有人期望豪華的假期，沒有人認為擁有的愈多，生活就愈好。」這家人返回灰色的英國中部地區後，在葉門生活的那些年逐漸成了家族的傳奇。

妮古拉猜想，葉門回憶對拉希德加入ＩＳＩＳ的決策起了一定作用。不是只有前往敘利亞的孩子渴望簡單生活；逃離一切依舊是幾乎所有人都會做的白日夢。「為什麼我們有那麼多真人秀節目把人們丟進叢林或荒島，拿走他們的平板電腦和手機，純粹回歸談話和簡單的生活？」她說。ＩＳＩＳ的宣傳巧妙運用這種現代懷舊情懷；基本上意思就是，**我們會給你一間房子和一個使命，你再也不必應付資本家的物質主義。**

聽到妮古拉這麼說，我開始看出，ＩＳＩＳ的部分說辭和其他地方編織的故事沒有太大不同。拉希德渴望一個更簡單的世界，想得到關於住在哪裡、做些什麼、如何祈禱的簡單答案；這樣的追求，聽起來跟許多美國人投票給承諾「讓美國再次偉大」的總統時所抱持的希望非常雷同，並且跟英國人投票脫離歐盟以「奪回控制權」的願望一致。二〇一八年的一項民意調查發現，相信他們的國家「過去比較好」的英國人，比相信前景看好的人高出將近三倍[10]。

我可以聽到我自己國家的故事跟拉希德的心態響起陣陣共鳴——對於獨自關在房間裡的少年，能確定的唯有一個不確定的未來。少年知道，當地的煤礦或汽車廠或煉鋼廠既已關閉，他的成就永遠比不上他的父親或祖父。他在朋友推薦下看了喬丹・彼得森（Jordan Peterson）*的YouTube影片，敦促他超越當前的「混亂」，回歸「雄性」秩序（即正確規矩）盛行的年代。網路演算法和好奇心或許將他推向了把現代美國的困境歸咎於黑人、同志和女權主義者的組織。（臉書二〇一六年的一份內部報告指出，透過該平台加入極端組織的人，百分之六十四是回應臉書的演算法才這麼做的[11]）。

和被吸引到白人至上主義軌道的美國年輕人一樣，哈里發的新成員也回頭望向想像的烏托邦。極端分子的黃金年代無可避免地鎖定過去和未來，向那些覺得當下既無力又失控的人許諾權力與控制。

拉希德的錯誤決策也反映出時代精神。在這個由大規模移民重塑的世界，人們對身世起源的故事抱著強烈的渴望。極端主義的招募人員可以輕易誘拐父母移居西方的年輕人，他們對自己的穆斯林傳統深感好奇，或許對祖先的國家和自己的國家都感到格格不入。不過正如妮古拉指出的，夾在兩個文化之間、找不到歸屬的感覺，並非只困擾移民的子女。「每個人似乎都著迷於自己的歷史、自己的起源，」她說，「不然你以為我們為什麼有那麼多幫忙尋根的網站？」「純正」或許是右翼和聖戰極端分子共有的既定目標，但它也迴盪在對真實性的一種較溫和的渴望中——販賣從爆米花到洗髮精等各種商品的企業善加運用的一種渴望。

妮古拉也在拉希德的激進化過程和其他形式的極端主義之間找到重疊的影子。他過世四個月後，她應德國去激進化專家丹尼爾．科勒之邀，到荷蘭參加一場專為反恐從業人員舉辦的研討會。在一輪討論中，科勒放映一段影片，顯示一位鬥志昂揚的動物權益保護者如何將新成員變成激進分子。他事先警告妮古拉，這節討論可能會引發相當強烈的感受，建議她一旦覺得太難受就

---

* 譯注：加拿大網紅心理學家。

離開會場。不過她留下來，看著專心致志的激進分子漸漸消磨新成員的意志。「那人病得厲害，不吃也不睡，」她回憶道，震驚於看見政治上的信仰體現為生理上的疾病。

影片中的新成員令她想起了拉希德。在他動身前往敘利亞的前幾星期，他不睡覺，不怎麼吃東西，也不再上健身房。他看起來有如行屍走肉，妮古拉和她的大女兒不由得擔心他吸毒。事實上，極度嗜睡時期經常是激進化過程的一部分。「他們進入一個非常疲憊的低點，」妮古拉向我說明，「然後招募人員會走過來說，『我有解決辦法。你只要做這件事，就不必繼續陷在這種感覺裡。』於是他們被指了一條明路，知道他們會去敘利亞，並且相信他們會變得更好。」決定加入ＩＳＩＳ後，拉希德開始好好吃飯，再次健身。

妮古拉也在那名動物權益保護者，和她自己的幾位受心理健康問題所苦的客戶之間看到了相似之處。「那幾乎就像當一個人非常沮喪，有意尋短，不想活了，」她說，「等到終於決定自殺，他們幾乎是平靜的。」

明白了招募人員的冷酷無情以及激進化可能經歷的心理過程，妮古拉不再那麼內疚。「當我看到他們的洗腦手段如此巧妙，我立刻明白，以我當時的知識，我根本束手無策，不可能有其他作為，」她說。

在孩子跑去敘利亞打仗帶來的恥辱下，拉希德死後，妮古拉大可以索性退縮，任由自己被悲傷淹沒。畢竟，大多數和她相同處境的母親就是這樣做的；她自己的丈夫就是這樣做的。但身為專業的心理諮商師，她希望減輕圍繞著激進化議題的恥辱感，就像近幾十年來，有關性侵和家暴的話題已不再被視為禁忌。「我想，唯一能救我兒子的，就是我能找到某個地方——一個安全的地方——去傾訴，」她說，「一個可以讓我談談我看到的改變，然後問『你覺得我這樣是不是很蠢？』的地方。」

聽到她這麼說，我不經意想起我的一位老朋友。他名叫拉杰，住在印度的泰米爾納德邦（Tamil Nadu）。我是在報導達利特人（Dalits）的社會與政治組織時認識他的；這個種姓階級曾被視為賤民，受人輕蔑。他在地方上發起運動，為達利特人爭取權利。他和他的達利特同胞承受了數十年的排擠和偏見，被拒絕進入學校、房屋和社區，沒有任何就業門路。數十年來，拉杰（大家都這麼叫他）一直以他的家作為行動大本營。

然後有一天，他收到一筆買地的經費。他有雄圖大志又精通左派的抵抗理論，為建造達利特賦權中心制定了宏偉的計畫。

我問他社區最急迫需要的是什麼。用來培訓領袖的會議室？救濟貧民的施粥所？

他搖搖頭。「一個八卦中心，」他說，「人們過來坐著聊八卦的地方。」

我哈哈一笑，以為他在開玩笑。

「不，我是認真的，」他接著說，「真正的社會變革建立在八卦之上！」

當妮古拉提起需要開闢空間讓人們以不同於以往的新語調談論社會問題，我想起了拉杰。「打安全牌未必能為我們提供真正的解決方案，」她說明，「我們或許需要走出保險櫃，做不一樣的事。那才是獲得真正改變的方法。」

為了戳破圍繞著極端組織招攬活動的沉默，妮古拉成立了「一輩子的家人」（Families for Life）——一個為受激進化所苦的人及其親屬提供諮詢服務的組織。她在商業園區租了兩個房間，位於伯明罕市郊一條由沉悶的維多利亞式紅磚建築組成的街道上。在打電話給妮古拉的人當中，女性占了壓倒性大多數，她們大多隱隱覺得有些事情不太對勁。某個母親的兒子變得愈來愈孤僻，或者女兒愈來愈好鬥；閨密的男朋友古怪地沉迷於遠在城市另一端的古蘭經研習班。

令來電者擔心的跡象往往非常微妙，以至於他們無法用言語表達自己打電話的原因。妮古拉在他們的語無倫次中，看到了她自己嘗試理解拉希德的努力。「我非常明白你的感受，」她會告訴他們，「你覺得自己在胡言亂語，只想抓住救命的稻草。」她所做的無非傾聽，不帶任何評判。鑒於許多社區對於是否應該檢舉恐怖分子嫌疑人感到困惑，這項服務本身就很有價值。「你需要制定非常開放的政策來對待家屬，」她說，「讓他們可以勇敢走出來，並接受相關技能教育，學會偵測潛在的激進化跡象。」

然而那是極其困難的事。研究激進化過程的人說，唯一可以確定的，就是事情非常複雜。談論如何預防暴力極端主義的文獻一次次表示，抱持激進信念的人不一定會走向恐怖主義：不存在以支持某個理念為起點、以暴力行動為終點的某種輸送帶。[12]持有極端主義信念的人可能不支持暴力；而某些犯下恐怖主義罪行的人，可能對極端主義意識型態一無所知。[13]正如前中情局官員兼反恐專家馬克・薩吉曼（Marc Sageman）直率的言論：「儘管做了數十年研究，我們仍然不知道是什麼導致人們投身政治暴力。」[14]

關於暴力極端主義的成因與對策，多年來，我在不同的國家聽到了五花八門的說法，讓我覺得自己彷彿寓言故事中試圖摸清一頭大象的盲人。或者更確切地說，很多頭大象，因為法國學生前往敘利亞的原因，可能跟阿富汗部落成員答應替塔利班作戰的理由大不相同。甚至特定國家內部也存在巨大差異。一九九〇年代中期，我曾坐在巴基斯坦西北部一所伊斯蘭學校，跟準備去阿富汗參加聖戰的孩子們交談。許多人被送往那裡，是因為他們的父母養不起他們，或者無法繼續供他們上學。我回到旅館，堅信剷除激進化的關鍵在於良好的教育，並且該免費提供給窮人。

我對了一半。不過，不論貧窮或缺乏教育都無法解釋我幾年後認識的一位巴基斯坦陸軍少校變得激進的原因。他很富有，住在拉合爾（Lahore）郊區一棟有廊柱的白色豪宅，女兒主修英國文學。他曾接受綠扁帽（Green Berets）*訓練，到阿富汗與俄羅斯人作戰。他自掏腰包，在喀

---

* 譯注：美國陸軍特種部隊。

什米爾設立了一個聖戰士訓練營。他的一心好戰，甚至不是因為對印度和巴基斯坦的喀什米爾衝突有什麼特別強烈的信念。當我問他，假如喀什米爾問題獲得解決，他是否會停止作戰。他說不會。他會持續戰鬥，直到全世界都成為穆斯林。

宗教意識型態是這位巴基斯坦少校走向激進的驅動力，但九一一事件後，我在伯明罕認識的一位年輕人顯然並非受到宗教意識型態所驅策。他承認在把賓拉登當成某種反帝國主義英雄而大受鼓舞之前，他曾涉足毒品和夜店。

要了解走向激進的驅動因素有多麼多樣化，只需看看聯合國在二〇一六年發布的《防止暴力極端主義行動計畫》（*Plan of Action to Prevent Violent Extremism*）即可一窺究竟。人們可能容易受「推力因素」影響，包括缺乏社會經濟機會、受到邊緣化與歧視、治理不善、人權及法治遭到侵犯、長期未解決的衝突，以及在獄中激進化。他們也可能容易受「拉力因素」影響，包括個人的背景與動機；源於統治、壓迫、征服和外國干預的集體不滿與受害情況；信仰、政治意識型態和種族文化差異的扭曲與誤用；以及領導層和社群網路。[15]

閱讀這份行動計畫時，我不禁揣想，這世上有多少聖戰士，就有多少種吸引人們加入聖戰的理由。

由於知道每個案例都是獨特的，妮古拉做了任何一個高明的心理諮商師都會做的事：她誘導個案敞開心扉，試圖勾勒出從他們與父母的關係到學校生活的「個人全地圖」。唯有這樣才能看出哪些是真正激進化的跡象，哪些是短暫的階段或轉瞬即逝的情緒。許多打電話給「一輩子的家人」的人，想要質疑他們的孩子對伊斯蘭教義的新詮釋，但妮古拉總加以勸阻。「別鑽進那個兔子洞，」她告訴他們，「我們曾對拉希德那麼做。相信我，你們可以吵個沒完沒了。請記得，他們之所以捲入，是因為這對他們而言是個情緒問題，意識型態是後來的事。請直接解決一開始帶領他們踏上這段旅程的根本原因。」

二〇〇三年，英國成立了一個名為「預防」（Prevent）的專案，希望識別有可能變得激進或犯下恐怖行動的人。不過，該專案所謂的「激進化」和「極端主義」究竟是什麼含意，引發了一片混亂。二〇一一年，一份針對該專案進行審查的官方文件承認：「國內某些地區」——讀作：穆斯林社區——「覺得他們是被國家『窺探』的受害者。」[16]

二〇一五年，反恐立法大幅擴大了英國人相互監督的責任，更多爭議隨之而來。教師、社工和醫生這類普通百姓，有義務檢舉似乎可能捲入「恐怖主義」或甚至只是「極端主義」（不論暴力或非暴力）的人。花幾個小時接受有關激進化的線上培訓之後，從托兒所老師到心臟外科醫生，人們的公民義務清單上莫名其妙添加了「反恐」這一條。二〇一五年的法規意謂著「每個人都得偷偷摸摸而不是光明正大地談論極端主義，」妮古拉告訴我，「現在出現了人人自保的文化，一有風吹草動就趕緊把燙手山芋丟出去。」

雖然政府將這項法規界定為對弱勢個體的保護措施，但有些人將之視為國家監視的延伸，以及對個人自由的侵蝕。人權組織、大學教授、學生和教師群起抗議，認為加大力度的檢舉法案可能使穆斯林被污名化，並且澆熄自由言論，使人噤若寒蟬。擴大的法網帶來荒謬的案例：在斯塔福德郡（Staffordshire），一名在大學圖書館閱讀恐怖主義教科書的碩士生，被人帶到一旁盤問他對同性戀及蓋達組織的想法[17]。托兒所員工舉報一名四歲小孩，因為他說他的父親在做「炸彈」，但那孩子指的其實是「炸蛋」[18]。大學取消了有關伊斯蘭恐懼症和伊斯蘭教的學術會議，因為他們擔心觸犯「預防」專案的指導原則[19]。

美國也出現類似的因恐慌引發的事件。二〇一五年，德州一名十四歲穆斯林男孩被戴上手銬押往少年拘留所，因為他的英文老師誤把他組裝的時鐘當成公文包炸彈。人權團體警告說，模糊的指標不僅用於偵測恐怖分子嫌疑人，甚至用來監測人們是否落在浩瀚的「犯罪前」空間的任何一點。國家反恐中心（National Counterterrorism Center）二〇一四年所做的問卷調查，要求警察、社工和教師針對他們所服務的社區居民，依據包括「族群認同感」（人種、國籍、宗教、民族）以及「表現出絕望與悲觀」等類別進行排名。在國土安全部，研究人員正在開發所謂的「未來屬性篩選技術」（Future Attribute Screening Technology）。這項技術監測一個人的心率和眼神穩定性等項目，藉此判斷他們是否計畫犯罪[20]。

導演史蒂芬・史匹柏根據科幻作家菲利普・狄克（Philips K. Dick）的短篇小說改編而成的

電影《關鍵報告》（*Minority Report*），將故事背景設在二〇五四年的華盛頓特區。在那個年代，人們光因犯罪念頭就可能被捕。警方的「犯罪防治」菁英小組運用先知的預知能力，在人們犯下謀殺案之前逮捕他們。許多分析師指出，這部由湯姆．克魯斯主演的恐怖片情節，與九一一之後英美兩國的反恐行動不乏相似之處。[21] 二〇〇六年，FBI在邁阿密展開誘捕行動，逮捕了七個人，理由是計畫實施恐怖行動——包括炸毀芝加哥的西爾斯大樓（Sears Tower）。「自由城七人小組」（Liberty City Seven）是在一名特工冒充恐怖分子滲透進他們的組織後被捕，FBI後來承認，這群人與恐怖組織沒有聯繫，也沒有購買炸藥。他們攻擊西爾斯大樓的計畫「比較像空談，而不是實際行動，」FBI副局長說。儘管如此，七人中的四人仍基於為恐怖主義提供物質支持而被判有罪，其中，被視為該組織「領袖」的男子被判處十三年半的徒刑。《關鍵報告》的心態也充斥在某些地方執法單位。二〇一八年，布倫南公理中心（Brennan Center for Justice）——一個無黨派的法律與政策智庫——製作了一張圖表，顯示全國各地的警察和地方治安官用來辨識潛在激進化的指標。在波士頓，「對美國政策與世界大事感到沮喪」的人值得懷疑。內布拉斯加州的林肯市列出的唯一風險指標，是「在恐怖襲擊之前還清債務」。根據這張表，在奧克蘭，那些「尋找意義與歸屬感」的人都有嫌疑。[22]

僅僅瀏覽這張圖表就令人不寒而慄。激進化指標和美醜、善惡、愛國與否一樣，全視旁觀者的立場而定。我曾犯過指標上點名的許多罪狀，假如我是穆斯林，我可能早就邁入「犯罪前」空間。

辭別妮古拉，在搭火車回家的路上，我一直在想，她的故事最令人驚訝的地方，就是許多情節似乎平凡無奇。拉希德從花式奔跑熱愛者到ＩＳＩＳ戰士的道路並非一條直線，但就妮古拉所知，推動他前進的力量相當俗氣：年輕的理想主義、天真好騙，以及容易被人利用的脆弱感情。

回頭想想，妮古拉故事的平凡——或者更精確地說，熟悉感——並非偶然：畢竟，我挑選的是一位母親，而且跟我一樣是個白人。妮古拉生於威爾斯，英語是她的母語。她還跟我的女兒同名。ＩＳＩＳ戰士的英國母親很少像她這樣願意公開發言。她是我找到唯一願意接受採訪的人，這項事實或許反映了「預防」專案在許多移民社區種下的恐懼。

不過話說回來，為什麼我不是選擇跳上飛機，從採訪阿富汗、伊拉克或奈及利亞的母親來展開我的報導呢?這些國家在二〇一九年全球恐怖主義指數排行榜上名列世界前三[23]，從統計數據來看，她們的孩子加入激進組織的機率要高出許多。

當火車漸漸駛入倫敦，我終於想到了答案：我陷入了西方人預設的恐怖主義框架。恐怖主義發生在我們這裡，而不是他們那裡。只要看看數字，你就知道這明顯是錯的。不過，我在無意識中採用了那個視角。在我對激進主義西方新成員的關注焦點下，深埋著看不見的東方主義色彩。並非只是因為伯明罕或布魯克林的小孩加入ＩＳＩＳ更讓我有切膚之痛，相反的，將恐怖分子建構為「他者」，意謂著加入伊斯蘭激進組織的西方人悖離了規範。對他們的母親而言，這是一場真正的悲劇，遠非一般的傷心所能形容。但在將穆斯林視為他者的架構下，與其認為阿富汗人、伊拉克人或奈及利亞人加入激進組織是一場悲劇，不如說它反映了那個被籠統歸類為「那裡」的地區普遍存在的混亂。

可想而知，我跟妮古拉的文化接近度，決定了我對拉希德行為的理解。做為一名白人母親，我很容易把她視為受害者，把她的兒子拉希德視為和夢幻島上的迷失男孩有著相同願望的普通青少年。我們判斷極端主義的能力，往往取決於我們對被視為極端分子的人能產生多大的共鳴。

「妳是恐怖分子之母」

沒有人能指示母親怎麼做：
法律一旦被破壞，就沒有法律可以依恃，沒有人可以祈求。

——麗塔・達夫（Rita Dove），《被綁架的珀耳塞福涅》（*Persephone Abducted*）[1]

採訪妮古拉的第一天，我印象很深的是她的孤單；她被羞恥與沉默所築的高牆封閉起來。拉希德是在二〇一五年五月加入ＩＳＩＳ，適逢ＩＳＩＳ聲稱對歐洲幾起驚天動地的襲擊負責，而西方政客把ＩＳＩＳ視為對文明的生存威脅之際。支持任何一名ＩＳＩＳ戰士，即便只是情感上的忠貞，都會帶來恥辱和法律風險。

向妮古拉保證——套用她挖苦的說詞——「我不是怪胎」的人，是丹尼爾・科勒和克麗絲蒂安・布德羅。克麗絲蒂安是一名加拿大婦女，大兒子達米安在敘利亞遇害後，她接受科勒的訓練，成為一名家庭諮商師，專注於激進化議題。她後來把自己定位成導師和辯護人，專為擔心子女加入激進組織的父母發聲。她透過電話、社群媒體和親自拜訪建立人際網絡，大力鼓吹提升激進化議題的透明度，並給與暴力極端分子改造的機會。

我對激進化青年的家屬彼此之間談了什麼深感好奇。這些對話是否揭示了導致西方人去敘利亞作戰的模式？是否或多或少有助於挑戰我們談論恐怖主義的慣用方法？

達米安到敘利亞參戰兩年後，克麗絲蒂安和她的十二歲兒子路克離開家鄉加拿大，到法國多爾多涅省（Dordogne）的村莊跟她退休的父母同住，設法振作起來，重新找回自己的生活。為了了解克麗絲蒂安歷經自己的磨難以及她為其他家庭提供諮商的經驗學到了什麼，我訂了一張飛往法國的機票。

我準備在圖盧茲（Toulouse）過夜，第二天再前往克麗絲蒂安的村莊。從機場搭上車，Uber司機問我來自哪裡。當我回答英國，他轉過身來盯著我，彷彿我說自己是從世外桃源搭紅眼班機過來的。「你們國家在想什麼？」他難以置信地問，「你們怎麼會覺得脫離歐盟是個好主意？」

我告訴他，我跟他一樣大惑不解，而且我深感震驚，不只因為公投結果通過英國脫歐，也因為這顯示平行時空裡存在兩個英國，因為我沒有任何一個朋友投贊成票。

「但是，你們為什麼想困在小島上，跟歐洲斷絕往來？」

「我也想不通，」我說，「我花了好幾個月，一直想弄清楚那些人究竟是被什麼東西迷了心竅。」

「然後呢？」

我結結巴巴地說起「收回控制權」的競選口號，以及脫歐派承諾的更乾淨、更簡單的世界，一個回到移民和全球化之前的世界。

他哼了一聲。「那些日子就算真的曾經存在，也早已一去不回。」對他而言，從不存在那樣的世界。他告訴我，他是摩洛哥裔猶太人，在西班牙出生長大，後來移居法國，跟義大利太太育有一個很棒的孩子。後來又搬到比利時，因為那裡的工資比較高。他會回到西班牙度過大半個冬天，因為他討厭下雨，而且也想念親人。

「你是個活生生的地中海地圖！」我說。

「嘿，比上不足，比下有餘。」他聳聳肩。

等到他把我送到我訂的Airbnb，我們已達成共識：這股狂熱追求圍牆、嚴密邊界和純正文化的新熱潮是件蠢事。

然而，全球各地數百萬人似乎不嚮往對話和多元化，反倒追求某種不那麼混亂的東西。純正與確定性：那就是允諾圍牆與主權的人所鼓吹的；那就是加入激進組織的部分年輕人所渴望的；那就是伊斯蘭國的文宣所承諾提供的。二〇一五年，ＩＳＩＳ的英文雜誌《達比克》（*Dabiq*）

歌頌「灰色地帶」之死。那是夾在東西文化之間的地帶，當穆斯林既沒有加入ＩＳＩＳ也沒有加入「十字軍」（ＩＳＩＳ對西方敵人的通稱），就會被困在這個地帶。灰色地帶的居民軟弱無能，拒絕在這場把地球劈成兩半的文明大戰中選邊站。不過《達比克》有好消息要報告。宣傳人員向讀者保證，灰色地帶已「瀕臨滅絕」。

> 九月十一日的神聖行動為它的滅絕揭開序幕，因為這些行動將兩個陣營呈現世人眼前……伊斯蘭陣營……以及十字軍聯盟構成的異教徒陣營。或者，正如〔賓拉登〕所言，「當今的世界分為兩個陣營。」……布希說的是實話，他說，「若非和我們站在同一邊，就是和恐怖分子站在同一邊。」意思是，你若非支持十字軍，就是支持伊斯蘭。[2]

假如拒絕在虛假的文明對決中選邊站就使你成為灰色地帶的居民，那麼我已在那裡生活了多年。我想，明知兒子做錯事卻仍愛他如故的妮古拉也是一樣。其他父母也沒什麼不同；他們對加入恐怖組織的子女不離不棄，把狂熱分子和民族主義者重筆劃下的黑線抹得漫漶不清。我見到的西方聖戰士新成員的父母，在灰色地帶逗留的時間比大多數人更長。他們不接受「我們」與「他們」的辭令，不肯屈服於對分裂與猜忌的要求，也拒絕倚賴刻板印象或本質主義。他們的損失，使他們更敏銳地意識到這世界的人群、文化與國家之間存在著千絲萬縷，有時甚至糾纏不清的關聯。這些明知子女做錯事仍深愛他們的父母，體會到了正義的空虛。他們的世界並非由護照、邊界或法律來維繫秩序，而是靠感情的忠誠。「我們的激情來自情感和傷痛，」克麗絲蒂安告訴我，「而不是源於權力、金錢和政治方針。靠那幾樣東西激起的熱情是可以控制的。但對我們來說，重點在於感情，政府和哈里發都無法控制它。那就是我們如此具有殺傷力的原因。」

翌日上午，我從圖盧茲搭火車到埃梅（Eymet），克麗絲蒂安和路克以及她的父母就住在這個村子裡。坐在陽光明媚的露台，喝著咖啡抽著菸，她讓我想起田納西·威廉斯（Tennessee Williams）劇作中的一個角色，一個與小鎮衛道人士對立的飽經風霜、傷心欲絕的美麗女子。她的嗓音沾染了尼古丁和哀傷，美麗的眼睛周圍有了一些細紋。她說她看起來很糟糕，其實不然。她渾身散發堅定的氣場，所以當她告訴我她在二十多歲時熱衷健身，我並不驚訝。

二〇一三年寒冷的頭幾個月裡，克麗絲蒂安過著雙面生活，被卡加利（Calgary）和敘利亞分裂成兩半。每天晚上，她會把當時十歲的路克送上床蓋好被，然後躲進他們家的地下室，打開電腦，登錄聖戰士網站，或觀看在敘利亞與阿薩德軍隊作戰的激進組織發佈的YouTube影片。她會掃視每一格畫面的每一名戰士，用力辨識他們臉上的細部特徵，仔細觀察爆炸過後從硝煙中跑過來，得意洋洋對著鏡頭揮舞AK-47的黑衣男子。她偶爾會停下來認真凝視某一張特定臉孔，然後向下滾動螢幕，找到死亡公告，確認她害怕看到的名字沒有列在其中。至少又撐過一天。她要找的臉孔是她的二十一歲兒子達米安，他在那年秋天前往敘利亞作戰。

在凝視電腦的昏暗黑夜之後，是緊盯手機螢幕的緊張白晝。當她醒來——如果她有幸睡著——她首先想到的就是她的手機，以及達米安是否傳來了簡訊。洗澡時，她會把手機帶進浴室，音量調高，以免漏接了他的電話。她在一個非營利組織擔任會計師，開會時，她會把手機放在面前的桌上，留意它是否因兒子傳來訊息而震動。「妳時時刻刻擔心他的情況，」她告訴我，「他被俘虜了嗎？遭受酷刑了嗎？」

自始至終，她不斷自問一個不那麼直接的問題：為什麼一個出生在新斯科舍省（Nova Scotia）、從小信奉天主教的男孩，會認為自己的宿命是到敘利亞作戰？他向來敏感，是那種會在操場上保護弱小的孩子免於霸凌的男孩。他格外聰明，智商一五四。從幼稚園開始，上學就是一件無聊乏味的事。十六歲時，他不顧克麗絲蒂安反對從學校輟學，不過，他仍然對學習充滿興趣，尤其熱衷於全球政治和社會正義。他不信任當權者，認為政客都是傻子。

家庭生活不一定是克麗絲蒂安的避風港，能讓她暫時不為達米安擔驚受怕。她跟他的父親在他七歲那年離婚；她曾有一個兒子在嬰兒期猝死；她也是家暴受害者，曾遭新伴侶毆打。

達米安在青春期深受憂鬱症所苦，他的整個世界縮小到電腦螢幕的大小。他很少出門，十七歲那年曾企圖自殺。不久後，他皈依伊斯蘭教，克麗絲蒂安鬆了一口氣，但願這會為他帶來方向與平靜。有段時間確實如此。他找到一份在倉庫堆箱的全職工作，回家跟母親同住，後者會開車送他去清真寺。

但他很快辭去工作，靠著因精神健康問題領取的殘障津貼勉強度日。「對於自己究竟是誰，他陷入了內心掙扎，」克麗絲蒂安說，「他沒有從他的生活中得到滿足，感到既沮喪又無聊。」

當達米安滿二十歲，他搬進卡加利市中心的一套公寓，和另外三名年輕人同住；他們都參加同一個伊斯蘭讀經班，上同一座臨街的清真寺。他漸漸疏遠家人，不再帶朋友回家。他不認同克麗絲蒂安的生活方式，討厭看著他的家人——如同他在臉書上發文說的——「合法且無限地沉迷於通姦與出軌，醉醺醺地搖搖晃晃走來走去」。他支持九一一陰謀論。每次到克麗絲蒂安的家，當手機響起，他會跑到屋外接電話。晚餐時，只要她打開酒瓶，他就會離開餐桌。

然後在二〇一二年十一月的一天，達米安永遠離開了。他告訴家人他想受訓成為伊斯蘭學者，打算到開羅學習阿拉伯語。不過兩個月後，二〇一三年一月，加拿大國家安全情報局的兩名探員來敲克麗絲蒂安的大門。他們一直在追蹤他，認為他從未抵達開羅，而是到土耳其參加由好戰分子主持的軍事訓練營。他們說，他從那裡越過邊界進入敘利亞，開始替努斯拉陣線（Jabhat al-Nursa）——蓋達組織在敘利亞的分支——作戰。

憤怒、沮喪、迫切渴望找到生命的意義，克麗絲蒂安口中的達米安，聽起來比熱情天真的拉希德更像我心中預設會受聖戰組織吸引的年輕人。數十年來關於「伊斯蘭之怒」和「聖戰士激憤」的新聞標題，讓我不假思索地認為驅使個人走向激進的是憤怒與疏離，而不是理想主義。如果想為逃家到敘利亞作戰的年輕人進行人物側寫，達米安似乎很合適。他的父母離異，患有心理疾病，並曾目睹母親經歷喪子之痛和家暴。達米安在電話上告訴母親，他之所以來敘利亞，是為了保衛受苦的婦女和兒童。克麗絲蒂安說，一定程度上，加入聖戰是他「在象徵意義上的反擊」。他把在家裡打不贏的戰鬥帶到敘利亞，大概以為他會在那裡找到秩序、純粹和目標。

此外，達米安是皈依伊斯蘭教的西方人。雖然很難取得精確數字，但研究顯示，改變信仰的皈依者雖然僅占西方穆斯林社區的一小部分，但他們在極端組織的比例高得超乎正常。至於原因何在，學者爭論不休。有些人說，新皈依者的熱情導致他們加入以義正嚴詞的方式詮釋傳統經文的團體。其他人則認為，沒有在穆斯林家庭中長大，使得皈依者沒有紮實的伊斯蘭知識來反駁聖戰招募人員的說詞。我讀過或採訪過的每一位研究激進化的學者都強調，人們之所以走向暴力極端主義，背後有極其複雜的推力與拉力因素。

跟眾多憂心忡忡的父母交談多年後，克麗絲蒂安得到相同結論。「每個人都想要一個簡單明瞭的恐怖分子側寫：父親缺席，或者受到生命中的某件悲劇驅策。我們在探尋某種具體的東西，以便把它打包收好，三兩下解決掉。不過人們並不簡單；他們很複雜。」

一聽到加拿大安全部門在達米安離開的兩年前就懷疑他變得激進，卻從沒有告訴她，克麗絲蒂安覺得受到背叛。她不僅認為自己原本可以幫上忙，也開始懷疑他們的動機。他們真的想幫助她的兒子回來嗎？他們是否利用達米安的行動來追蹤其他嫌疑人？當國安部探員囑咐她不要向任何人透露兒子的下落，她開始懷疑自己也遭到「算計」，懷疑探員想「從我身上盡可能榨取關於達米安同夥的消息」。（加拿大國家安全情報局謹遵公開談論案件的規則，拒絕評論克麗絲蒂安的說辭。）回頭想想，她確信情報人員「誘拐」她從達米安的電腦取得訊息——名字、地址和聯繫方式。「我乖乖奉上，」她聳聳肩，「他們不斷吊著一根紅蘿蔔說，『我們會不遺餘力地幫忙。我們正在盡最大努力帶他回家，但妳必須要有耐心。』」

恐懼加劇了她對當局的不信任。探員警告她，招攬達米安的人可能知道克麗絲蒂安和路克以及她的女兒霍普住在什麼地方，甚至知道她的子女在哪裡上學。「你時時刻刻提心吊膽，」她說。他們告誡她不要跟媒體交談。她認為，與其說保密是為了她的安全著想，不如說是為了維護加拿大作為一個沒有本土恐怖主義問題的國家的形象。

她覺得自己逐漸失去他。特別是在一次談話中，她感覺他正悄然離去。「他還活著，但他的聲音冰冷、生硬、空洞。」在他的臉書頁面上，她寫道被他拋下的家人有多麼失落：「想到再也不能看見你或擁抱你，我的心碎了一地。」

如今被戰士同袍稱為「加拿大人」的達米安以簡訊回覆：

妳最好接受現實，這樣我們才能好好交談，而不必老是夾帶「我們都很想你，你讓我們心碎」這類情緒。這些話不會引發內疚，反而扼殺所有形式的對話。我終於找到我所屬的地方。

長達六個月的時間，克麗絲蒂安沒有跟幾個人透露達米安的情況。隨著時間推移，她因壓力而日益憔悴。路克一直視達米安如父。如今看著他跟哥哥講電話，她的心擰成一團。他仍然以為達米安在開羅學阿拉伯語；他的母親不忍心告訴他真相。路克會在地上撒潑打滾，乞求哥哥回家。「我需要你，」他會這麼說。

從小信奉自由派天主教的克麗絲蒂安，教導子女對其他信仰抱持開放的態度。不過現在，她發現自己飽受頻繁發作的伊斯蘭恐懼症折磨。「我經歷過一段極度仇視穆斯林的時期，」她回憶道。如果在超市見到戴頭巾的女人，她會興起用購物車輾過她的衝動。如果在路上看見頭巾，她會想開車衝撞那個戴頭巾的女人。「我不知道如何安放我的憤怒。」

我二十六歲時，我自己的父親因歹徒闖入我們位於墨西哥的度假屋而死。雖然警方始終無法確認兇手，但這起謀殺案的最佳解釋竟然是歹徒殺錯了人。我們有個房客跟毒販有些瓜葛，父親是去那間房子進行修繕的，但毒販肯定以為他是那名欠了他們錢的房客。他們有天上門，把我父親捆起來毆打，要求他還清債務。一星期後，他傷重不治。

事情純屬倒楣，然而幾年來，我用恐懼、痛苦和惰性這類堅固耐用的材料，鑄造了一個個怪物。在我的腦海中，墨西哥縮小成為一個可怕的地方，每座教堂每尊耶穌雕像的眼睛都在流血，每個敲門聲通傳的都不是朋友、賣花的推銷員或賣玉米餅的太太，而是殺手。

過了好多年，我才終於重新踏入墨西哥，終於不再把它簡化為我個人的傷心地。克麗絲蒂安為自己一閃而逝的伊斯蘭恐懼症感到震驚，和她一樣，儘管我已不再抱持成見，但我也為自己的成見深感震驚，並且始終因為自己任由哀傷毒化我的感情而羞愧不已。我想起那些被克麗絲蒂安當成洩憤目標的女人。一場外國衝突的餘波有如遠方大火的有毒灰燼，一股腦地傾瀉在她們身上。

隨著她試圖為家人尋求專業支持卻到處碰壁，克麗絲蒂安愈來愈感到孤立無援。她聲稱，當她請情報人員推薦能跟路克談談的人，他們推託敷衍。他們會說，「現在不行，我們得找到合適人選，」或者，「這不在預算之內」。所以她自己隨機打電話給兒童心理諮商師。她會開始解釋，「我的大兒子加入恐怖組織，跑到敘利亞作戰，我不知道如何幫助我的小兒子面對這件事。」不過，沒有人想碰她的案子。「他們要嘛不回應，要嘛說，『嗯，好的，』」她說，然後模仿掛電話的動作，「卡嗒」。

自從她得知達米安在敘利亞，七個月過去了，她愈來愈心慌意亂，於是違背情報人員的建議，打破沉默，對一名記者吐了口風。那篇文章刊登在二〇一三年六月二十三日的《全國郵報》（*National Post*），文中引述她的話，但沒有揭露她的姓名。那天早上她在上班。在她打電話到兒童心理診所替路克預約門診時，她接到負責達米安個案的幹員傳來的簡訊，表示他需要趕緊跟她談談。另一通簡訊緊接著而來，要求立刻會談。

「我對他們發飆，」克麗絲蒂安說。她回簡訊表示，「除非你們終於替我的家人提供某種心理諮商，否則沒有什麼事情那麼重要。要不然，你們可以滾遠一點。」她說她再也沒接到那名幹員的訊息。

在她得知達米安跑到敘利亞將近一年後，一個夜裡，電話響了。一名記者請她提供她兒子的近照。當她詢問理由，他告訴她：達米安死了。

克麗絲蒂安深深吸了一口菸，戴上超大號太陽眼鏡，就像縱慾一夜之後慢慢恢復清醒的女人。她搬到法國一部分是因為悲傷，但主要是因為加拿大的家鄉令她覺得疏離；達米安的離開使她孤立無援、失去工作、一文不名。她覺得，她之所以落入這樣的處境，是因為她持續大聲疾呼，打破了加拿大在本土極端主義議題上的沉默。她坦率地說，她認為政府對這個問題的反應非常笨拙，她堅信年輕人非常容易受招募人員勾引。

她將事情公諸於世之後，議論有如傾盆大雨打在她的身上。她滔滔不絕地列舉對她的一連串指控：「妳肯定做錯了什麼」、「妳沒有把他教好」、「問題也許出在妳的信仰體系上」。網路上的評論甚至更加苛刻。「有人說我也應該去死，」她繃緊了嘴說，「躲在電腦螢幕後面、完全陌生的人。」

還在卡加利的時候，當她和非營利組織的會計工作合約到期，克麗絲蒂安試圖找下一份工作。每次申請後，她總會在面試前一刻接到人力資源部的電話。她回憶說，毫無例外，職缺總是突如其來被填滿，或者職務的申請資格出現變化。最後，一位有同情心的獵人頭顧問告訴她，人力資源部門也許曾上網搜索她，得知她的背景故事，擔心她的過去會損害公司名聲。「妳被視作恐怖分子之母，」那女人解釋。

克麗絲蒂安謝謝她坦言相告。找不到工作又債台高築，最終銀行收走了她的家。「這就是誠實的下場，」她聳聳肩，「碰了一鼻子灰。而他們說他們需要更多ＩＳＩＳ戰士的母親站出來。有沒有搞錯？」

獵人頭顧問用來形容克麗絲蒂安的那句話——「恐怖分子之母」——褻瀆地將「母愛」與「禍害」結合起來，威逼著我們。字典將「一切○○之母」解釋為同類中最大、最根本的事物。從來沒有人提到「萬惡之父」或「一切戰爭之父」。恐怖分子的母親就是源頭，就是邪惡的起源。當年輕人加入聖戰組織，母親無可避免地站在最前線受人批評，克麗絲蒂安說。「沒有人注意父親，」她說，「沒有人問，『他在哪裡？他做了什麼？』一切都在於母親。」

我點點頭，暗自把恐怖主義添進多年來母親被究責的種種社會弊病中。「恐怖分子之母」可以加入這個行列，緊鄰佛洛伊德所說導致子女罹患思覺失調症的母親，以及在二十世紀中葉的美國，被歸咎因其冷漠教養而導致子女罹患自閉症的「冰箱母親」，還有一九八〇及九〇年代，據說因懷孕期間吸毒而製造出「毒癮寶寶」的數百名母親（大多是黑人）[3]。

母親生下這些孩子，但其他人利用他們的憤怒、焦慮或創傷，鋪設了通往極端主義的道路。德國激進化與去激進化研究所（German Institute on Radicalization and De-Radicalization Studies）所長、戴眼鏡留大鬍子的丹尼爾．科勒，從十幾歲在他就讀的布蘭登堡高中見識了新納粹光頭黨（neo-Nazi skinhead）的幫會，就開始思索暴力極端主義的問題。他的事業生涯從輔導右翼暴力極端分子開始，當他後來將工作範圍擴大到涵蓋聖戰士，他發現了驚人的相似之處。不論招募人員使用的是宗教極端主義或白人至上主義的語言，他們鼓吹的都是一種不容異己的狹隘世界觀，即科勒說的，「政治價值觀與理想的去多元化」[4]。招募人員說服他們的目標對象相信，他們的個人問題與某種更大的、虛構的掙扎有關，例如「全世界異教徒針對伊斯蘭教的鬥爭[5]……或者透過移民對純粹的雅利安血統所做的破壞」。高明的招募人員可以將某個人的孤獨感，或者他找不到女朋友或工作的困境，編織到極端主義者的世界觀中[6]。漸漸地，在目標對象的腦海中，他們的孤獨、失望或憤怒與更大的鬥爭融為一體。科勒解釋說，他們的宣傳話術是，只要建立哈里發或雅利安社會，「這些問題通通會消失」。[7]

達米安死後第二年，科勒來到克麗絲蒂安位於卡加利的家，開始訓練她成為幫助家庭應對家中激進成員的諮商師。對於試圖拼湊達米安離開原因的克麗絲蒂安，科勒將去多元化的過程比喻為「慢慢被逼到牆角，最後只剩下狹隘視野」的說法，聽起來很有道理。她說，「他幫助大家認清情緒與動機的重要性，以及它們可以如何被扭曲。」他們聯手創立了「一輩子的母親」（Mothers for Life）；這是一個透過網路串聯運作的組織，旨在為子女加入聖戰組織的父母充當交流樞紐。

午餐時間，克麗絲蒂安和我從她父母的家走下山，來到附近一家餐館。我們點了兩份套餐，還點了一大杯招牌紅酒給克麗絲蒂安。用餐時，她向我說明一個人的激進化可以如何將疏離感散播給周圍的人；它造成的痛苦似乎在家人之間蕩漾不止，往愈來愈大的圈子擴散蔓延。

多年來，她接過許多電話和簡訊，全都來自感到孤立的家庭。她聽過手足想跟隨兄弟姊妹前往敘利亞的故事，也聽過父母愈來愈疏遠他們原先但願能幫助他們的警察與安全體系：「他們對體制失去信心，也對人性失去信心」。一對法國夫妻的孫兒女被帶到伊斯蘭國定居，現在，他們自己也打算搬到拉卡跟家人團聚。克麗絲蒂安見過壓力終結了婚姻、引發了酗酒問題。被拋下的家人經常需要應付精神疾病。一個母親聽到兒子的死訊後，付錢請走私客帶她穿越土耳其邊境，想看看他喪命的地方。她去了，待了一星期跟他的戰友交談，然後回來。這趟旅行沒有提供她希望的告別，不久後，那女人崩潰了，與現實脫節。她現在說話時，彷彿她的兒子還活著一樣。

我們聊了兩個鐘頭，咖啡杯乾了，餐館也空了，女服務生要求我們抬起腳，好讓她清掃桌子底下的地面。「就妳現有的知識來看，」我問，「在一個完美的世界，妳會如何對抗暴力恐怖主義？」

克麗絲蒂安挑起眉毛，發出短促的笑聲。「在完美的世界？我們會重新打造我們的社區、家庭和青年。我們已忘了人際關係的重要性，不斷裁撤支援人際往來的地方——青年團體、社區中心——試圖靠科技走捷徑。」

就這些？我思忖。**少年俱樂部？課後體育活動？童子軍和滑板？市政廳和社區烤肉大會？這就是對付長期以來被視為文明威脅的解決辦法？**克麗絲蒂安提出的方案平凡無奇——平凡得令人不寒而慄。我並不完全相信極端組織的這些新成員只是西方社會崩解的受害者。

她繼續說，除了放任社會關係日益衰微，我們還放任恐懼阻擋了質問與異議。她說，以「激進化」這個詞為例；它可以成為變革的引擎，甚至有助於脫胎換骨。「我們踐踏了這個詞，」她靠在椅子上說，無奈地揮了揮手。「我們現在一聽到激進化就認為是錯的。人們築起了高牆，用恐懼把自己困住了。這種恐懼正在扼殺希望，我們得把希望重新找回來。」她補充說，這種恐懼顯現在資源的分配方式上。恐懼是她這一行——家庭諮商——通常會是公益事業，而炸彈、無人機和監獄的預算卻只升不降的原因之一。

二〇一五年春天，「一輩子的母親」的女人決定給加入伊斯蘭國的子女寫一封公開信。這封信在母親節發佈於臉書，是對子女從敘利亞回家的懇求，也是對多元化的禮讚，和對伊斯蘭國的譴責：

我們都是姊妹，不分國界，不分國籍。我們目前來自七個不同國家，卻都經歷了同樣的故事。我們說著同一種母性語言，我們等待你們回來，但是空等一場……身為你們的母親，我們教過你們許多事情，但最重要的是正義、自由、榮譽，以及對上帝的所有創造物和每一個人抱持惻隱之心。[8]

這封信的結尾批評了她們自己的政府，並表示暴力極端主義的興起，責任不僅在於個人及其家人，更在於全球領袖：

我們要對決策者說：我們是受到遺忘的母親，必須被聽見。我們需要支持，而我們的故事證明很多事情都出了差錯。我們曾受到欺騙、孤立無援。有時候，那些人之所以能奪走我們的孩子，是因為你們故意視而不見。

這封信很快被翻譯成十種語言，登上超過一千五百篇新聞文章，但沒有得到西方政府或伊斯蘭國的正式回應。

一年後，就像古希臘戲劇中反覆提醒當權者勿忘道德真理的合唱曲一樣，該團體重返公眾舞台。她們的第二封母親節公開信，直白地嘗試了政府總喜歡說他們永遠不會做的事：與恐怖分子對談。這封標題為「阿布・貝克爾・巴格達迪請注意」的信，毫不掩飾地直言他們的孩子「受到那些只追隨自己的貪婪、罪惡和權力慾望的人所欺騙」。[9]

當我問克麗絲蒂安，她是否害怕如此直接地跟ＩＳＩＳ首領對談，她發出壓抑的笑聲。「他們能拿我怎樣？」她問，「我已經失去我的兒子了。」

喪親之痛可能令你孤立，令你築起圍牆和壁壘。但它也可能激發無畏精神，令你決意無視人為的慣例和法律。它可以賦予你勇氣去質疑約定俗成的準則，忽略規矩或習俗，以便尋找更大的真理，或與其他人——甚至那些經常被視為「他者」的人——建立更深的聯繫。非得出現天崩地裂的事件，一如這些女人遭遇的喪子之痛，人們才會開始尋找新的方式談論恐怖分子並與之對談——這正顯示我們在沉默與安全話題上，是多麼僵化而頑固。

悲傷令菲根・穆雷無所畏懼。二〇一七年五月二十二日，她的兒子馬汀・赫特（Martyn Hett）連同另外二十二人在曼徹斯特體育館攻擊事件中喪生。如同我在引言中提到的，馬汀過世一個月後，她在全國電視台上公開原諒了自殺炸彈客。身高約一百五十二公分、言談舉止直接得不可思議的她，有一股超凡脫俗的氣質。

我們在蘭開夏郡普雷斯頓市（Preston）見面那一天，她穿著一身黑衣，烏黑的直髮披散而下。她的手腕內側有一個蜜蜂刺青——那是曼徹斯特市的象徵——底下有個標語：#BeMoreMartyn（要更像馬汀）。

我們見面那天，菲根正要到中央蘭開夏大學（University of Central Lancashire）的反恐研究生研討會發表演說。她告訴我，她向來害怕公開演講，但自從馬汀死後，她不再對此感到緊張。「能發生的最糟糕的事已經發生了，」她解釋，「所以我已經沒什麼好怕的了。」她曾是一名心理諮商師，但在爆炸案後，她決定以公開呼籲反對仇恨為職志。炸彈客「在我內心釋放出某個東西，如滾雪般愈滾愈大，」她說，「它真的很強大，源自於身為一名母親。我會盡一切力量來抵禦它、對抗它。我並不害怕。我想的是，『不，我會打敗它。』」

前往大學的路上，我們徒步穿越一條擁擠的購物街。她突然停下腳步，彎下腰，從人行道上撿起一個閃閃發亮的東西。她打開掌心，露出她的寶貝：一根尋常的家用螺絲釘。「馬汀與我同在，」她說。

奪走馬汀性命的，是一枚用許多螺釘、螺帽和螺栓組裝而成的土製炸彈。炸彈引爆時，馬汀就站在自殺炸彈客的正後方，身體被嵌入十六根螺絲釘。自從他死後，菲根不論走到哪裡都會看見螺絲釘。在英國的家裡，在祖國土耳其，在布拉格，在布魯塞爾，她總能撿到螺絲釘。我們見面那天，她收藏的數量已達到一百五十根。「它們總是閃閃發亮，」她眉開眼笑地說，「從來沒有一根生鏽的。撿起它們是一樁小事，但對我而言意義重大。」警方承諾，等爆炸案的調查結束之後，就把從馬汀身上找到的螺絲釘交給她。她計畫把它們鎔鑄成一顆心，一件美麗的事物，她說，藉此「大聲對恐怖分子喊話，『你們見鬼去吧！』」

她把螺絲釘收進口袋，灰綠色的眼眸閃爍著光芒。我們繼續往前邁進。

菲根從來沒有把殺害她兒子的兇手視為怪物。當她第一次在報上看見他的快照，她只看到一個「傻孩子」。她從小就知道，那些承諾簡單的、預先包裝好的答案的團體，對脆弱的年輕人有多大的吸引力。她自己就曾受到誘拐，當時她十六歲。

菲根出生於土耳其，在德國法蘭克福南部長大。酗酒的父親幾度瀕臨施暴，一天晚上甚至揚言要殺掉菲根和她的母親。十幾歲時，她到一家茶館打工，逃離她在家中感受到的恐懼與寂寞。茶館老闆屬於耶和華見證人教派，有些人認為這是個「高要求」的團體，支配個別成員的決定。老闆對這名少女特別感興趣。「他們給了我擁抱、關注、溫暖、友善的歡迎。還有安全感。當時，家裡給我感覺很不安全，我害怕自己會死。」他們邀請她加入他們的讀經班，然後是耶和華見證人大會。「我當時狀況很糟，他們找到了我，」她說，「一點一滴地，我被洗腦了。」

幾個月後，他們開始說服她嫁給一個四十歲男人。一天下午，她順道去茶館跟雇主辭職，老闆夫婦不肯讓她離開。「妳現在頭腦不清楚，」老闆說，「我們需要把妳留在這裡住幾天。」老闆娘把她帶到一個空房間，告訴菲根，在他們照顧她的時候，她可以住在那裡。咒語瞬間破除了：「我想著，『他們想強迫我，把我關起來。他們肯定不是好人。』」幸好，菲根的姊姊約好來接她，在一陣叫囂和威脅報警後，兩個年輕女孩逃脫了。幾天後，菲根帶著他們送給她的好幾本聖經回到茶館。她把聖經堆在桌上，把男人給她的訂婚戒指擱在最上頭。

那年夏天的記憶幫助菲根寬恕，並削弱了炸彈客巨大的怪物形象：「我不能跟一條小魚生氣，儘管這條小魚殺害了我的兒子。」馬汀去世後的幾個月裡，她持續迴避仇恨。「我不把自己看成受害者，」她說，「因為那就是恐怖分子想要的。」

那年九月，菲根參加在英國柴郡（Cheshire）舉行的婦女促進和平（Women for Peace）會議。眾所周知，她是曼徹斯特爆炸案受害人的母親。擔任會議工作人員的一名年輕女子引領她入座，然後坐在她身邊。接著，一位戴著頭巾和珍珠，穿著細高跟鞋的婦女開始演講，訴說她的兒子如何加入ＩＳＩＳ，為他們作戰而死。

年輕女子不時瞄向菲根，密切觀察她的反應。**妳到底在看什麼？**菲根納悶。

妮古拉・本葉海雅演說結束時，在場觀眾有許多人淚流滿面。坐在菲根旁邊的女人凝視她問：「妳覺得如何？」

「我想上台給她一個大大的擁抱，」菲根回答。

她沒有立刻衝上舞台，料想人們會以為她想攻擊恐怖分子的母親。相反的，她等到圍繞妮古拉的人群漸漸散去才走上前。妮古拉伸出手，打算握手致意。

「我不握手，」菲根告訴她，「我現在喜歡擁抱。」她把微微愣住的妮古拉擁入懷中。「她在我面前有點放不開，」菲根回憶，「並不冷漠，只是有一點不自然。」

至於妮古拉，她記得第一次見到恐怖分子爆炸襲擊受害者的家屬時，那種震驚、甚至「嚴重震盪」的感覺。這次會面觸發了「我內心有時揮之不去的一小部分，那就是內疚。」

儘管情況尷尬，菲根還是查出妮古拉的電話號碼，在一星期內打了電話。「作為失去兒子的母親，我們倆的內心都在流血，」菲根說，「兩個男孩都曾在外面為生命掙扎，都因為一個小小的動作而不復存在。」

兩個女人開始通電話，分享她們作為酒鬼的女兒、專業諮商師和悲傷母親的共同經歷。這份友誼是越軌的，跨過極端分子——以及許多英國人——想要劃下的界線。兩人都曾公開反對恐怖攻擊之後出現的「我們」對「他們」的言論；兩人都曾因公開發言，在社交媒體上遭莫名其妙的陌生人譴責。人們叫嚷著期待菲根露出恨意，期待妮古拉因羞愧而沉默。「撒旦的母親，」有些酸民如此稱呼妮古拉。還有人說希望她的兒子在痛苦中喊著媽媽而死去。

相識幾個月後，她們同意一起上英國當紅的一檔時事節目。坐在晨間節目的布景前，帶著必不可少的舒適感——咖啡杯，歪著頭傾聽的金髮採訪記者——菲根和妮古拉談起了她們的共同經歷。「我們都因為同一個怪物而失去了兒子，」菲根說，「哪種方式並不重要——我們的兒子都因同一個組織、同一個理想而死。」[10]

「妳們都不生氣嗎？」採訪記者問。

不，兩個女人回答，她們拒絕遵照民粹主義者和好戰分子的腳本。

她們有話對ISIS說嗎？

妮古拉沉吟片刻。「你們堵不住我的嘴，」她說，「將事情公諸於眾，我所做的其實是一件非常危險的事。但假如我保持沉默，他們將持續灌輸同樣的恐懼。」

「他們挑錯人殺了，」菲根同意，「他們殺了錯誤的母親的孩子。」

妮古拉後來告訴我，攝影師在結束拍攝後哭了，我並不驚訝。令我驚訝的是，聲稱她們倆的損失休戚相關，這是多麼激進的一種說法。恐怖分子希望破壞現狀，但也想重新劃分勢力，強迫人們加入因相互恐懼而製造的陣營。菲根和妮古拉拒絕被歸類，不願局限在恐怖分子以及將恐怖分子視為與「我們」全然無關（除了想毀滅我們）的人劃定的範疇。

哀傷的婦女公然跨越戰爭期間劃定的界線，是一個跟希臘經典一樣古老的主題。在尤里比底斯（Euripides）的《請願者》（*Suppliants*）中，兩座城市的母親結盟，追求一項更大的公民權利：允許被征服的阿爾戈斯市（Argos）的母親，給她們的兒子一個適當的葬禮。而在索福克勒斯（Sophocles）的《安蒂岡妮》（*Antigone*），女英雄不顧克瑞翁王的禁令而為反叛的哥哥舉行葬禮後，淪為了賤民。

當哀傷的女性挑戰關於衝突的既定概念，她們所受的譴責似乎同樣永恆不變。英國小報《每日郵報》（*Daily Mail*）報導菲根和妮古拉攜手上節目的消息，文章標題引用了菲根關於她們因為同一個怪物而失去兒子的話。[11]「只除了一個是無辜受害者，而另一個是兇殘的野蠻人，」一名讀者在線上回應。[12]看了節目的電視觀眾爭相上臉書捍衛現狀——捍衛暴力極端分子和那些拒絕看見極端主義與他們生活的社會存在任何聯繫的人共同勾勒出的界線。「恐怖主義敗類本就該死，怎能相提並論？」[13]一則貼文說，「毫無相似之處。」另一位觀眾「替遇害小伙子的母親感到難過，但對於為伊斯蘭國作戰而死的人渣，除了鄙視別無其他。」

許多讀者把菲根視為無辜殉難者的家長，而將妮古拉貶為恐怖分子的母親。「這些話在我心頭盤據了幾天，讓我覺得很難過。人們用不同的方式看待我們，」妮古拉說。

兩位女士持續發聲，在學校和會議上暢談她們的經歷。不過，妮古拉可以看出她令各機關單位感到緊張。高中希望在她發表演說前進行審查。「菲根的言論被視為恐怖主義受害者的聲音，立刻被認為是可信的，」妮古拉告訴我，「而聽了我的言論，人們對於支持我，多少有些緊張不安。他們會想，『噢，她是ＩＳＩＳ戰士的母親。』」不論她多少次述說自己的故事，不論她多麼清楚地說明她與警方和反恐官員如何密切合作，有些人仍然認為她是恐怖主義的同謀。「我有時納悶，他們究竟還想從我身上得到多少？」妮古拉說，「他們還需要我多說些什麼？」

菲根的兒子馬汀在家鄉曼徹斯特獲得了民間英雄的地位，人們聚在一起注視插著羽飾的白馬拉著他的棺木穿過街道。但妮古拉從未收到遺體、死亡證明，也從未替拉希德舉行葬禮。「認識菲根確實令我大開眼界，讓我知道自己錯失了多少東西，」她說，「讓我知道我推開並埋葬了多少東西，讓我知道擁有的那麼少。」與此同時，「我原本以為我只需要熬過去、活下來，」她說，「不過聽了她的話，我想，『我為什麼要這麼孤單？』」

妮古拉和克麗絲蒂安的故事不只顯示激進化的複雜性，更顯示激進化的後果。許多時候，我們告訴自己的故事都是關於單一事件：一場爆炸案或一個丟失的孩子。這些母親的故事不僅揭示了激進化的細微差別，更揭示恐怖行動的長尾效應：暴力如何抑制異議、引發懷疑，並在社會上擴散。

九一一之後，西方社會加強了「安全化」（securitization）。這是哥本哈根的政治學家發明的術語，指的是政治人物以國家安全的生存威脅為由，將政治決策與國家安全連結起來。＊在西方

＊ 編注：有關哥本哈根學派對於「安全化」（超越政府標準政治程序的緊急行動，變成安全問題）與「去安全化」（即反向，議題從緊急狀態移除，回歸到正常的政治議價程序）的相關概念，可參見台灣學者林泰和的文章：林泰和（2019）：「從哥本哈根學派『安全化』研究途徑分析歐盟反恐政策的演化」，《國際與公共事務》，第11期，二〇一九年十二月，頁1-36。

許多國家，恐怖主義激起的安全化意識，令穆斯林的日常生活顯得可疑。警察在清真寺、商場和移民社區對穆斯林進行監視。突然之間，大鬍子、無沿便帽和頭巾不再是多元化的象徵，而是危險的標誌。點擊錯誤的網站或在高中課堂上說錯話，都可能令穆斯林成了可疑的人。妮古拉和克麗絲蒂安面對的孤立，以及她們一開始之所以不願意發聲，都是受到安全化文化的影響。透過一再堅定地分享她們的故事，透過鼓勵其他母親跟她們做相同的事，她們抵抗了隨著安全化文化而來的懷疑與恐懼。她們說出自己的故事，但從妮古拉上電視後的反應來看，許多人根本不願意聆聽。

教母和她的「教女」

那麼，了解進入與脫離暴力極端組織的途徑，僅僅是聆聽的問題嗎？另一位母親、另一個故事告訴我，事情遠遠不僅止於此。我們在法國的談話中，克麗絲蒂安提起一位比利時母親，她寄錢給在敘利亞作戰的兒子支付醫療費用，導致她最終因支持恐怖主義而入獄服刑。幾個月後，我與她取得了聯繫，隨後搭火車從倫敦到布魯塞爾去見她。

我跟我將以夏綠蒂稱呼的女人，走進布魯塞爾一條靜謐街道上的咖啡館。這是一個由黑磚和灰石打造的優雅住宅區，建於因海外殖民地的刺激而信心高漲的年代。夏綠蒂和我先用法語、然後用英語交談，吃著可頌麵包，啜飲鮮奶油咖啡，徒勞地試圖揮走隔壁桌飄來的菸味。環境再歐洲化不過，但我們的對話內容卻是一個與歐洲深深疏離的故事。和克麗絲蒂安一樣，夏綠蒂在自己的國家也很出名。店員和服務生總會請她稍等片刻，同時思索在哪裡看過她的臉。她五十多歲，金髮碧眼，一副大骨架，有點不修邊幅。「他們總會說，『我認得妳，』」她告訴我，「然後他們會說——『我記得！我知道！敘利亞！妳是電視上那個母親！』」

她淡淡地說，她的額頭上有道「刺青」，「我是恐怖分子的母親。」為這本書進行調查研究時，我不斷告訴自己，由於內容建立在他人的悲劇之上，我必須對他們的痛苦保持尊重，即便在刺探他們的傷口時也不例外。做為記者，我們經常以「替無聲者發聲」這種半真半假的辯解來自我安慰。這可能是真的，但對夏綠蒂這樣的女人來說卻並非如此；她已向比利時和土耳其各級警察、外交官、國安單位、法官、律師、典獄長、一位劇作家和媒體反覆陳述她的故事。當我採訪夏綠蒂，我不是在給不被聽見的人一個發言的機會。每次見面，我的問題都會令她數度落淚，而且，公開發言已害她失去三份工作。她原本是會計師，現在重新接受訓練，打算改行當老師。一名穆斯林竟是土生土長的金髮女郎的事實，令一些比利時同胞慌張失措。「當我說，『我是夏綠蒂，我是皈依二十多年的穆斯林。』他們會猛然倒退一公尺，」她解釋道，「然後當我告訴他們我住在莫倫貝克（Molenbeek）」——布魯塞爾一個擁有眾多摩洛哥人口的地區，是廣為人知的ＩＳＩＳ新兵招募地——「他們會往後彈開三公尺。」

夏綠蒂的兒子——我稱呼他卡里姆——之所以變得激進，正是因為受這類偏見刺激。如果說妮古拉的兒子主要是因為天真而去了敘利亞，而克麗絲蒂安的兒子是因為憤怒，那麼，夏綠蒂兒子的激進化，則是因為身為歐洲棕色人種穆斯林所面臨的更廣大困境。卡里姆十八歲時前往敘利亞，主要是因為看不到他這種膚色和姓氏的人能有怎樣的未來。他會說法語、荷語、英語和阿拉伯語，但似乎仍然找不到工作。父親的摩洛哥和母親的比利時似乎都不是家鄉。「我可以去哪裡工作？」他問夏綠蒂，「哪裡是我的家？」

他開始癡迷於巴勒斯坦人的掙扎，但是當父母反對他前往加薩（Gaza），他轉而將注意力投向敘利亞內戰。他告訴夏綠蒂，阿薩德正在殘殺並囚禁他自己的人民。就連比利時政府都出言譴責敘利亞領袖。雖然卡里姆在齋戒月期間並不特別勤於禱告或禁食，但他現在跟父親爭論成為一個好穆斯林的意義。對他來說，那意謂前往敘利亞幫助危在旦夕的穆斯林同胞，不論爸媽同意與否。

夏綠蒂和她的丈夫乞求他跟從戰亂回來的人談一談，或者去跟伊瑪目聊聊。但卡里姆嘲笑比利時各大清真寺的伊瑪目，說他們軟弱沒用，「就像愛心小熊（Care Bears）一樣」[1]。

得知卡里姆打算離開，夏綠蒂和她的丈夫到警察局，向當局透露他的計畫。警官向她保證，他會在卡里姆的檔案上做紀錄，把他放進禁飛名單。他將被限制出境。事實上，他順利出境了。二〇一四年一月二十二日，夏綠蒂接到一個陌生號碼打來的電話，一名男子通知她卡里姆正在土耳其，準備進入敘利亞。她掛掉電話，立刻打電話給警局督察說明情況。「那是不可能的」，電話裡那頭的人說。

但確實有可能。因為卡里姆幾個月前過了十八歲生日，不再是個未成年人，所以沒有受到阻攔。直到今天，夏綠蒂始終將他的離開歸咎於當局。「我做了我該做的事，」她說，「但比利時的國安單位沒有善盡職責。」

當她透過電話聯繫到卡里姆，他鄭重地對她說，他是來敘利亞幫助穆斯林的。況且，他告訴她，假如他死了，天堂的大門會為她敞開。

她要他保證不會成為「神風敢死隊隊員」，亦即自殺炸彈客。

「媽，我不是瘋子，」他寬慰她，「我不會給他們機會強迫我那麼做。」真正的穆斯林絕對不會做那樣的事，他說，而他是個真正的穆斯林。

後來，卡里姆受傷，夏綠蒂寄給他一千歐元支付醫療費和生活費。她將這筆錢託付給一個年輕的法國女人，她是卡里姆的朋友，正準備離開歐洲前往敘利亞，到那裡跟他結婚。夏綠蒂曾勸阻她，但是當女孩執意前往，她將這筆錢交給了她。「我的兒子沒錢，又在戰區受了傷，」她後來解釋，他有可能餓死或被炸彈炸死。她把他從飢餓中解救出來。當他二〇一五年二月去世，是在美軍襲擊ISIS代爾祖爾（Deir Ezzor）機場時作戰而死。

夏綠蒂寄給卡里姆的錢令她鋃鐺入獄。[2]兒子死後那年，比利時當局指控她資助恐怖主義。而且由於她把現金交給法國女人帶到敘利亞，她也被指控招募恐怖分子。警察在某天清晨五點上門，拍下她的大頭照、取了她的指紋，然後押送她到牢房拘留，「把一個非常重大的恐怖分子關在一個非常小的房間，」她說。

一天後，法官同意釋放她，但被拘捕的屈辱仍然令她耿耿於懷，特別是看見招攬卡里姆的人還能在他們家附近自由自在走來走去。「他還好好活著，能吃能喝，」她忿忿地說。她兩度向警察舉報這位招募人員的行蹤，但他們說沒有足夠證據定他的罪。

有一段時間，她透過積極參與莫倫貝克的一個團體獲得力量。這個組織名為「關心的父母」（Les Parents Concernés），專為有家人去了敘利亞的家庭而設，不過，來為迷失的子女發聲的，主要是母親——迄今只有一位父親加入。「父親只想遺忘，因為他們覺得太丟臉，」夏綠蒂說。

這是我在周遊各地期間一再聽到的故事。在家庭議題上，女性往往更善於與別人交流，但夏綠蒂有另一套理論。她說，招募人員和激進指揮官極力破壞年輕人和父親的關係，他們說年輕人之所以沒有被培養成真正的穆斯林，全是父親的錯。「不過ＩＳＩＳ知道很難斷絕人們和母親的關係；他們知道古蘭經上說，『天堂在母親的腳下。』」

卡里姆被埋在代爾祖爾機場附近，離他被擊斃的地方不遠。夏綠蒂到不了那個地方，但她知道反正那裡也沒有墳墓可以憑弔。為了盡可能靠近，她跟另外兩名比利時陣亡戰士的母親一起前往靠近敘利亞邊境的土耳其城市基利斯（Kilis）。「我想在他曾經走過的街道上走走，」夏綠蒂說。由於沒有遺體、葬禮或墓地，在卡里姆曾經祈禱過的山頂藍色清真寺祈禱，對她而言是一大慰藉。這座山丘很高，她覺得自己隱約可以看到遠處的阿勒坡（Aleppo）。「那是我可以與他共享的一刻，」她說，「不在同一個時間，但在同一個空間。」

平靜很快被打碎：當她在山頂拍照擷取敘利亞風景，土耳其警察來了。她再次被捕，跟另外幾名母親一起被帶到警局。警方沒收她們的相機，指控她們涉嫌從事情報活動。「他們以為我們是間諜，像詹姆士．龐德那樣，」她說。審訊半天後，幾個女人即將入獄，幸而比利時大使介入。太荒謬了，夏綠蒂說，「我心想，『你們放任上萬名年輕人越過邊境，卻把那麼多時間花在三個母親身上？』」

夏綠蒂帶了卡里姆的一袋衣物到基利斯，希望分送給逃到土耳其的敘利亞難民。她在邊界閘口遇到一個女人，後者原是一名老師，剛剛帶著兒子逃離戰爭。夏綠蒂走過去告訴她，由於卡里姆到敘利亞的初衷是為了幫助敘利亞人，她希望他的衣物和鞋子或許能提供幫助。

那個女人懷著身孕，承諾給未出生的孩子取名卡里姆。「我的兒子會繼續穿妳兒子的衣服，」那女人告訴夏綠蒂，「妳的兒子會繼續活在我兒子的心裡。」

夏綠蒂的邊境之行，是對邊境、單一身分、西方與東方、他們與我們等種種高明謊言的一連串挑戰。首先，一個頭戴絲巾的金髮女郎站在清真寺旁，俯瞰邊界外的敘利亞，望向她兒子喪命的地方。接著，警察來了，急忙把她趕下山。然後她瘋狂打電話，在電話上抗辯。最後，她把足球運動衫和球鞋遞給難民母親——一個逃離卡里姆奔赴的戰爭的女人——形成悲傷的對稱。

剝開來看，這個故事具有和聖書訓誡一樣的敘事結構：損失、懲罰與恩典。在法律的眼裡，她是個叛徒。她援助替敵人作戰的兒子。他的死把她帶到了土耳其的山上，那裡可以清楚看到邊界對面的敘利亞。夏綠蒂和「我們」決裂，為「他們」送上愛與資源。

身為一個一出生即為天主教徒的比利時金髮女郎，她站在一個不尋常的有利位置。當比利時警方找上門，詢問她是否願意輔導從伊斯蘭國返鄉的年輕人時，顯然看到了她的價值。她和任何人一樣明白是什麼樣的悲傷驅使她的兒子奔向敘利亞；或許，她能為許多迷途知返的年輕女性鋪平道路。她們大多一返鄉就因加入恐怖組織而入獄，但刑期通常很短。比利時維安部隊知道，這些年輕女人出獄後的日子令人擔憂。如何改造她們？她們能重新融入主流社會嗎？

於是夏綠蒂開始輔導四名從伊斯蘭國返鄉的年輕人，她們的關係日益親密，她開始稱這些年輕女孩為她的「教女」。

這些「教女」很年輕。布魯塞爾當局請她輔導的其中三個女孩是名符其實的孩子，被關押在少年拘留所。其中一人十三歲時前往敘利亞，一年後帶著寶寶返回比利時。一個年輕女孩當時一心想要到敘利亞幫助那裡的孩子，並生下自己的孩子——一個可以幫忙建立伊斯蘭國的孩子。漸漸地，夏綠蒂設法以一點點現實將她們從這些空想中拉回來。「好吧，你想當媽媽，」她告訴女孩，「你在戰區製造一個小孩，炸彈在四面八方爆炸。你是怎樣的母親，竟給孩子這樣的生活？」

夏綠蒂和她輔導的女孩見面時，從不跟她們講伊斯蘭教或政治上的大道理，而是聊聊個人私事，說些體己話。「我的兒子死了，」她解釋，「所以她們對我有很高的敬意。」

和她的兒子一樣，這些女孩離開歐洲時認為，種族主義使穆斯林無法在歐洲過上好的生活。不管怎麼說，那就是ＩＳＩＳ招募人員告訴她們的。夏綠蒂設法用她自己身為改信伊斯蘭教的穆斯林、會計師和比利時人的生活，主張身為比利時人和穆斯林並不衝突，事實上，那反而是當代歐洲的本質，也是她們與生俱來的權利。「妳們的父母在六〇年代來到這裡，幫助建立了新的比利時。所以這是妳們的比利時。妳們在這裡出生，只不過有一張棕色面孔。」

「這是個種族主義的國家，」女孩堅持道。

「以妳們的名字、妳們的膚色，事情並不容易，」夏綠蒂不得不承認，「但事實上，妳們更有價值，因為妳們擁有兩種文化！妳們必須向他們證明妳們的名字是個優勢，甚至是一大加分！」

她對她們這麼說。但在內心深處，她明白她們的意思。

看著一名教女重新融入社會時面臨的障礙，她愈來愈深刻理解她們的疏離，感同身受。

夏綠蒂平時很忙，而且安排記者認識伊斯蘭國返鄉者是一件極其敏感的事，以至於花了好幾個月，我們才終於約好跟她以及她的一個教女見面。我們最終選定的日期是一個寒冷灰暗的十二月天，就在耶誕節前。我們在莫倫貝克一間沿街的咖啡館碰面，享用星期天的早午餐。我對這名教女——我以露西稱呼的前伊斯蘭國成員——所知無幾，只知道她和她的母親清晨六點就起床，趕搭前來布魯塞爾的火車。自一年前出獄後，這是露西的假釋條例第一次允許她拜訪這座城市。她答應告訴我她的故事，只要求我不要使用她的真實姓名，也不要透露她的母親和女兒的名字。

露西年近三十，眉毛又黑又濃，高挺的鼻子上架著一副黑框眼鏡，頭上戴著和毛衣搭配的深綠色頭巾。皈依伊斯蘭教後，她帶著五歲女兒艾伊莎跟一個朋友到了敘利亞。當我問她為什麼加入，露西告訴我，理由和許多新穆斯林這麼做的原因大致相同：因為毫不知悉信仰伊斯蘭教的她該做些什麼。在她居住的布魯塞爾社區，當地的伊斯蘭書店只有薩拉菲派或沙烏地阿拉伯瓦哈比（Wahhabi）教派的書，這些教派以嚴格和嚴厲著稱。所以當她決定深入理解這個宗教，並聽到伊斯蘭國文宣極力吹噓的絕不妥協的作風，她認為那是實踐伊斯蘭教的正確做法。她覺得有義務「徙志」（hijra）——遷徙到穆斯林國家——並且渴望自己「有用」的感覺。

露西和艾伊莎在敘利亞待了不到三個月。露西在伊斯蘭國見到的，她說，「根本不是我選擇的那個信仰」。她逃到土耳其，和艾伊莎在那裡坐牢一個月，直到土耳其人把她們交還給比利時政府。比利時法官把艾伊莎送去跟父親同住，並認定露西是個危險人物。

露西的母親寶琳說，她的女兒是一名皈依伊斯蘭教的白人的事實，在法庭上對露西造成了傷害；假如她有移民背景，法庭不會對她這麼嚴厲。「如果你把她跟其他女孩相比，她們許多人的父母都不是比利時人，」身材結實、聲音低沉、一頭銀白色短髮的寶琳回憶道，「她們的法語說得不太好，不能像露西這樣把事情解釋清楚。假如你能說話、能解釋事情，你必定很危險……」

「在判決中，他們說，『妳太聰明了，不會是激進化的受害者，』」露西插嘴說，「所以妳必定是個危險人物。」

「妳需要扮演某種角色，」夏綠蒂表示，「向他們顯示妳沒那麼聰明。」

「是啊，或許我需要在法庭上裝瘋賣傻，」露西笑著說，「像是喝牛肉湯什麼的，然後從嘴角滴下來，好讓他們覺得我並不危險。」

寶琳認為露西的白人女性身分令她處於不利地位；這樣的說詞並未說服我。畢竟，我們身處的，是在十九世紀使用以歐洲帝國主義的標準來看都嫌過分的暴力手段掠奪剛果的國家。直至今天，帝國的優越感仍然存在於法律與傳統之中，縈繞不去。穆斯林婦女被禁止戴面紗，阿特鎮（Ath）依然舉行以「野蠻人」——一個把臉塗黑、戴著腳鍊和鼻環的白人——為主角的遊行。即便寶琳這種見慣伊斯蘭恐懼症的人，偶爾都會陷入略帶仇外心理的語氣。她嘟嘟囔囔地告訴我，她簡直不認得她出生的城市：「當我來到布魯塞爾，我說，『我要去馬拉喀什（Marrakesh）*，』」她悲哀地搖搖頭說，「大多數比利時人都已搬走。太糟糕了。」她現在絕不可能住在那裡，「感覺實在太陌生了。」

然而，母女兩人一心一意述說一個由受害經歷構成的故事。芒斯（Mons）監獄沒有去激進方案，事實上，露西和寶琳都懷疑獄方人員串通起來加深她的憤怒與孤立感。「在那裡，你不能是穆斯林，」寶琳堅稱，「他們試圖使她成為天主教徒。」

身為穆斯林，露西不吃豬肉，所以她選擇素食。但豬肉會莫名其妙出現在她的米飯裡。「你是在比利時，」一名警衛告訴她，「吃比利時食物。」獄警將他們的菸灰彈到她的祈禱墊，或者把她的古蘭經扔到地上。戴頭巾會違反監獄的制服規定，但露西依舊設法穿長袖衣服、打扮得體。獄卒會走過來用話激她，說，「噢，穿那麼多衣服，你不熱嗎？」（後來被問到這些事件，比利時獄政單位表示由於沒有這類老舊案件的詳細資料，無法發表評論。）

二〇一六年，恐怖分子襲擊尼斯（Nice），一名男子在巴士底日（Bastille Day）開著卡車衝向人群。事件過後，露西在獄中的日子益發艱難。「妳現在高興了吧？」她的一名獄友問，「妳出去之後會去弄一輛卡車嗎？會去放炸彈嗎？」

西方世界每次遭到襲擊之後就會發生這種情況，夏綠蒂說。「只要出現爆炸案，種族歧視就會更嚴重。」

為了逗女兒開心，寶琳替她做了一件搞笑T恤，正面印著一枚炸彈，附上標語：「我是炸彈。」

「他們一再逼迫我，」露西說，「所以過了一陣子後，我心想，『你想看激進分子？我給你看看什麼叫做激進分子！』我咬牙撐著，但離崩潰不遠了。」不過，她的信仰穩住了她，「我敬畏真主，」她說，「若非如此，我可能早就對什麼人做了什麼事。」

她是在獄中接觸了蘇菲主義（Sufism），開始閱讀謝赫·哈姆迪·本艾薩（Sheikh Hamdi Ben

* 譯注：摩洛哥城市。

Aissa）的作品。這位精神領袖的著作勸導和平，告誡人們提防憤怒的危險。「當我看到他的教導，我心想，『太棒了，這是伊斯蘭教嗎？』」露西說，「這就是我在尋找的東西！」

寶琳從小就是天主教徒，但現在不信教了。露西入獄之前，她沒有時間從事任何宗教活動——更別提伊斯蘭教。她不明白露西為什麼皈依，也不明白她的女兒為什麼需要信奉自己眼中的外國信仰。不過，看到伊斯蘭教如何幫助露西撐過監獄生活以及喪失女兒艾伊莎的監護權後，她改變了心意。「我原本不懂宗教信仰為什麼如此重要，」寶琳說，「我現在知道了。如果她在坐牢期間沒有宗教信仰，結局大概會非常悲慘。」

寶琳對露西的忠誠害她失去了兒子。露西同母異父的哥哥塞巴斯蒂安是比利時軍人。她前往敘利亞後，塞巴斯蒂安的長官打電話給他，想知道他是否也對伊斯蘭國抱持同情。塞巴斯蒂安要求母親跟露西斷絕往來，因為這給他帶來了工作上的麻煩。寶琳直截了當地拒絕了。儘管因為不再跟塞巴斯蒂安相見而難過，寶琳也為軍方有效分裂了她的家庭而感到憤怒。「那些人很危險，」她嘟囔著說，「他們以為穆斯林都很壞或者很危險，但真正危險的是那些軍官，因為他們根本不願意聆聽別人的話。」

我們點了番茄水波蛋（shakshuka）——一種辛辣的馬格里布（Maghrebi）雞蛋料理——突然間，幾個女人以幾乎整齊劃一的流暢動作，倏地把手機從桌面拿下來，塞進她們的背部和我們所在的雅座座椅之間，設法捂住麥克風的聲音。她們相信她們時時刻刻受到監控：有人在監看她們的社群媒體、監聽她們的電話。「看見了嗎？」夏綠蒂拿出她的手機，讓我看看有個人——她不知道是誰——顯示為在遠端「連接」她的電話。「如果是一般的號碼，我只要按……這裡就可以切斷連接。但我切不掉現在正在監聽的這個人。」

夏綠蒂搖搖頭。「妳知道嗎，我前幾天在警察局，」她告訴寶琳，「他們問我各種問題，我看得出來，他們的螢幕上已有了所有答案。就在他們的螢幕上，他們什麼都知道。」

「不過，那些不能做為呈堂證供，」寶琳解釋，「他們必須設法讓妳說出來。」

「嘿，我們來為他們拍張自拍，貼到臉書上，」夏綠蒂舉起她的手機，挑釁地提議。

「咯咯咯！」有人吃吃地笑。我們對著鏡頭咧嘴而笑，夏綠蒂拍下我們圍桌而坐的畫面。

儘管已經出獄，露西依然覺得她被國家視為叛徒。受到監視只是其一。她說，一名官員撕毀她的國民身分證，導致她無法開設銀行帳戶或領取失業救濟金。她相信她被安全人員跟蹤，就連看電影也被人盯著。在幾乎空無一人的電影院裡，燈光熄滅之後，有人立刻溜進離她兩格的座位。

露西進了一所秘書學校就讀，但被規定不准戴頭巾，於是她轉而戴頭帶。當她的女同學得知這項限制，她們加入她的行列，紛紛戴起頭帶以示聲援。同學們一開始戒慎恐懼，但很快放下戒心，震驚地發現她似乎非常「正常」。露西說，她的假釋官告訴她，她是聖戰士重返社會的典範。

然而，她還是無法跟女兒艾伊莎一起生活；從敘利亞回來後，女兒一直跟著她的父親住在布魯塞爾。她告訴我，她現在真正想要的，無非跟女兒團聚。她拿出手機，給我看她和一個笑容滿面的十歲女孩的合照；她每個月被允許探視女兒九十分鐘，這是其中的一次。

寶琳和她的丈夫已經四年沒見這個女孩了。「我們被當成恐怖分子，」寶琳哽咽地說，「他們在法庭上說：『你們一家都是恐怖分子。』」她開始啜泣。「法官知道艾伊莎想再次見到我們，但她說現在為時過早。那是我們的悲劇，但也是她的悲劇。」

每次見法官，法官總告訴他們：「時機未到，還不是時候」。「他們理應給出理由，」露西說，「但他們沒有。我擔心的是，等她再大一些，等她明白她為什麼不被允許見我們，她會……」

「對政府生怨氣？」我插話，「變得激進？」

露西點點頭。「對於這些事情，妳得想遠一點。」

寶琳不再效忠比利時。儘管投票是比利時公民的強制義務，但她和露西所受的待遇令她深惡痛絕，她決定不在即將到來的選舉中投票。「我受夠了，」她怨聲怨氣地說。

寶琳的小女兒蘿拉對當局對待她的家人的方式感到氣憤，已計畫搬到非洲。寶琳和她的丈夫考慮搬到法國或葡萄牙；她不太在意搬到什麼地方。「我只有一個心願，」她說，「離開比利時。這裡不再是我的國家。」

「你呢？」我問夏綠蒂，心裡想起她對她的教女說的，比利時的穆斯林婦女有可能過上快樂的生活。「你也曾有同樣的感覺嗎？」

「無時無刻。我的心愈來愈偏向穆斯林，」她回答，「愈來愈偏向摩洛哥而不是比利時。」

「我也是，」寶琳點點頭，「深有同感。」

所以，我想，這就是一個年輕人的離開，將疏離感如陣陣漣漪般擴散開來的過程。原本只有露西覺得與比利時格格不入，現在她的家人也如此。這樣的疏離感甚至蔓延到她的「教母」夏綠蒂——一個被國安單位選來向年輕返國者顯示穆斯林與比利時人身分可以兼得的女人——身上。

回到英國後，基於新聞工作的盡職調查，我研究了有關露西的新聞報導，發現她略過故事的一大部分。根據比利時媒體報導，她去敘利亞並非只是為了「覺得有用」，或覺得移民到穆斯林國家是她應盡的伊斯蘭責任。相反的，她是為了回應伊斯蘭國戰士亞辛．拉丘維（**Yassine Lachouri**）在臉書上尋找歐洲妻子的貼文而離開的[3]。露西不知道的是，拉丘維曾是一名毒販、一名被定罪的殺人兇手，並且是二〇一五年十一月巴黎襲擊事件背後主謀的已知共犯。

另外，據媒體報導，露西從芒斯監獄出獄後再度受到指控，這一次是因為未經父親的同意而帶著女兒潛逃。（「他給了我她的護照！」露西吃早餐時告訴我，寶琳在旁邊點頭。「他簽了文件，准許女兒離開！」）她第二次受審。艾伊莎的父親告訴法庭，儘管女孩的精神狀態持續好轉，但她仍然在學校談論卡拉希尼柯夫衝鋒槍（Kalashnikovs）。露西「把她的女兒丟進了她原本不該認識的地獄，」檢察官在審判中說，「與她希望我們相信的恰恰相反，她是伊斯蘭國的狂熱支持者。」[4]

露西在第二次審判中無罪開釋，但媒體的報導，描繪了一個比我在早午餐聽到的更加複雜的故事。若說悲傷為這些母親賦予一個特殊視角，導致她們將目光遠離某些細節而投向另一些細節，我對同理心的信仰亦是如此。我覺得自己有點蠢。我原本覺得她在海外受到委屈、在國內受到迫害，現在，我不得不以更複雜的眼光看待她，這真令人沮喪。的確，我用心聆聽，但聆聽自有其陷阱。

不久後，我讀到以色列作家阿摩司・奧茲（Amos Oz）寫的關於一九四〇年代在耶路撒冷成長的故事，那是英國託管巴勒斯坦的最後幾年。他曾是「一個小小的猶太復國主義兼民族主義狂熱分子（Zionist-nationalist）——自以為是、滿腔熱血、受到洗腦，」他寫道，他會對巡邏的軍車丟石頭，高喊「英國人滾回家！」。不過後來，他結交了一名英國警察，導致其他小孩對奧茲貼上叛徒的標籤。「很久以後，我學會安慰自己，在狂熱分子眼中，所有勇於改變的人都是叛徒，」他寫道，「在各個時代、各個地方，所有狂熱分子都厭惡並害怕改變，他們懷疑改變是出於黑暗卑鄙的動機，形同於背叛。」[5]

我不是狂熱分子。但是在閱讀有關露西的新聞報導時，那種輕微的背叛感提醒了我，我那樣渴望相信她有多麼危險。我不是狂熱分子，但我對簡單純真的故事的渴望，帶有一絲狂熱的味道。我用一頓早午餐和一個共同身分——身為白種西方人、母親及女兒——建立了一道搖搖欲墜的理解橋梁。但這麼做的過程中，我只稍微增加了對極端分子的理解能力。由於這份能力取決於認同問題，我不過創造了另一個開明版的「我們」與「他們」。我得用心提高警覺，才能對抗這樣的兩極分化。

我從母親說起，理由既合理又帶有偏見。不過，比利時政府委託夏綠蒂幫助戰士重新融入社會，清楚說明這些母親並不孤單。為了處理這些返國的男男女女，政府也投入了人力與物力。是否有任何政府或民間專案，一如我遇到的這些母親，是出於相信人們可以變得更好的理念而運作的？

第二部

改變者

信任練習

我有點羞於承認，但那真是有趣的一天。當然，安全與反恐博覽會（Security and Counter Terror Expo）並非以「趣味」為賣點。打擊恐怖分子行業在倫敦的年度展示大會，吸引了一大群身穿藍色西裝的高級主管、趾高氣昂的特種部隊人員、警察和達官要人。還沒踏進展覽廳，我就感受到整場活動的脈動：一股緊張的轟鳴，在恐懼與控制之間擺盪。你可以在展覽的陽剛標語——「保護、防範、準備」——中聽到這兩種情緒，也可以在迎接訪客進入倫敦奧林匹亞展覽中心的巨大告示牌上看見它們：告示牌上的照片顯示一個面有憂色的白人男子，在簡報室裡凝望著什麼東西。我們不知道他在凝望什麼，總之是一個觸目驚心，以致那男子緊張得把兩根手指塞進嘴巴裡咬的東西。

展場內，大約三百五十家廠商等著激起、然後撫平你的恐懼。業務員站在他們的商品後面，推銷著防彈百葉窗、蛇腹型鐵絲網，以及「經暴民攻擊驗證過」的圍籬。幾個理著小平頭的男人看著遙控機器人拆除假炸彈，如癡如醉。我在販賣「街道家具」的攤位閒逛；所謂「街道家具」是行銷人員發明的術語，以便替用於阻止恐怖攻擊的混凝土花盆和屏障製造舒適的氛圍。三名俄羅斯生意人注視著一架亮橘色無人機進行展示，這架無人機像打了類固醇的瓢蟲戰士，在我們頭頂上嗡嗡作響。就在同一條走道不遠處，幾家廠商販賣保護人們不受無人機傷害的電腦系統。一個販賣所謂「無人機防護」（DroneProtect）的男子微笑著告訴我，當ＩＳＩＳ這類恐怖組織開始在無人機上裝載炸彈，保安行業開啟了一個全新的疆域。

這是高明的商業模式：一場打著安全旗號的軍備競賽。由於人們永無止境地需要尋找新方法維持超越恐怖分子的領先優勢，無人機推銷員和反無人機推銷員（例如在附近兜售「安全中之安全」的攤販）踏進了一個欣欣向榮的成長產業。所有廠商——不論他們叫賣的是無人機、手槍皮套，或帶有內建監控攝影機的保麗龍咖啡杯——販售的都是同一種商品：不計一切成本的安全。一家公司的攤位掛著一個標語：任何地方都可能是下一個事件場景。

這一切跟克麗絲蒂安、妮古拉和丹尼爾·科勒描述的感化行動形成鮮明對比。安全與反恐博覽會的攤位聲嘶力竭地指陳敵人極其可怕、窮凶惡極、防不勝防。我已經跟四個傳說中的怪物的母親談過，現在，我想看看那些致力於幫助恐怖分子改變想法的人和專案。恐怖分子是否可能洗心革面？如果可能，該怎麼做？需要付出什麼代價？

此刻，全球各地愈來愈多人追隨極端主義，極端分子利用陰謀與謊言吸引追隨者接受他們的世界觀，在這樣的年代，說服力變得至關重要。無論極端分子對組織的忠誠是出於教義的某種詮釋、無可反駁的模糊陰謀，或是對現實世界的不滿，他們的信念似乎無可動搖。這些信念也許是在他們變得激進後才產生的；正如我曾經見過的，對意識型態的接納，有時發生在更深刻、更切身的動機之後，而不是之前——這使得邏輯說理益發沒有意義。假如說理無法打贏對抗極端分子的戰爭，或許這些無人機、圍牆和拆除炸彈的機器人能夠成功？或許，這些沒完沒了、堆積成山的小玩意兒可以用來打一場低層級的戰爭，對抗小型且分散的軍隊，其中某些隊伍是由我們的鄰居、甚至家庭成員所組成？

賽門．康沃爾（Simon Cornwall）不是我想像中會呼籲大家跟恐怖罪犯交朋友的那種人。他是退伍軍人，曾在北愛爾蘭及福克蘭群島服役，面色紅潤，頭型像顆子彈，舉止豪爽。二〇二〇年元旦過後幾天，我們在倫敦北部一家空蕩蕩的咖啡館見面，那時，他正準備前往伊拉克。不過，當我問他什麼是對待前暴力極端分子的最佳方法，他的說詞簡直跟克麗絲蒂安和妮古拉一模一樣。他說，要避免他們再次犯罪，「你要做的就是跟他們打好關係，你必須關心他們。」他浮起一絲苦笑。「我的搭檔說，在這個問題上，我聽起來有嬉皮的味道——但我是天底下最不像嬉皮的一個人了。」退伍後，康沃爾進入英國的感化機構，設立該機構的反極端主義方案，然後加入了名為「預防」的全國性反恐怖主義專案。他現在是一名跨國顧問，幫助從挪威到哈薩克等國的政府和NGO制定恐怖分子改造策略。

我們是在恐怖分子襲擊倫敦，導致兩人死亡並激起社會大眾辯論反激進化方案是否有效的大約一個月後見面。二〇一九年十一月二十九日，劍橋大學囚犯更生專案在倫敦召開會議，烏斯曼・汗（Usman Khan）是與會者之一。他是一名英國人，曾因加入蓋達組織相關團體、密謀炸掉倫敦證券交易所以及倫敦其他目標而被定罪。他被判十六年徒刑，上訴後刑期減半出獄。會議當天，他穿著假的自殺炸彈背心，私帶廚房刀具入場。他刺殺了大會的兩名發起人，並傷及另外三人。他往倫敦橋逃竄，最後被警察開槍擊斃。

這起悲劇發生在英國大選的十天前，競選的政客莫不把握機會造勢。保守的托利黨（Tory Party）大力主張「把他們關起來」策略，首相鮑里斯・強生（Boris Johnson）則呼籲加重危險罪犯和恐怖分子的刑期。他的工黨對手指責保守黨在監獄與感化政策上急轉彎，並指出伊拉克戰爭是激進化的根本原因。諷刺的是，這次襲擊發生在囚犯更生會議上，行兇的是一名據說已改頭換面的更生人。服刑期間，烏斯曼・汗曾參與政府主辦的兩項去激進化專案。其中一項鼓勵暴力極端分子審視他們的身分認同、信仰與人際關係，探索導致他們加入激進組織的原因。另一項專案則提供神學及心理輔導。

兩者顯然都沒有奏效——對感化方案懷有疑慮的人指出了這項事實。說到去激進化，強生表示，「成功的案例真的很少」。《泰晤士報》刊了一條簡單粗暴的標題：〈倫敦橋襲擊：更生人楷模兼殺人兇手〉。不過戴維・梅利特——烏斯曼・汗的受害人之一傑克・梅利特的父親——在報紙的專欄頁寫道，他的二十五歲兒子「曾付出一切對抗仇恨，假如被當成延續仇恨的藉口，他肯定會燃起沸騰的怒火，不論生前或死後」。傑克・梅利特曾在囚犯更生慈善機構工作，致力打造「一個廢除終身監禁……著重改造而非復仇的世界」。[1]

這份情操值得喝采，但我知道，這起事件為支持感化的擁護者帶來一大打擊。烏斯曼・汗已向英國大眾證明去激進化專案並非萬無一失。不過，嚴刑峻法也不是十拿九穩。事實上，激進化與政治暴力國際研究中心（International Centre for the Study of Radicalisation and Political Violence）二〇一〇年報告指出，監獄——充滿受過創傷的人，其中許多人尋找著身分認同與歸屬感——可以為激進化創造「近乎完美」的條件。「獄政單位似乎認為安全與感化的必要條件互不相容，」報告中說，「然而在許多案例中，安全與感化的需求更可能相輔相成，而不是彼此衝突。」[2]

我愈來愈相信，投資於感化行動實際上就是投資於安全。儘管這樣的投資不如無人機或機器人那般光鮮亮麗、性感迷人，但長遠來看更加安全。

賽門・康沃爾無疑衷心支持這個觀點。他擁有強硬派色彩的履歷，卻大力提倡被強硬派斥為天真的解決方案。他在二〇〇八年設立英國中央極端主義部門，專門輔導獲釋出獄的恐怖分子，之後更推動導師制度，讓假釋官定期跟他們的輔導對象見面。這和他生涯早年輔導變童癖者的方式大同小異，目的在於「和他們交往、談話，了解他們的模式與行為，查明他們的危險性和誘發因子，」他告訴我。地方社區也被納入其中，社區輔導員和假釋官攜手幫助罪犯重新融入社會。這個過程擴大了罪犯的人際網絡：假釋官幫助他們找到工作、接受諮詢並獲得教育，警方維繫治安，而社區團體——如足球隊、清真寺或青年中心——則提供結交新朋友的機會。「如果你能說服他們用心投入社區，社區也用心對待他們，他們就不太可能做壞事，」康沃爾說。他拿破壞房子的擅自占屋者打比方。假如占屋者只將房子作為暫時落腳處，「他不會介意在公寓牆上踢幾個洞，」他說，「假如是我的房子，我不會破壞牆壁，事實上，我會好好粉刷。」

然而這些年來，康沃爾沮喪地看著政府的重心從感化罪犯轉移到視他們為治安隱憂。假釋工作愈來愈強調科技與追蹤，勝過談話。他相信倫敦橋襲擊案顯示了他稱之為「勾選框」方法的局限性。烏斯曼．汗出獄時被評定為「最高風險級別」，一直受到英國國內情報機構軍情五處監視。他住在斯塔福德的一間公寓，會議當天，他獲准獨自旅行到一百五十英里外的倫敦。他的腳踝戴著警方的GPS追蹤器，但儘管這個小裝置可以讓警方得知他去了哪裡，卻無法說明他的心理狀態。

康沃爾說，政府若要知道罪犯的心理狀態，就必須一週又一週，以一種有時看起來完全像父母對待子女的方式，不斷跟他們交談並傾聽。身為假釋官，他還會接到已六、七年沒見面的恐怖罪犯的電話。有個人最近打電話給他尋求慰藉。那人從前在極端組織的夥伴想找他聊聊，他擔心自己再度被拉進幫派。「這些傢伙的生命往往欠缺父親般的人物，生活也缺乏條理，我們可以幫忙彌補，給他們一些關懷，」康沃爾說，「老派的假釋作風。」

康沃爾的方法聽起來簡單而人道，需要長遠的決心、耐性，以及社會的廣泛認同。對於以維護治安為責任的警察來說，恐怖分子永遠都會被視為高危險人物。對於幫助前恐怖分子找到工作、融入社會的假釋官來說，人永遠有改變的可能。假釋官的時間表和國安單位的不同。「他們心目中的安全是這裡，」康沃爾指著手掌的中心點說，「把人關起來就安全了。但我得說，『一路延伸下來，到這裡、這裡和這裡都安全嗎？』」他伸長手臂，示意未來的某個未知時間點。「所以這是對某個人的長期投資，並且下注賭他們有能力改變，」我想起ＩＳＩＳ戰士的母親和他們的嬰兒照片。

他頓了一下。「但這不是媒體希望在恐怖主義議題上看到的事。他們不希望看到有人關心某個人或照顧他們，或握他們的手，或者說，『他做了一個很糟的決定：讓我們試著幫助他做出好的決定。』」

康沃爾在電視和媒體露面之後，受到社群媒體的酸民圍攻。「我的朋友甚至說，『你到底在做什麼？你在替恐怖分子道歉，』」他說，「但我告訴他們，『總得有人跟他們做朋友。』」

在研究人們如何對付極端主義的過程中，我發現亞洲、中東、非洲和歐洲有數千人正努力與暴力極端分子保持對話。政府投入龐大資源感化前極端分子，並非只顧著對抗、監禁或放逐他們。方法五花八門，令人眼花撩亂，我不由得想起契訶夫（Chekhov）的一段話：「如果醫生給一種病開出許多種治療方法，這種病想必已無可救藥。」

但矯正方法確實層出不窮。[3]在世界各地，伊瑪目、心理醫生和社會工作者被派去跟暴力極端分子或有可能成為暴力極端分子的人交談。諮商師輔導恐怖分子嫌疑人或激進的年輕人，幫助他們回溯過去、觀察現況、規劃未來。在英國，前暴力極端分子學習拳擊和踢足球。[4]在德國監獄，聖戰士和新納粹囚犯演戲和跳舞。[5]索馬利亞的一項專案提供歷史、裁縫、汽車維修和電銲方面的課程。[6]丹麥的一名青少年輔導員為了防止當地青年興起極端主義的念頭，一絲不苟地為他籌辦的活動制定細節：週末集體到古城堡玩奇幻的角色扮演遊戲，或者在社區中心比賽投擲冷凍雞（我得努力憋笑）。沙烏地阿拉伯的恐怖分子囚犯上畫畫課。[7]一位輔導法國「前任」（法國對前極端分子的稱呼）的巴黎女士，採用她稱為「普魯斯特的瑪德琳蛋糕」（Proust's Madeleine）技巧——以某種童年記憶將恐怖分子拉回到他們成為恐怖分子之前的日子。[8]印尼的一座監獄藉由表演該國傳統的皮影戲，試圖將極端分子和主流文化價值重新連繫起來。[9]

由於前述的許許多多計畫各自帶有國家和地區的印記，我很好奇美國的去激進化專案會是什麼面貌。一開始，我遍尋不著——一部分是因為，在美國，被定罪的恐怖分子比穆斯林國家或甚至法國和德國等歐洲國家少得多。專家估計，美國對抗暴力極端主義的方法大約比西歐國家落後二十年。[10]歐洲——尤其是有數十年右翼極端主義和新納粹主義運動的國家——有更多經驗幫助人們脫離組織，並且投入更多資源從頭防止人們加入極端組織。在奧地利、法國和德國，擔心激進化議題的父母可以撥打免費熱線尋求協助。[11]英國的反恐專案「預防」出資聘請特約輔導員幫助危險的青少年，並開設戲劇課程教導小學生明辨極端主義者的宣傳手法。[12]

在美國，九一一的創傷產生了恰恰相反的效果：政府凍結創意方案的經費，一心加強安全措施。歐洲的父母和心理諮商師可以推動草根行動，相較之下，沒有立刻向執法單位舉報的美國人就可能被指控勾結恐怖分子。一名感化人員指出，技術上來說，連她都可能觸犯了有關向外國恐怖組織提供「實質幫助」的美國法律。「如果你身處的情境偏離主流，而你不是某個人的律師，你怎能不被指控提供實質幫助？」她問。

將美國穆斯林定調為安全隱憂的做法，在穆斯林群體和政府當局之間煽起有害的相互猜忌。二〇一五年，舊金山灣區一名二十二歲男子亞當．沙菲（Adam Shafi）因意圖支持恐怖組織而被捕。[13]他們全家在二〇一四年到埃及度假後，他就成了聯邦調查局鎖定的調查對象。一天，亞當在開羅失蹤，他的父親薩爾——矽谷的一名高階主管——向美國大使館通報。幾天後，這名年輕人回來了，原來他跑到土耳其親眼看看敘利亞難民的境況。

回到加州後，薩爾與聯邦調查局合作；他和聯邦探員見面，表示他正努力為兒子尋找心理醫生治療憂鬱症。他不知道的是，聯邦調查局也開始跟蹤亞當並竊聽他的電話，時時監視著他。

二〇一五年六月，亞當正要登上飛往伊斯坦堡的航班時，探員在舊金山國際機場把他攔下。起訴書上說，他們允許他回家，但幾天後，探員再度上門，將他戴上手銬，以「意圖向特定的外國恐怖組織提供實質幫助」的罪名逮捕了他。所謂「實質幫助」即亞當本人；他在電話中向朋友表達他對朱藍尼（Jaulani）的愛（朱藍尼是敘利亞努斯拉陣線的領袖，而努斯拉陣線已被美國國務院認定為恐怖組織），並表示他願意「與〔該組織〕一同赴死，不論死於什麼」。不過在那之前，他想要戰鬥：「我只希望在我至少灑下幾加侖鮮血之前，阿拉不要收走我的靈魂，」亞當說，「臉上如果沒有傷痕，我要怎樣面對阿拉？」

意識到亞當可能面臨二十年的刑期，薩爾急忙拼湊出一個去激進化專案，提議請諮商師、伊瑪目和精神科醫生組成團隊輔導他的兒子。他參加在華府舉辦的一場有關激進化議題的會議，遇見德國去激進化專家丹尼爾·科勒，後者同意接他的案子。沙菲的律師在二〇一六年告訴《紐約時報》，他們希望執法單位同意以感化計畫取代監禁。不過隨後，巴黎和聖伯納迪諾相繼遭到恐怖襲擊，他們對感化計畫抱持的希望破滅了。

對於擔心子女可能變得激進的其他家長，沙菲的忠告反映出強烈著重於「安全化」措施，會造成這樣的弊病：「別妄圖尋求政府協助」。

亞當後來在獄中待了四十個月候審，陪審團最終在二〇一八年宣判他無罪。[14]檢察官再度起訴他，理由是他兌換一張假支票以籌措加入恐怖組織的路費，但聯邦法官不同意；他認為亞當已服了足夠刑期，因此判決緩刑五年，外加六個月居家軟禁。

在司法部門眼中，亞當・沙菲是個恐怖分子；並非因為他真的曾經作戰、引爆炸彈或殺人，而是因為他計畫前往敘利亞加入恐怖組織。當政府開始關押那些在電話上向朋友吹噓或者買機票前往中東的年輕人，你不免懷疑政府是否開始從意識型態的框架思考，讓安全凌駕於國家的其他原則之上。安全化的邏輯令日常活動顯得可疑，普通公民都可能成為嫌犯。

一名歐洲反恐官員曾經告訴我一個故事，內容關於他參加的一場探討如何處理返鄉的ISIS戰士的會議。他的小組有來自各地的專家，包括丹麥人、肯亞人和一名美國人。當丹麥和肯亞的專家比較兩國如何幫助前激進分子尋找新工作和社區支持，美國專家突然起身離席。他解釋道，美國會直接把每一個曾經為ISIS作戰的人關起來，所以這場討論根本不值得他花時間。「我們知道如何在恐怖世界中鎖定目標對象、加以解決；我們非常精於此道，」曾擔任國土安全顧問及打擊恐怖主義的國家安全顧問法蘭西絲・佛雷格斯・湯森（Frances Fragos Townsend）二〇一一年表示。她承認，感化和去激進化這類軟性行動不是美國的強項。[15]

美國對感化恐怖分子相對興趣缺缺，這反映了美國更廣泛的刑事文化。我們有全世界最忙碌的獄政[16]；我們的人口僅占全球五％，監獄人口卻占了全球四分之一。過去四十年來，美國社會「明顯變得更加苛刻」，康乃爾大學法學教授約瑟夫・馬古利斯（Joseph Margulies）寫道，「過去數十年裡，在怒火刺激之下，我們大幅提高政府的權力來監控、排擠、限制而監禁那些被視為威脅的人，清除社會的不良分子。」[17]在民眾心目中，這種趨勢創造了「一個窮凶惡極的罪犯，一頭天生對社會懷有敵意、無法救贖或感化的禽獸」。他評論道，由於認定社會上存在這種罪大惡極者，人們「對感化理念的信心急遽下滑」。

美國之所以對官方的感化方案存疑，一個不那麼邪惡的理由，是保障宗教與言論自由的《憲法第一修正案》。中國可以毫無法律障礙地開設再教育營為維吾爾人「去激進化」，使他們遠離伊斯蘭教，轉向國家准許的信條。專制的沙烏地阿拉伯王國沒有憲法來阻止它告訴囚犯瓦哈比教派是唯一真正的伊斯蘭教。就連法國也可以撥款，推動旨在令穆斯林接受共和國認可的公民身分的計畫。但是在美國，至少在理論上，政府不能試圖改變人們的信仰。

從文化的角度來看，美國如此不願意投資於幫助暴力極端分子，實在有違常理。對於一個聲稱崇拜積極與改變的國家，用一句「無可救贖」打發他們，感覺消極得異乎尋常。那似乎跟推動美國文化的那股保持微笑、持續嘗試的樂觀主義格格不入。我們信奉重生、東山再起、捲土重來、滿血復活、改頭換面。我們發明了十二步驟程序（twelve-step program）*和賣座電影的續集。我們的經濟與自我意識，取決於亟欲改造自己、並在過程中成為美國人的數億移民。但為什麼當涉及囚犯——尤其那些犯下恐怖罪行的人——我們便不再相信重新開始？當我上網搜尋「美國的寬恕豁免」，得到的只是一堆關於學生貸款的文章。

我唯一能找到的美國去激進化專案——美國的第一個——是在明尼蘇達州的明尼亞波利斯。那是一個叫做「心田民主」（Heartland Democracy）的當地組織構思的計畫，只短暫存在且規模微小，並且只有一個參與者：一個名叫阿布杜拉・尤瑟夫（Abdullahi Yusuf）的索馬利亞裔美國青少年。他準備前往敘利亞加入伊斯蘭國時，在明尼亞波利斯機場被攔下。我對美國的這個感化實驗充滿好奇，於是飛到了明尼亞波利斯。

＊　譯注：風行於歐美的戒癮課程，用於幫助人們戒除酒癮、菸癮與用藥等成癮行為。

書本的力量

二〇一七年十一月九日，我坐在座無虛席的明尼亞波利斯聯邦法庭上，伸長脖子一窺每個人前來目睹的男人。他看起來實在不像恐怖分子。阿布杜拉．尤瑟夫身高六尺四吋，瘦得讓一起打籃球的兄弟給他取了「骨頭架子」的綽號。[1]他戴眼鏡，穿一件藍色襯衫，一半塞進褲頭，一半露在外面。當這名二十一歲年輕人起身面對法官，他看起來就像星期天早晨的一名研究生，而不是某個由於試圖加入ISIS而剛剛服刑二十一個月的恐怖分子。

當艾哈默德．阿敏（Ahmed Amin）——阿布杜拉在這場聖戰士感化實驗中的輔導員兼監護人——第一次見到這名被告，他以為他們從監獄領了錯誤的人過來。**這是恐怖分子？**他想，**這孩子不可能是恐怖分子——絕無可能！**當時年僅十八的阿布杜拉英俊而友善，氣定神閒地跟他的新輔導員聊著足球和籃球。和阿敏在明尼亞波利斯高中教的某些索馬利亞移民子女不同，他似乎沒有過於僵化地固守父母的文化，也沒有完全拒絕它。在阿敏看來，他似乎是典型的美國小伙子。

從許多方面來看，阿布杜拉確實如此。（法庭下令禁止他對媒體講話，這意謂著我無法獲准採訪，所以只能透過法庭文件和他被判刑之前的採訪片段來了解他的生平。）和美國其他數百萬移民子女一樣，成長過程中，他努力為自己確立新美國人的身分。他在肯亞的難民營出生，父母是索馬利亞人，三歲時和母親及哥哥一起來到明尼亞波利斯。五年後，基於簽證問題而滯留的父親終於和他們團圓。阿布杜拉在索馬利亞人聚集的社區長大，靠著看卡通自學英語。在學校時，索馬利亞的孩子會因為他們的非洲和穆斯林傳統而受人嘲笑。五年級時，當被要求在表格上陳述他的族裔，他勾選了「非裔美國人」。九一一事件引爆衝突後，操場上充斥有關恐怖分子的笑話。「那些孩子沒有惡意，」他對《紐約》雜誌說，「但那讓我開始懷疑我究竟是誰、我要如何融入。」

阿布杜拉八年級時，他們家從內城貧民區搬到伯恩斯維爾（Burnsville）中產階級郊區。上學第一天，看見一大群穿著校隊字母夾克的白人孩子，感覺彷彿走進了電影場景。高中時，他加入伯恩斯維爾足球隊，這讓他產生了歸屬感和方向感。不過當球季結束，隊友的感情漸漸淡去，他不知不覺向一群翹課、吸毒的墨西哥裔和索馬利亞裔美國男孩靠攏。阿布杜拉的成績一落千丈，父親憂心忡忡，於是舉家搬到另一個學區。

高中最後一年的歷史課，阿布杜拉恰好分到敘利亞作為研究主題，因而愈來愈沉迷於敘利亞內戰。一天在籃球場上，幾名年紀較大的索馬利亞裔美國男孩邀請他一起上清真寺，然後共進晚餐。那天晚上，男孩們一直待到凌晨兩點。他們傳著手機，觀看一個名為「進入真相」（Enter the Truth）的YouTube頻道的影片。他們如癡如醉地看著敘利亞戰士的影像，聆聽美化聖戰、慫恿穆斯林殺害美國人的葉門裔美籍煽動者安瓦爾．奧拉基（Anwar al-Awlaki）的演講。當朋友問阿布杜拉是否願意加入一個為伊斯蘭國而戰的組織，他欣然同意。二〇一四年五月，當他準備登上飛往土耳其的航班，聯邦調查局在機場攔下他。後來，他和其他八名年輕人一起被捕，被控企圖協助恐怖組織，最終認罪。

阿布杜拉很幸運，因為負責審理案件的聯邦法官麥克．戴維斯（Michael J. Davis）閣下，是第一位願意探索所謂的恐怖分子是否可能改過自新的美國法官。我到戴維斯法官的辦公室拜會時，他向我解釋，即便九一一之前，美國司法體系就對恐怖主義支持者嚴懲不貸。戴維斯是明尼蘇達州歷史上第一位黑人聯邦法官，長期提倡建立對邊緣化族群更公平的法庭制度。他也是審理多起聖戰士恐怖分子案件的老手。

落入他的法庭的嫌疑人，十有八九是來自明尼蘇達索馬利亞裔社區（全美最大的索馬利亞社區）的年輕人。二〇〇七年起，來自雙子城的青少年和二十多歲的年輕人開始加入西非民兵組織「青年黨」；二〇一四年，索馬利亞裔美國人族群出現另一波出走潮，這一次是到敘利亞作戰。恐怖罪行的量刑原則非常嚴苛；戴維斯本人就曾判處一名青年黨新兵兩百四十年的刑期。

然而，當明尼蘇達的年輕人持續因恐怖主義罪名被提審，他開始思索是否應該設立一套感化制度。許多被告和阿布杜拉一樣：他們從未參與暴力行動，甚至從未親眼目睹戰場上的激進組織，因為他們還來不及離開美國就在機場被攔下來。儘管如此，戴維斯說，「他們被判處的刑罰，跟從海外回來一樣重」。事實上，二〇一八年的一份報告發現，那些還來不及離開就被攔下的人，刑期往往比成功抵達敘利亞的人更長。以全國來看，從伊斯蘭國返回的人平均被判處十年徒刑——假如把沒有被起訴的案件算進來，平均刑期只有八年。至於和阿布杜拉一樣，在試圖搭機飛往中東之前即被攔下的嫌疑人，平均刑期為十四年。[2]

當阿布杜拉和另外八名同案被告在二〇一四年秋天被捕，他們令戴維斯法官一時不知所措。企圖加入伊斯蘭國之前，這些男孩不過是普通青少年。在美國東西兩岸和歐洲，激進組織網絡經常跟毒販和幫派的世界重疊。但在明尼蘇達州並非如此；在這裡，ISIS招募的新兵很年輕，一邊讀書一邊打工，沒有任何前科。「假如他們是不知悔改的罪犯，我的〔判刑〕工作會容易許多，」法官沉思，「但這些傢伙什麼都沒有！毫無汙點！一清二白！」

事實上，阿布杜拉的同案被告多半擁有需要通過身家調查的工作。其中一人甚至在明尼亞波利斯機場上班。另外，這些意圖加入聖戰的年輕人，目標和大多數罪犯不同。「除了性侵害者以外，其他人都是為了利益或報復而犯罪，」明尼蘇達州首席緩刑官與預審官凱文·洛瑞（Kevin Lowry）表示，「而這是完全不同的心態，並非為了收益、利潤或報復。」

由於美國沒有任何可以作為範本的前例，戴維斯法官開始「在網上四處打探，看看世界上其他地方怎麼做」。最後，他派凱文．洛瑞以及聯邦辯護人、處理恐怖案件經驗豐富的曼尼．阿特瓦爾（Manny Atwal），去跟歐洲的反恐從業人員談談。「可得的材料有如一條大河，但這條河只有一吋深，卻有一哩寬，」洛瑞說。他的體格單薄，帶著內布拉斯加州的拖沓口音，在刑事司法體系內幹了很久。「我們在尋找如何處理這類案件的做法與程序，那些『藏在表面底下』的內幕。」一見到丹尼爾．科勒，洛瑞覺得他找到了自己一直在尋找的東西。

戴維斯法官飛到柏林與科勒見面，發現這名德國專家「把我腦子裡閃過、但我無法整理清楚的所有東西用語言組織起來，讓一切變得清晰。」科勒向戴維斯解釋，極端分子的世界已窄化為一個善惡對立的地方，輔導與教育是讓極端分子的視野「重新變得多元」的兩項工具。聽了科勒的理論，戴維斯認為也許值得在明尼蘇達嘗試他的去激進化措施。

阿布杜拉被捕後，他的律師曼尼．阿特瓦爾和琴恩．布蘭道（Jean Brandl）提議為這名青少年制定某種「脫鉤」（disengagement）計畫，戴維斯法官同意了。他推論道，監獄不見得有助於阿布杜拉，甚至可能傷害他。全球各地被定罪的恐怖分子，經常在出獄之後變得更暴力，尤其在那些很少為罪犯提供感化方案的國家。戴維斯給阿布杜拉的律師開了綠燈，准許他們——用我們見面那天他的話來說——「在他的腦子裡胡搞」。

但應該由誰來胡搞？怎麼胡搞？以宗教說詞進行感化的做法已不予考慮，因為質疑阿布杜拉對伊斯蘭教的詮釋，可能被視為侵犯他的宗教自由。「對律師而言，」阿特瓦爾說，「那是你絕對不能踩到的一條紅線。」戴維斯法官也認為這項計畫必須避開阿布杜拉的精神信仰。「我不是思想警察，」他告訴我，「遠非如此。我們有《憲法第一修正案》，需要確保人們的宗教觀點不受侵犯。重點在於脫離犯罪活動，那就是我的想法。」回頭想想，他甚至因為人們不斷用「去激進化」來描述阿布杜拉的感化計畫而覺得遺憾。「大家都以為我們把人帶進來，給他們戴上頭套，找出他們腦中的細菌，通上電流殺光那些激進的細胞。」

阿特瓦爾和布蘭道為他們的客戶尋找輔導員時，布蘭道想起她在自己孩子的學校操場結識的一名母親。瑪麗・麥金利（Mary McKinley）在紐約及華府從事安全及社會議題工作之後，最近剛剛搬回明尼蘇達州的家鄉。她主持心田民主，這是一個教導曾經捲入毒品、幫派和犯罪的年輕人參與公眾事務的非營利組織。在這項專案中，輔導員採用蘇格拉底式的方法，引導年輕人閱讀一系列詩歌和散文，鼓勵他們思索自己的身分、族群，以及他們與美國社會的連結。「瑪麗所做的是找到心懷不滿的孩子，幫助他們認清自己的長處、力量以及改變世界的能力，把他們帶回現實，」布蘭道解釋。她打電話給麥金利：她可以幫助一名青少年重新審視有毒的世界觀嗎？「我就是幹這個的，」麥金利回應。

不過，要說服律政官員允許心田民主輔導阿布杜拉，需要一點時間。明尼蘇達州當時的聯邦檢察官安德魯．盧格（Andrew Luger）非常尊敬麥金利和她的工作，不過「我們才剛剛逮捕這個傢伙，」他在一次電話採訪中解釋，「那時在我們眼裡，他是個頑固且激進的ＩＳＩＳ仰慕者。」試圖透過閱讀柏拉圖和漢娜．鄂蘭來改變一個充滿激情的恐怖分子，似乎相當異想天開。況且，他們沒有採用這種方案的基礎架構或先例。「瑪麗是支一人大軍，」布蘭道告訴我——她沒有辦公室，手底下沒有幾個人，也沒有輔導恐怖分子的經驗。「戴維斯希望我說，『沒問題！我們處理過成千上萬的恐怖分子！』」麥金利咯咯笑說，「他希望我說，我們打算這麼做，這是我的文件資料夾，這裡是我的恐怖分子受理中心，這是該中心的安全系統。」

在那個天寒地凍的十一月早晨，我們在構成心田民主總部的地方交談：那是一個時尚的聯合辦公空間裡的一張沙發椅，坐落在明尼亞波利斯一家藥局地下室。金髮碧眼、出生於明尼蘇達州的麥金利侃侃而談，用詞精準得令人印象深刻。我可以輕易想像她毫不費力地吸引憤怒青少年和華府政客的注意力。也許是因為我們坐在一群被發出微光的蘋果電腦映照臉龐的時髦企業家當中，也許是因為我剛剛從英國回來，也許是因為她的活力。無論如何，明尼亞波利斯的去激進化實驗似乎深刻體現了美國價值觀，這個國家歷來重視個人努力勝過國家干預。沒有一如法國或沙烏地阿拉伯那樣由上而下的政府訓令。阿布杜拉的改造計畫之所以存在，不是出於中央，而是因為一小群有開創精神的人勇於冒險。和美國其他許多方面一樣，我們最初涉入恐怖分子的感化行動，是靠努力、運氣和獨創性等力量推動。

法警每星期將阿布杜拉從監獄帶到布蘭道的辦公室跟麥金利會面，她並沒有因為要跟某個面臨恐怖主義罪名的犯人相處而大驚小怪。「我不想被他迷惑，」她堅定地說，「而我確實沒有受到蠱惑。有許多研究人員把這些孩子當成白老鼠；這套做法不一樣。」她也不怕把心田民主的工作範圍擴大到輔導ISIS支持者。「我們一直在跟受到忽視或因為某些事情感到羞愧的人談論人們避而不談的話題，」她說，「所以當我們談起仇恨、暴力、極端主義和ISIS，誰在乎呢？不過是在名單上多添一筆罷了！」

麥金利的聲明讓我大吃一驚，因為它瓦解了支撐「伊斯蘭恐怖主義」概念的支架。美國輿論經常將聖戰描述成來自異域的外國人對我們施加的一種獨特且極其險惡的威脅。ISIS戰士的母親將兒子的行為跟較常見的青少年舉止相提並論，我並不意外。但是當麥金利這麼做，感覺相當激進。美國人將恐怖主義視如毒蠍，尤其是在九一一之後，但她似乎能夠忽視恐怖罪行在美國人心中的份量。她將激進化過程視為社會問題，與毒品、幫派和犯罪殊無二致。和面臨這些典型美國問題的年輕人一樣，阿布杜拉做了一連串微小的決定，一步步鑄下扭轉人生的大錯。「孩子們常會捲入他們並不怎麼明白的情況，這是很常見的事，」她說，「就像孩子們不明白，自己兩個月前只是去買大麻，怎麼突然賣起了古柯鹼。事情彷彿有某種動能，而他們關掉了批判思考的能力。」

當暴力行為與意識型態結合，更放大了暴力的恐怖程度。驕傲男孩（Proud Boys）當街毆打女人時，其行為可能跟隨機搶劫沒什麼不同，但卻更令人膽寒。仇恨犯罪與恐怖主義以其犯罪意圖來斲傷靈魂與社會，殺傷力比一般犯罪行為高出許多，即便其行動與實際造成的傷害相差無幾。美國校園出現一種比較尋常——因此更加致命的——意識型態雙重標準：黑人學童遭到處分或開除的機會比白人同學高出三倍。

和阿布杜拉互動時，麥金利拒絕為他的行為灌注這類罪行在美國文化中的象徵意義。儘管如此，她仍然必須讓他知道他之所以被捕的政治背景，以及他不得不面對的緊張氣氛。「我打算根據他的嚴峻處境，建構一套課程和對談，」她說，「他並非只是被捕。他的處境和他或許看過朋友們因為偷車或其他事情而陷入的狀況不同。非常遺憾，但情況嚴重得多。」

一開始，阿布杜拉對於案件的嚴重性懵懵懂懂。「你認為自己為什麼會登上《紐約時報》頭版？」麥金利問他，「你對九一一了解多少？」十八歲的阿布杜拉對兩個問題的回答都是：「不清楚。」

麥金利要求他閱讀《愛國者法案》（*Patriot Act*）。這項在九一一之後通過的法案，大幅擴張了政府的監視權限。他讀了小布希的白宮法律顧問阿爾韋托・岡薩雷斯（Alberto Gonzales）二〇〇二年發表的備忘錄；岡薩雷斯在文中主張，有關審問「敵方」犯人的《日內瓦公約》規則已不再適用。和麥金利輔導過的其他青少年一樣，阿布杜拉對於系統性偏見有一個很敏銳的雷達。「對於他們所有人，」她說，「不論是個人或父母遭遇的不公，或更大的政治不公，他們都覺得

『這套制度顯然不適合我，因為我怎樣都贏不了。』」

有了這樣的認識，麥金利開始試圖讓阿布杜拉思索自己如何在美國社會找到一席之地。她認為他應該根據心田民主的教學大綱一步步學習，這套課程中包含從柏拉圖、卡繆到塔納哈希・科茨（Ta-Nehisi Coates）等思想家的作品。她送他一本《麥爾坎X自傳》（*The Autobiography of Malcolm X*），並打電話給一位曾在公立學校體系任職的朋友。「我說，『呃，我需要妳能找到的最酷的索馬利亞老師，』」麥金利回憶，「她回答，『沒問題。』」

一見到艾哈默德・阿敏，我立刻明白他為什麼是拯救一名被ISIS信條引誘的男孩的最佳人選。他剃了光頭，頭頂閃閃發亮。這個三十三歲男人有著旋風般的精力，卻同時顯得篤定而平靜，隨時隨地泰然自若。我想，那樣的自信，屬於一個曾經必須為自己努力贏得身分認同的人。

阿敏告訴我，做為一個黑色皮膚但不是非洲裔的美國人，並且是來自明尼蘇達的索馬利亞社群但不再屬於這個族群的移民，他必須走出自己的路。在索馬利亞和衣索比亞難民營打地鋪多年以後，他十二歲抵達美國，一句英語都不會說。進入明尼蘇達的學校就讀之前，他僅受過的正規教育就是在伊斯蘭學校的幾堂零星課程。

儘管如此，他在學校依舊表現出色，一部分是因為他「在聖人的陰影下長大」——他的父親受過良好教育，不斷督促六個孩子取得成功。阿敏家相信美國夢是真的。他們被告知，只要努力奮鬥，就能克服身為黑人、穆斯林和索馬利亞移民在中西部面臨的挑戰。後來，阿敏透過他的「間接的導師」——詹姆斯・鮑德溫（James Baldwin）和法雷迪・道格拉斯（Frederick Douglass）——錘鍊出他對國家歷史的看法。

現在，阿敏說著一口道地英語，沒有摻雜一絲口音。他平靜地承認自己是個無神論者，「胸懷大志」，而且不同於索馬利亞裔美國族群的許多人，「基本上是個種族同化主義者」。他最好的朋友是白人，交往的女人也是，而且，他總提防自己落入他所謂的「索馬利亞裔美國人孤島」。他在晉升為副校長之前是一名社會科老師，指導學生辯論時，他的性格表露無遺：他在話題之間急速轉彎——從美國黑人的身分認同，到索馬利亞的部落文化，再到後殖民主義——並且在弗朗茲・法農（Franz Fanon）、愛德華・薩依德（Edward Said）和霍米・巴巴（Homi Bhabha）的論點之間穿梭，不必喘一口氣。

他每次跟阿布杜拉會談三小時，一開始是在安諾卡（Anoka）監獄，後來是在這名青年刑期後半段所住的中途之家。我表示，作為一名輔導員，他肯定令人目眩神迷。

「我想，他對我的故事比對他自己的故事更著迷，」他微笑著承認。

「你是我見過第一個讓我思索未來可能性的人，」阿布杜拉曾經這麼告訴他。

「怎麼會？」阿敏反擊，「我不過是個教書匠！」——壓根不是會被十多歲的男孩視為美國夢巔峰的職業。

阿敏後來細細琢磨，發現阿布杜拉指的不只是他的工作，還包括他的自我意識。「我認為他說的是，『你是美國人，也是索馬利亞人，你跟兩邊都能接軌。』」

阿布杜拉也令阿敏刮目相看。「最令我欣賞的是他的反思能力，」阿敏說，「我不必替他建立思維的支架。」不過，他確實需要向阿布杜拉提議一種不涉及恐怖主義而有意義的生活方式。他輕聲低笑。「瑪麗給了他麥爾坎。我心想，『瑪麗，你有沒有搞錯？』」

不過，《麥爾坎X自傳》確實啟發了阿布杜拉，一如詹姆斯・鮑德溫和法雷迪・道格拉斯啟發了阿敏。「那就像，『哇！我是黑人！也是美國人！種族主義確有其事！』」阿敏追述阿布杜拉的反應。「他第一次看到有個跟他同樣外觀的人經歷了同樣的掙扎，認定人們沒有受到公平對待，進了監獄。他讀得入迷。」

阿布杜拉遇見阿敏時甚至沒有高中學歷，但他把荷馬的《奧德賽》讀得滾瓜爛熟，並且熱愛希臘哲學。「我當時想，什麼？」阿敏回憶，「沒有哪個恐怖分子熱愛哲學！你說你熱愛哲學是什麼意思？」於是他們探討了柏拉圖對未經反省的人生的看法，而這引發了他們討論麥爾坎X為追求正義所做的奮鬥。「我告訴他，深切反省的人生是痛苦的人生，」阿敏解釋，「麥爾坎感受到不公不義的痛苦，為此付出了生命。」

阿敏希望讓阿布杜拉認清，儘管他覺得自己是個外人，但他依然是美國的一分子，不該跑到他甚至從沒去過的國家打仗。歸屬感、身分認同，以及社會對有色人種的輕視，阿布杜拉的這些掙扎並不是新鮮事。事實上，對於來自邊緣化族群的年輕人來說，這是美國悠久傳統中的一部分。

早先，阿敏指派他閱讀薛曼・亞歷斯（Sherman Alexie）的一篇散文，亞歷斯在文中闡述他讀過的一位美國原住民作家的詩。輔導員和囚犯花了幾個小時分析這首詩的開頭幾個字——「我身在我腦海中的保留區」。[3]這行詩激起了兩人的一段對話，談起阿布杜拉身為貧窮家庭出身的青少年，學業表現不佳，父母不完全了解他的生活，他也不了解他們，面對這些情況，他為自己的志向設下了怎樣的限制。他們談起在父權制度下長大意謂著什麼，身為美國黑人又意謂著什麼。「讀讀塔納哈希・科茨！」阿敏建議他，「科茨會告訴你——『你只不過是有一副黑人軀體！』」

於是阿布杜拉回到牢房，開始閱讀科茨所談的黑人男子氣概、米歇爾・傅柯（Michel Foucault）的監獄監視觀點，以及維克多・弗蘭克（Viktor Frankl）對人類追尋意義的看法。他還讀了大衛・福斯特・華萊士（David Foster Wallace）著名的畢業典禮演說〈這是水〉，警告學生不要把自己的背景當成「系統預設值」，渾渾噩噩。華萊士寫道，真正的自由涉及「注意力、覺察力、自制力和努力，並且能夠每天發自內心、以無數瑣碎且毫不迷人的方式，一而再地關心他人，為他們犧牲奉獻」[4]。對於以敘利亞人民的名義做出壯烈而愚蠢的舉動因而入獄的阿布杜拉來說，這篇文章引發了強烈共鳴。阿敏回憶，即便在獄中，想到可以用日常選擇建構屬於自己的現實，這名年輕人感到了自由。

阿敏將他自己從嚴厲而勤奮的父親身上學到的心得傳授給阿布杜拉。他不允許阿布杜拉沉迷於極端主義招募者熱愛的受害者情節。阿敏告訴阿布杜拉，每當法雷迪·道格拉斯的女主人派他出門跑腿，他總會帶一條麵包在身上。走在街上時，這個目不識丁的奴隸會走到白人男孩面前說，「嘿，教我幾個字，我給你這條麵包。」

「我告訴他，『假如連法雷迪·道格拉斯都能用麵包換取知識，你還有什麼藉口？你坐在這裡，我們管吃管喝。趕緊去讀書！』」

阿敏告訴阿布杜拉，他每天早晨起床有一套例行儀式。他會注視鏡中的自己，在腦海中播放一部講述他是誰的電影——或者更確切地說，講述他可以成為怎樣的人。這項練習是為了反抗——至少在浴室鏡子前——任何人為他書寫人生的劇本。「現在有一個關於你的腳本，」他告訴阿布杜拉。

「天啊，我是個恐怖分子，」阿敏記得阿布杜拉如此回應。

「你打算如何改寫？」阿敏回答，「你的腦海現在會播放怎樣的電影？我敢打賭它看起來不妙！」

瑪麗．麥金利和阿布杜拉談話時，也使用了好萊塢的類比。剛開始進行輔導工作時，阿布杜拉猶豫是否應該跟政府合作，她告訴他，他可以在兩種電影情節之間選擇一個擔綱出演。在一部電影中，他出獄之後進入耶魯法學院就讀。而在另一部，他展開一場「長線騙局」──一個精心策畫的陰謀──在這場騙局中，他可能愚弄人們一段時間，到頭來只令他們大失所望。她告訴他，他可以選擇「不讓別人決定你的故事何時結束」。

除了撰寫感化方案時收到的特別款項，三年來，麥金利和阿敏免費輔導阿布杜拉。「我確實一度認為，如果我是男人，我會得到報酬，」麥金利淡淡地說，「全世界都一樣：男人得到報酬，但他們不教育孩子。女人──還有年輕男人──教育孩子，卻得不到報酬。」

當然，除了性別之外，職場上還有其他不公：唯一沒有得到工作報酬的男人，是一名索馬利亞移民。「瑪麗和我沒拿到一毛錢，」阿敏說，「我告訴她，『你還認識其他肯做三年白工的人嗎？』」

小組成員的十足多樣性，使得阿布杜拉的輔導團隊成為美國去激進化專案的特別典範。其中有布蘭道──「女同性戀佛教徒律師，」麥金利說，以及阿特瓦爾──「兩度移民的印度裔英國錫克教徒。還有來自索馬利亞的傢伙，以及金髮的中西部天主教徒」──麥金利本人。事實證明，這樣的成員組合是對阿布杜拉接受差異的一項考驗。當布蘭道告訴他她是同性戀者，她挑戰了伊斯蘭國的價值觀。藉由擁抱他，她再度提出了挑戰——「我，一個白種女人！」她回想起他允許她擁抱時，搖搖頭說，「如果你深陷於伊斯蘭國的宣傳，沉迷不醒，你絕對做不到這一點。」

阿敏雖然生而為穆斯林，但後來成了一個無神論者。強硬派的伊斯蘭國信徒會厭惡喪失信仰的其他穆斯林，但阿布杜拉沒有。「他讓我做最真實的自己，從不質疑，」阿敏說。

我被這個典型的美國陣容迷住了，正如心田民主計畫的一切幾乎都令我著迷。它指引阿布杜拉談論我恰好推崇的典籍、探討我所信仰的價值觀。這項專案試圖讓阿布杜拉嚴謹地思考他在美國全貌中的位置——而不是，好比說，引導他接受更符合主流的伊斯蘭教教義，或刺探他的童年生活，尋找受創的跡象。這套做法跟我理解世界的方式產生了強烈共鳴。我看得出來，阿敏試圖透過書本為阿布杜拉建立脈絡，透過討論觀點創造共同的經驗。

但我得承認，對於阿布杜拉的改造故事，我的熱烈反應也有一點點可疑。這不僅僅是因為我喜歡有關聰明男孩獲得第二次機會的美國成功故事。不僅僅是因為很高興聽到他在跟阿敏會談的過程中，下定決心爭取高中文憑（並非只是同等學歷證書），然後繼續進大學深造。不僅僅是因為聽到他跟布蘭道談論柏拉圖的洞穴、跟阿特瓦爾說起敏蒂・卡靈（Mindy Kaling）的回憶錄帶給他的喜悅時，兩人對他讚嘆不已。也不僅僅是因為他跟一名獄卒討論《生命中不可承受之輕》。

在電腦上打這段話時，我有一點難為情，但我發現自己的反應特別強烈，因為藉由使用我愛看的文本，阿布杜拉看待世界的方式已變得跟我一樣。我的反應，帶有維多利亞時期傳教士那種得意洋洋的味道。看到別人找到正確道路總令人感到特別滿足，你難道不同意？當你試圖引導某個人遠離一種世界觀而轉向另一種，你冒著放縱自己陷入狂熱的風險。看到別人愈來愈向你的觀點靠攏，你很容易把它當作你的觀點正確且合宜的證明。「狂熱分子，」艾默思．奧茲（Amos Oz）寫道，「努力提升你、改進你、幫助你睜開眼睛，好讓你也能看見光。狂熱分子所希望的，無非是把你擁進懷裡，將你從你陷入的卑劣低谷拉出來，放到他發現的美好高地。他一直在那裡曬太陽，為了你好，你必須立刻爬上去。」[5]

審視我自己的反應，促使我對去激進化方案進行更廣泛的思考。每一套新計畫的創立——不論在美國中西部或奈及利亞北部——都引來一個隱含的道德問題：人們應該去激進化到什麼標準？改造是好事，但套句戴維斯法官的話說，政府應該「在人們的腦子裡胡搞」到什麼程度？對許多專案或從業人員來說，光令人們脫離恐怖組織並放棄暴力就已足夠。但其他做法——尤其是國家背書的措施——承載主流政治文化的印記，因此對所謂的正常狀態，也存著更教條式的看法。

德國的去激進化方案致力於將感化的弧線拉回德國典型的戰後民主價值觀。[6]法國曇花一現的計畫強調世俗主義概念，主張政教分離。[7]沙烏地阿拉伯政府主辦的去激進化方案試圖引導被定罪的恐怖分子接受官方認可的保守派瓦哈比哲學，自開國以來，這套哲學便支撐著沙烏地王室的統治。蘭德公司（RAND Corporation；美國的一所智庫）的報告指出，沙烏地的專案不見得想改變極端主義者的世界觀，而只是想說服他們相信「沙烏地政權的正當性和宗教正確性。」[8]

也許因為我自己是美國人，我花了更長時間才看見在心田「專注於身分認同，不談信仰」的做法背後，藏著怎樣的隱含假設。麥金利把她要求阿布杜拉做的一項練習結果發給我，在這項練習中，她試圖讓他思索自己的身分是多麼多面，遠遠不僅是簡單的穆斯林或索馬利亞人。在「我是……」的提詞下，他寫了：

我是人
我是所謂的恐怖分子
我不確定那讓我感覺如何，我大發脾氣
我現在在喝青檬汽水
我身陷囹圄
我相信我得付出相當大的代價
我很感謝我是完整的
我很大膽

我被貼上標籤
我是索馬利亞人
我很快活
我是個混混
我是穆斯林
我是黑人
我是這個
我是那個
我很確定一項事實
我是個人

一開始，阿布杜拉對當局的配合度並不高。在遭到起訴並獲派公設辯護人之前，他曾為了保護同案被告而對聯邦調查局撒謊。不過漸漸地，隨著跟律師相處的時間愈來愈長，就連檢察官都能看出他的世界觀出現了變化。「我們成天接觸跟政府配合的人——黑幫老大、毒梟，」明尼蘇達州的前聯邦檢察官盧格告訴我，「你可以判斷他們的配合是迫於無奈，還是他們真的已經改過自新。我們都相信他在改變。其中一部分，可以歸因於他花了時間接觸法律，發現我們不是壞人。這是常有的事。但原因不止於此。」

審判過程中，阿布杜拉站上證人席指證他以前的三個朋友。這不僅導致他跟同案被告反目成仇，更在美國的索馬利亞社群引發眾怒。「騙子！」他作證時，一度有觀眾如此大喊。

那並非這場激烈審判唯一一次如此遭人打斷。歷經跟警察和聯邦幹員超過十年的緊張衝突，這個城市的索馬利亞族群已十分厭倦。阿倫·昆德納尼（Arun Kundnani）在他的著作《穆斯林來了！》（*The Muslims Are Coming!*）中寫道，九一一後，明尼亞波利斯的警察會開車到索馬利亞社區晃來晃去，無緣無故對小孩動粗，並侮辱伊斯蘭教[9]。二〇〇七年，許多年輕人離鄉背井加入索馬利亞恐怖組織「青年黨」後，聯邦調查局幹員將目標鎖定商場、學校和圖書館，盤問有索馬利亞血統的年輕人。昆德納尼是種族、伊斯蘭恐懼症和政治暴力等方面的著名作家兼學者，他寫道，這些監視行動多半是高度侵入性的，「索馬利亞學生報告說，聯邦調查局幹員在校園圖書館接觸他們，或打電話指示他們離開教室接受盤問。」隨著社區裡的年輕人愈來愈覺得自己被烙上恐怖分子嫌疑人的印記，在願意與聯邦幹員配合的人與不願意配合的人之間，出現日益升高的緊張關係。由於害怕被貼上「激進」標籤，清真寺迴避任何合法的政治異議與討論。這種氣氛慢慢扼殺了年輕人對國內的歧視或公民自由以及美國外交政策的質問。

正是在這樣的緊張背景之下，阿布杜拉和另一名被控的恐怖分子阿德里札·華沙米（Abdirizak Warsame）站出來指證他們的同夥。華沙米站上證人席那天早晨，另一名被告的母親走向他的母親，揚言要殺了她。[10]華沙米的母親笛卡·胡珊是個四十三歲的堅強女性，有一張寬臉和堅定的雙眼。她告訴我，她很高興兒子在法庭上說出真話，但她的家人為他的證詞付出了沉重的代價。索馬利亞社群裡有些人指責他們是——以她的話說——「一家子告密者」。她的女兒曾在清真寺遭人「怒罵」，而且「有時在商場，人們會對我擺出仇人的臉色。」儘管如此，胡珊依然相信美國的法治能保障她的安全。「如果在其他地方，我恐怕早就連路都走不了了。」

胡珊相信美國的法律制度和警察能保護她，她的許多美國穆斯林同胞卻沒有這樣的信心。九一一之後的幾年裡，全國穆斯林社群都覺得受到針對與汙衊。各個城市對清真寺、伊斯蘭協會和穆斯林社群中心進行高壓——在某些情況下甚至違反憲法——的監視。後來，歐巴馬政府試圖採用較溫和的反恐措施，不再使用布希政府的「反恐戰爭」一詞，並資助反暴力極端主義（countering violent extremism，簡稱CVE）計畫，做為防止社區激進化的方法。然而，正如布倫南公理中心的法伊扎·佩特爾（Faiza Patel）和開放社會司法倡議計畫（Open Society Justice Initiative）的阿姆里特·辛格（Amrit Singh）所指出的，許多CVE方案是建立在老舊且基本上已被推翻的激進化公式之上：即認為人們可以從外部跡象，預測某人是否正計畫使用暴力。[11]布南倫中心分析指出，CVE方案「將廣泛的政治言論與表達歸類為『潛在犯罪』，傷害了這些方案意欲支持的社區。」[12]

隨著穆斯林旅遊禁令的實施，以及公開仇視伊斯蘭教的官員入主白宮，川普總統任內，懷疑CVE方案是針對穆斯林而設的疑慮有增無減。[13]歐巴馬執政期間，兩個致力於打擊極右派極端主義的組織獲得政府贊助。川普政權取消了這兩筆補助金，並大幅刪減政府管理部門的經費，此舉呼應了川普當局認為美國最大的恐怖主義威脅是聖戰主義，而不是白人至上主義的政策路線。然而，聯邦調查局得出的結論是，二〇〇〇年到二〇一六年間，白人至上主義者殺害的美國人比其他任何運動都多。根據布南倫中心的報告，國土安全部撥給CVE的百分之八十五款項，明確用於針對穆斯林和其他少數群體。該中心的一份報告指出，在川普時期，CVE方案往往將「多元化」視為「潛在的國家安全威脅」[14]。

世貿中心被炸後，麥金利曾與紐約的國土安全部門合作，近距離目睹人們在九一一之後對穆斯林產生的過度恐慌。然而令她失望的是，當地許多穆斯林認為心田民主不過是變相的監視單位，只因為它接受CVE經費：「人人都以為我替聯邦調查局或某個邪惡的暗黑勢力集團工作，」她說。心田民主曾主動詢問一個當地組織是否願意共同參與聯邦政府贊助的預防暴力極端主義專案；她分享該組織後來寄給她的一封電子郵件：「我們認為，政府委託的反暴力極端主義行動非常可疑，」答覆中說，「CVE歧視性地針對穆斯林和索馬利亞族群，在社會服務的偽裝之下，提高了監控與蒐集情報的力道。」[15]

麥金利認為，明尼亞波利斯索馬利亞社群日益加劇的猜忌，遏阻了許多關於激進化的對談。「那就像是，『你收了CVE的錢，就是在跟聯邦調查局合作，聯邦調查局是壞人，他們監視所有穆斯林。情況就是如此。』」當地的穆斯林團體表示，政府對社區的支援應以社會議題為核心，不該圍著激進化打轉。「他們會說，『除非你能為我的社區提供更好的教育與工作機會，否則不要跟我談恐怖分子的招募活動。』不過話說回來，那是否等同於說，『除非你能為我的社區提供更好的教育與工作機會，否則不要跟我談吸毒的問題？』」

她聳聳肩，沉默片刻。阿布杜拉會是她第一個也是最後一個與恐怖主義相關的案件。「我要遠離這個領域，」她說，「很難堅持下去，太政治化了。」

她的決定顯示過度強調安全化的做法會造成怎樣的連帶傷害；這類做法會遏阻對話、引發目標族群的猜忌、令人們噤若寒蟬。在《穆斯林來了！》的最後一章結尾，昆德納尼尖銳地批評九一一之後的反恐政策封鎖了年輕穆斯林合法表達異議的空間。他寫道，過度的監視令清真寺領袖害怕跟被認為懷有極端觀點的人交往，與此同時，「有缺陷的激進化理論模型，假設制止恐怖暴力的最佳方法就是防止激進思想散播。」[16]在他看來，情況恰恰相反。「我們需要的是較少的國家監視與強迫服從，以及更多的批判思維和政治賦權，」他寫道，「激進化——在這個詞的真正政治意義上——是解決方案，而不是問題所在。」允許人們自由辯論，才能從社群本身源源不絕產生新鮮且進步的社會思潮。藉由營造鼓勵新解決方案的氛圍，社會才能抑制人們對恐怖主義的需求；昆德納尼指出，恐怖主義「不是激進政治的產物，而是政治無能的症狀。」

事實上，阿布杜拉因試圖加入戴維斯法官在判決書上說的「有史以來或許最危險的恐怖組織」而入獄服刑[17]。正如阿敏見證的，他在獄中的轉變秉承了美國悠久的激進思想傳統。那些制訂戰略以保護美國不受恐怖攻擊的人恐怕沒料到這一幕；這是美國典範的精髓：兩個第一代美國人，都是黑人，坐在牢房裡探討這個國家的異議準則，爭辯關於自由、有意義的生活和美國男子氣概的意義。

二〇〇七年十一月，在戴維斯法官即將判決阿布杜拉是否可以回家的那一天，我坐在明尼亞波利斯市中心的聯邦法院十三樓。三五成群的人夾雜著索馬利亞語和英語，有說有笑地等著排隊進入戴維斯法官的法庭。一名駐衛警察牽著嗅探犬，檢查是否有人夾帶炸彈入場。親戚朋友們跟律師握手寒暄。天空一片湛藍，外頭摩天大樓上的美國國旗迎風飄揚。**哈姆迪拉拉**——「讚美神！」——一個男人露出燦爛笑容說，「這是快樂的一天」。也許是因為蔚藍的晴空，也許是因為對街摩天大樓上飄揚的美國國旗，這天確實像是快樂的一天：太陽，星條旗，和律師握手寒暄的親戚朋友。

當戴維斯法官走進法庭，阿布杜拉抬頭挺胸站起來，面向法官席，比身旁的曼尼·阿特瓦爾高出許多。戴維斯聆聽假釋官陳述一份熱情洋溢的報告，然後凝神審視被告。重回正常生活的過渡時期不會太輕鬆，法官警告：「你會被自己的社群排擠——至少是被其中的特定族群排擠。」

阿布杜拉同意情況會很艱難。

「你準備好回家了嗎？」戴維斯問。

「準備好了，法官大人，」阿布杜拉回答。

感覺何其近似好萊塢式結局：眉飛色舞的法官、喜不自勝的父母，以及個人贏得勝利、正義獲得伸張的普遍氛圍。但對阿布杜拉來說，在社群裡引發了那麼多仇恨與猜忌之後，未來並不明朗。就像大多數好萊塢電影，這是個非比尋常的故事，空前絕後。

從特定角度來看，這感覺像是一次宣傳。麥金利和阿敏並未設法強行灌輸觀念，而是努力指引阿布杜拉質疑既定觀點，不論是關於他自己，或是關於美國做出的承諾。

宣傳的成分不在於這場實驗的內容，而在於它的形式。一場去激進化實驗如此專注於單一個體——事實上，建立在美國的個體主義基本信條上——令我感到不安。它把阿布杜拉的過錯定義為他的個人問題——而不涉及更大的社會或政治問題。一如他的救贖，阿布杜拉的墮落也是他個人的事。

稍早，一名當地記者詢問阿敏，索馬利亞裔的美國年輕人為什麼離開明尼蘇達去外國參加聖戰？

阿敏反問，「我們做了什麼讓他們想離開我們？」

沉默無言。當提出的問題可能牽涉更廣泛的社會議題，記者只不過臉上一僵，然後迅速改變話題。看來，恐怖主義似乎與美國社會毫無瓜葛，只跟遙遠地方的異國人民有關。

麥金利和阿敏對阿布杜拉的輔導顯然是一次以愛為出發點的義務勞動，但也是一場不可複製的實驗。會有任何國家願意長期對更廣大群體傾注如此個人化的關注嗎？該如何運作？

當我搜尋成功的去激進化專案，一個城市不斷出現：丹麥的奧胡斯（Aarhus），一座由於盡心盡力支援被定罪的恐怖分子而聞名於反恐圈子的城市。在一項聽起來猶如安德森童話般奇妙的計畫中，警方和社工幫助前ＩＳＩＳ戰士尋找工作、心理醫生和公寓。批評者將這種做法斥為「擁抱恐怖分子」[18]，但詭異的是，它似乎頗有成效。

我在一個冰冷的一月天飛抵哥本哈根，搭火車前往奧胡斯，然後直奔該城市的警察總部，尋訪著名的預防犯罪單位。在明尼亞波利斯，瑪麗·麥金利和我被「恐怖分子受理中心」的概念逗得樂不可支。看來，奧胡斯確實有這麼一個中心。

恐怖分子受理中心

如果把硬漢警察比作建築物，他看起來肯定就像奧胡斯警局。這棟建築是用有如乾掉的血般黯淡無光的紅磚堆起來的方塊，樓層很多，沒有窗戶。但當你繞到大樓後方，你會發現它通往一條精品店街，以及一間漆成乳黃色的丹麥傳統兩層樓房。窗裡燈火閃耀。松木餐桌上擺了咖啡杯供訪客使用，木造娃娃屋俐落地矗立在兒童遊戲區；這座城市的預防犯罪單位，看起來有點像宜家家居（Ikea）陳設的舒適房間。

索雷夫．林克（Thorleif Link）探長從他口中的這間「黃色小屋」，和同仁們一起設法阻止當地民眾走向暴力極端主義，並努力改造曾經誤入歧途的人。林克熱情招呼我。他是個結實的中年男人，穿著緊身黑色T恤和黑色牛仔褲。他也同樣熱情招呼我看到在警局大廳踱步的一個精瘦男子。過去兩年來，探長一直在追蹤那人參與極端組織「伊斯蘭解放黨」（Hizb-ut-Tahrir）的情形，每次見面總像招呼老友一樣熱情寒暄。當他們約好改天一起喝咖啡，林克用他厚重的手掌拍拍男子的肩膀，感謝他願意撥出時間見面。

「一個被診斷出有反社會人格的患者，他的人生正急速走下坡，」他一邊把我迎進他的辦公室，一邊用快活的語氣告訴我。

友善地施加壓力是林克慣用的伎倆。他跟返國的ＩＳＩＳ戰士一起喝過的咖啡，無疑比西方世界其他任何一位警察都多。二〇一二年起，寧靜的奧胡斯小鎮目睹了數十位市民為了敘利亞衝突離鄉遠去。在離開的三十六人當中，二十人已在我拜訪的那個月返國，而且通通去過那間黃色小屋。他們大多宣稱自己沒有參與作戰，只是幫忙開軍車、在醫療帳棚提供援助，或者守衛難民營。二〇一五年，丹麥立法將未經許可前往敘利亞視為犯罪，不過戰亂初期，返國者不必面臨任何法律後果，除非檢方能證明他們確實曾為恐怖組織作戰。[1]「我們無法逮捕他們，但我們希望親近他們，」林克解釋。

他給我看一名年輕人的照片，後者的肩膀因槍傷而坑坑巴巴。林克說，這名年輕人在敘利亞期間，他的父母一直「擔心、害怕。鬱鬱寡歡」。羞愧使他們無法跟鄰居坦誠交流，所以他們轉而向警方尋求支持。兒子返鄉隔天，他們帶他來見林克。警察溫和地跟這名年輕人談談他在丹麥的生活可以如何重回正軌。

起身離開時，這名前戰士靦腆地問，「我有個朋友也想和你談談。他可以打電話給你嗎？」

當然，林克說。

第二天，那名朋友打電話給探長，安排拜訪時間。

後來，第一個傢伙再度致電。他還有一個此刻仍在敘利亞的朋友。他也可以過來喝咖啡嗎？

沒問題，林克回答。

那名年輕人從敘利亞飛回來，幾天後出現在林克的辦公室。

任職八年期間，林克一直在引導前極端分子尋找工作、住處和心理醫生，並將他們導向大學學位和事業生涯。他猛然拉開抽屜，向我展示他幫助過的一名前ＩＳＩＳ支持者為了表達謝意而寄給他的一瓶香水。

親近極端分子是奧胡斯反激進化策略的核心。奧胡斯方案的策劃人之一、社會心理學家史蒂芬・塞古薩・尼爾森（Steffen Saigusa Nielsen）告訴我，「我們不是那種強行破門的人，那樣不利於建立關係。」他回憶自己曾參與一場國際會議，坐在圓桌上和其他安全專家爭論如何處理一名從伊斯蘭國返鄉的外籍戰士。其他專家討論如何取得逮捕令，但「我是唯一一個想著，『誰能去跟他談談？』其他人都設法從外面對嫌疑人下功夫。」

在聯手對抗ＩＳＩＳ的各國當中，許多高官認為外頭才是外籍戰士應該待的地方。法國國防部長弗洛朗絲・帕利（Florence Parly）聲明，假如法國聖戰士死在伊拉克和敘利亞，「我得說，那樣再好不過」[2]。歐巴馬任命的特使、負責協調聯軍對抗ＩＳＩＳ的布雷特・麥格克（Brett McGurk）二〇一七年宣布，聯軍的目標是確保外籍戰士命喪敘利亞：「假如他們在拉卡，他們將死在拉卡。」奧胡斯採取較友好的做法，試圖將外籍戰士拉回來，而不是任由他們死在外面或滯留海外。「奧胡斯真心希望這些年輕人回家，」市長雅各布．邦德嘉德（Jacob Bundsgaard）二〇一五年說，「他們待在外面的時間愈長，回來時受損的程度就愈重。」[3]

這座城市決定歡迎「受損」的公民返鄉，試圖找到實際方法解決年輕人對丹麥社會的疏離。與此形成鮮明對比的是，伊斯蘭國戰敗後，英國與澳洲在爭議聲中褫奪許多ＩＳＩＳ志願者與支持者的公民身分，導致許多人被困在難民營裡。

奧胡斯的做法也與丹麥的整體趨勢背道而馳。二〇一五年大選，右翼民粹主義者搶下丹麥國會多數席位，為國家事務奠定仇外的基調：政客們緊縮移民法、通過罩袍禁令，並呼籲關閉所有穆斯林學校。[4]不過在奧胡斯，預防犯罪工作者與社工、老師和社區領袖合作，共同為從敘利亞返鄉的人打造一個令參與丹麥社會看起來比參加聖戰更吸引人的生活。該方案建立在生活心理學（Life Psychology）的基礎上；這是奧胡斯大學行為科學系提出的一套理論，認為每個人都想要、也都應該得到「足夠好」的生活，而丹麥應該為所有公民提供追求美好生活的工具。林克將預防犯罪部門比做公共圖書館，旨在「支持特定族群、賦予他們能力與權力」。當然，事情自有一定限度。「我們說，『你可以請我們幫忙，但假如你違反丹麥法律，我們也會幫忙把你送進監獄。』」[5]

該部門處理的對象不僅限於被定罪的恐怖分子，也涵蓋當局認定有可能激進化的人。警方設計方案時，第一項任務就是為「激進化」下定義。一開始，他們沿用其他官員使用的定義：一個令人逐漸接受「以暴力和不民主手段推進政治或宗教企圖」的過程。

不過幾個月後，他們發現這項定義過於廣泛，也充滿價值判斷。他們納悶，警察為什麼需要管「不民主手段」？他們決定單純從防止犯罪的角度對付極端主義，而不是把它當作民主的威脅。這麼做以後，「所有事情突然應聲到位，」警司艾倫．阿爾斯列夫（Allan Aarslev）說。政客或民粹主義煽動者也許試圖將暴力極端主義定義為生存威脅，但這些警察很務實：只有在人們犯法時，極端主義才會成為問題。和明尼亞波利斯的瑪麗．麥金利一樣，他們拒絕背負文明鬥爭的意識型態包袱。麥金利不顧緊張的政治氣氛，排除萬難幫助一個孩子；然而，預防犯罪部門卻將專注於行動而非意識型態的戰術，變成了一項政策。

林克把家人視為幫助前戰士跟極端組織切割開來的瑞士小刀。他曾遞面紙給啜泣的母親，也曾把電話號碼塞給坐在桌子對面的緊張父親，叫他們打電話給他，不論什麼時候都可以。當他跟激進分子談話，他用家人戳破到海外作戰會使他們成為好穆斯林的想法。他會說，「你去敘利亞，是為了你自己和你的先知，對吧？」他們點點頭。

林克會接著說，當他們跑到遠方作戰，「我看見你兄弟眼中的哀傷，看見你的姊妹孤孤單單。他們覺得受到背叛，因為你像夜裡的竊賊，偷偷摸摸離開。」

他繼續緊逼。「你離開之後，你沒有盡到照顧這些人的責任。但我做到了。」

林克的做法呼應了艾哈默德・阿敏對阿布杜拉使用的慈父哲學家語調，而他對建立關係的決心，則呼應賽門・康沃爾的「嬉皮」式假釋官風格。不過，預防犯罪部門享有的資源，使林克得以在家人和年輕人身上投注大量時間——即便他們還沒有犯罪。這是一種善意的、經費充裕的國家監控形式，林克可以在某一天扮演社工或假釋官的角色，而在另一天當起人生導師或家庭治療師。

關懷是林克彈藥庫中的關鍵武器，正如它在丹麥更廣泛的社會福利制度中扮演的角色。他們對戰士施加的溫暖壓力引來一個隱含的問題：**假如丹麥的制度如此無微不至地支持你和你的家庭，你到底為什麼轉向暴力極端主義？**

林克花了七年時間為一名男子及其家人提供大量協助，「用盡我能在工具箱中找到的一切工具」。林克以「M」稱呼的那名男子是從敘利亞回來的人，有暴力傾向。「真的像條瘋狗，」他說。M因詐欺入獄服刑期間，林克會去探望他家中的妻子和蹣跚學步的孩子。他甚至會在探視日開車一小時送M的妻子去探監。「我提供各方面的幫助，不遺餘力，他看到了，」林克微笑，「他的家人開始把我視為真正的問題粉碎者。」

有一次，他安排M從監獄到黃色小屋跟家人共進午餐。開車前往奧胡斯的路程給了林克「跟他相處、聊天和親近的機會」。他告訴M，「我知道從小父親就不在你的身旁，現在，你看到歷史重新上演。看見你的小兒子不明白爹地為什麼坐牢，我很心痛。你是個成年人了，你應該做點什麼。」

M出獄後，林克每週與他會面。他們在一張大白板上制定策略，幫助他追求他想要的教育。M理了頭髮，修了鬍子。他吐露他對丹麥風格的設計充滿熱情，並針對政治議題高談闊論。「你覺得，假如你沒去敘利亞，而是成了記者，會是什麼情況？」林克提議，「你有沒有想過把你的劍換成筆？」他甚至找來一名年輕記者替M補習，準備丹麥政府規定媒體工作者必須通過的考試，兩人每週在當地圖書館見面一次。

一切似乎進展順利——直到幾個月後，M突然不知去向。

在我拜訪時，林克已經兩三個月沒有聽到他的消息了。「我們從不覺得我們真正掌握了他，」他承認，「雖然我希望有朝一日……」假如M下定決心做出改變，他的大門依舊敞開。不過，要是他真的回來，「他必須知道我們不是禮品店，」林克說，「你不能走進來拿走你想要的一切，然後再度突然離開。」

我在暮色中離開黃色小屋。即便尖峰時間，奧胡斯的街道仍然一片靜謐。對於我這樣的美國人來說，奧胡斯給與前激進分子的待遇，是一則神奇的北歐福利故事。這個資金充裕且寬容的制度，令警察可以花七年時間——聖經故事的時間段！——來親近與支持一名罪犯。他們相信國家有能力改變人們；這樣的信念感覺更像為人父母，而不是警察。奧胡斯模式是去激進化研討會上的寵兒，但我知道它無法輕易複製，因為它仰賴充裕的經費以及丹麥獨特的政治基因。

況且，M的故事令我隱隱感到不安，不只因為林克一再付出的關懷似乎白費苦心。我發現，令我不安的是官方的父權主義味道。當地大學提出了美好生活理論，解釋了什麼能造就一個心滿意足的丹麥公民，而黃色小屋裡的白人想方設法將理論付諸實行。

我想起資訊站（Infohouse）——丹麥去激進化策略的渦輪推進器。當地警察、推廣人員、就業中心和學校當局每個月舉辦兩次圓桌會議，堪稱跨機構分享資訊的典範——也顯示出這些機構之間有多少訊息可以共享。每個人都帶著筆記型電腦，當某個受關切的名字被提起，大夥兒便拿出各自的檔案進行分享。在丹麥這個福利國家的嚴密網絡中，人民的檔案往往從出生開始記錄。不論你的父親丟了工作或母親得了癌症、你的家人跟街坊鄰居發生爭執，或者假如你被抓到吸毒或逃學——所有情況都記錄在國家的某個資料庫中。由於相信早期發覺問題行為可以節省日後建造監獄的經費，該國每座城市都有專門傾注於防患未然的資源。「在丹麥，弱勢族群與社會的關係非常緊密，」林克解釋，「如果你在體系中，那麼資訊站就會有足夠訊息供我們描繪這個人的清晰輪廓。」

原來玄機就在這裡，我想。畢竟，福利國家的安全網必須靠某種東西織就而成。就算它有一點點父權主義的味道，有一點點陰森森的鬼祟性質，真有那麼可怕嗎？一個脫離社會規範的人受到國家監視、甚至撫育，真有那麼糟糕嗎？丹麥政府的干預主義令我感到陌生，直到我想起自己在英國罹癌那年，也曾受惠於福利國家的庇護。我在病床上對美國朋友說起英國國民保健署提供給我的種種免費服務，令他們大吃一驚：不僅化療和住院，還包括按摩和家庭治療。現在，我可以想像，我的婚姻狀況以及體重和血壓都存在國家健康資料庫的某個地方。他們對我負責，順帶留下一筆紀錄。

一個國家的去激進化方法，通常是能反映其主流價值觀的羅夏墨跡測驗（Rorschach test），因為要讓某個人變得不激進，首先必須定義什麼叫激進、什麼叫正常。所以，沙烏地阿拉伯鼓勵年輕極端分子成親安頓下來，接受國家倡議的保守伊斯蘭教派——瓦哈比教派。[6]所以，法國推動一項曇花一現的方案，要求極端分子嫌疑人高唱〈馬賽進行曲〉，參加歷史講座聆聽法蘭西共和國的榮耀。[7]（毫不意外，官方報告判定這套自以為是的做法是「徹頭徹尾的失敗」。這場實驗提醒了人們，醫生開立的治療方案，往往透露更多關於醫生本人而不是關於病患的訊息。）

在丹麥，我見到感化方案如何反映丹麥人所謂的「美好生活」，達到國家政策制定者定義的「滿足感」最低標準。在明尼蘇達，心田民主的方案取決於阿布杜拉的個人覺醒，即便這意謂著與索馬利亞社區的成員決裂。在這兩個案例中，政府官員都努力以世俗且實際的解決方案滿足極端分子的物質需求，取代他們對革命烏托邦的熱情。

我愈琢磨，愈覺得奧胡斯的去激進化方法與丹麥的另一項文化價值觀——呼嘎（hygge，意指追求怡然舒適的生活）——有異曲同工之妙。最近在英國，報紙專欄作家大力吹捧簡單聚會與爐邊閒聊的益處，讓這項追求日常舒適與樂趣的生活方式一時蔚為風潮。對丹麥人而言，「呼嘎」是在溫暖的屋子裡跟三五好友相聚。這種軟性的歸屬壓力，這種要求你緊挨著朋友圍坐在溫暖爐火旁的友善堅持，在在從奧胡斯的模式中散發出來。這些丹麥價值觀如此柔軟、歡樂且經費充足，為什麼不是每個人都欣然接受？

圍著壁爐而坐既能讓人覺得受到接納，也能產生排擠效應，所以實際做法遠非只是某種行銷工具或天寒地凍裡的慰藉。呼嘎的批評者說，在暴風雨中尋求庇護，可以解讀為害怕或懷疑外面的事物。「儘管呼嘎具有平等主義的特色，但它充當了社會控制的工具，」丹麥人類學家耶珀・托勒・林內特（Jeppe Trolle Linnet）寫道，它「建立了一套態度等級，為那些被認定無法呼嘎的社會群體套上負面的刻板印象。」[8]

在被轉介到犯罪保護部門的五百人中，二十九人已被指派他們專屬的個人導師；這些導師是從社區中遴選出來的，並由阿爾斯列夫的團隊進行培訓。該部門負責媒合，根據被輔導人之所以受極端主義吸引的原因，挑選適合他們的導師。「假如我們要對付的是一個尋求刺激、純粹為了冒險而加入的人，那就沒必要拿一個精通宗教教義的人跟他搭配，」尼爾森解釋，「如果他們是有很多社會問題的人，我們可能將他們與知道如何解決這些問題的社工配對。如果面對的是喜歡思考、已將加入哈里發合理化的人，那麼不妨找一個年輕務實的穆斯林，好讓他擁有一個能令他產生宗教共鳴的榜樣。」

當林克開始輔導我以「巴希爾」稱呼的青年，他知道這名年輕人需要一個成功的穆斯林榜樣。巴希爾很聰明也很憤怒，是奧胡斯一個關係緊密的青年團體的一員，這個團體有許多成員最終死在敘利亞的戰場上。林克認為，為了防止巴希爾跟隨他們前往敘利亞，需要有人向他展示穆斯林在丹麥的可能性。

我在城郊一個供小型企業共享的辦公空間見到巴希爾。這名二十八歲青年身材纖細，留著稀疏的山羊鬍子，穿一件七彩的愛迪達運動衫，有一股沉穩的自信。他生於摩加迪休（Mogadishu；索馬利亞首都），不過五歲就隨家人來到奧胡斯，從小覺得自己是丹麥人。他在學校跟白人交朋友，並且能夠無視偶爾在丹麥電視節目上聽到的「伊斯蘭恐懼症患者的口水戰」。當社區裡的朋友宣布他們不是丹麥人，而是巴勒斯坦人或巴基斯坦人，他無法理解他們的意思。

不過十多歲時，他開始注意到日常生活中所需的文化調適。在和他們家隔了整座城市的學校裡，周圍都是白人和其他移民的孩子。「你舉手回答問題，」他說，「感覺自己是百分之百的丹麥人。」當回到住家社區，置身在阿富汗人、巴勒斯坦人、伊拉克人和其他移民之間，伊斯蘭的身分認同團結了整個鄰里：賣披薩的傢伙是穆斯林，雜貨店的老闆也是。街頭巷尾講的是泛伊斯蘭的語言：人們打招呼時會互道一聲「色蘭」（salaam）。回家之後，巴希爾第三次切換符碼，和家人說索馬利亞語。

巴希爾可以輕鬆地在三種文化之間切換，直到中學最後一年，父母帶他去沙烏地阿拉伯朝覲。聽到擴音器發出祈禱的呼聲，看著商店在祈禱時間關門，目睹來自天南地北的朝聖徒，回家之後，他渾身盈溢對穆斯林身分的認同。

不久後，學校發生一場針對伊斯蘭教的辯論。他回憶說，有些同學稱它是「來自石器時代的野蠻宗教」。一名女孩甚至援引丟石頭的刑罰。他想，我不能聽任這些言語而不捍衛我的宗教信仰。他那時候笨嘴拙舌，不善言辭，所以「我只是對她撂了幾句狠話：『妳說丟石頭？』我說，『妳看起來就像需要被丟石頭的人。』」

他的老師大吃一驚，於是去找了校長，校長又報了警。當兩名警官敲上他父母的門，點名找巴希爾，父親打電話給他，「用在我們家就像戒嚴法的語氣叫我回家。」警察告訴他的父親，他們希望巴希爾隔天一早到警察局報到。

那天晚上，父親審問他，「你幹了什麼？」

「我……去上學了，」巴希爾茫然不解地說。

「但是你做了什麼？」

「我……不曉得。」

在「前所未有的壓力」下渡過不眠的一夜後，巴希爾到警察局報到。一名警官告訴他，「你不必跟我說話，你有權保持沉默。不過，你的一些同學認為你可能很危險。」

具體地說，他們擔心巴希爾會炸掉學校。

巴希爾聽不見下一個問題，「因為我產生了幻覺。」他的腦海充斥著橘色囚衣、關塔那摩灣監獄、坐水凳，以及搭乘中央情報局無窗飛機祕密飛行的畫面。

當他重新集中注意力，審訊繼續下去。他真的強迫學校裡的女同學戴頭巾嗎？**沒有**。他是遜尼派還是什葉派的？**遜尼派**。

審訊最後，巴希爾被要求簽署一份搜查令，允許警方搜他的房子。「別把我的家人扯進來，」巴希爾懇求警察。他拒絕簽字。

好吧，警察說。那是他的選擇，當然可以。不過，警方也可以選擇將他拘留二十四小時。**如果我睡在這裡，父親會殺了我的**，巴希爾心想。他乖乖簽了搜查令。

他依然記得，當警方上門搜查他們家的公寓，母親臉上的表情。「我從來沒有那樣憤怒，」他回憶道，「我覺得他們藉著我攻擊我的家人。」

他們離開之前告訴巴希爾，他會在兩週內收到他們的消息。他對自己說，他總有一天會報仇雪恨。

等待警方報告的那幾星期，正好碰上巴希爾的高中期末考；考試成績將決定他去哪裡上大學。由於他過於心煩意亂，無法集中精神，因此不被允許上學；這一點後來備受爭議。我一直在想，「我會進監獄嗎？我的人生還能繼續走下去嗎？」

終於，校長打電話給他。「你擺脫了嫌疑，警察什麼也沒找到。」

巴希爾回到學校，急於補考。校長說，已經過了補考期限。巴希爾有一個選擇：他可以重讀高中最後一年，或者轉到另一所學校。

「我是無辜的，是你找來了警察，」巴希爾爭辯，「我為什麼必須付出這樣的代價？」

但校長寸步不讓。漸漸地，巴希爾的心態出現轉變，從早期認為自己是和其他人一樣的丹麥人，他開始認為，他們是種族主義者，他們不要我，他們是我們的敵人。而且不只學校或警察，他發現，還有「整個社會，整個國家」。

當他告訴父親他考慮輟學，父親極力勸阻。「你打輸了一仗，但沒有輸掉整場戰爭，」他建議道，「轉學吧。」

巴希爾心不甘情不願地轉學，但那年夏天，恨意在他的心中悶燒，然後當母親突發心臟病驟逝，他的恨意達到沸騰。巴希爾認為，是警方的搜索壓力加速了她的死亡。他就是在那時候做出決定：「假如他們想看到恐怖分子，我就給他們一個恐怖分子。他們懲罰了我，我會如數奉還。他們奪走了我的前途，我也要毀掉他們的未來。」

他並不想濫殺無辜，他說，「我只是對政府感到憤怒，想要做點什麼。」

一天在清真寺，一個老朋友走向他。他聽到巴希爾母親的噩耗，過來表示哀悼。「你現在有什麼打算？」

巴希爾一股腦地傾訴過去幾個月發生的事。

「我明白你的感覺，」朋友說，「我想把你介紹給一群跟你有同樣感受的朋友。」

還有其他人跟我一樣？巴希爾心想，**我毫無概念**。

巴希爾第一次在清真寺附近的公寓見到這群人時，感覺「棒極了」。那五個傢伙都是十八、十九歲或二十出頭的年輕人，而且都是從巴勒斯坦、巴基斯坦或索馬利亞來到丹麥的移民子女。他們圍坐在客廳裡，吃著棗子配茶，分享他們的經歷。一個傢伙的姊姊曾經因為戴頭巾而被人吐口水。另一個人覺得他無法上學也找不到工作，純粹是因為他的背景。「那裡每一個人，」巴希爾指出，「都覺得國家毀了他們的人生。」

這群人持續聚會——總是在那間公寓，以便暢所欲言，免得遭到「告密」——他們的話題從切身遭遇，延伸到他們在丹麥見到的伊斯蘭恐懼症。他們開始觀看安瓦爾．奧拉基（Anwar al-Awlaki）在YouTube上的影片。由於他們之間沒有幾個人會說阿拉伯語或烏爾都語（Urdu；巴基斯坦官方語言），這位在美國長大的傳教士會說道地英語的事實，確實很有幫助。「他曾經以穆斯林身分在西方生活，所以他能理解我們的處境，」巴希爾解釋。

幾個月後，這群人開始討論之後的去向。有人建議到巴基斯坦學習伊斯蘭教。那是二〇一〇年，還沒有伊斯蘭國可以讓他們投靠，不過巴希爾後來表示，要是它當時存在，他很可能就走了。

一天放學後，巴希爾接到林克警官的電話，後者在資訊站會議上聽說了他的案子。「我來自東日德蘭警局，」巴希爾記得他說，「我只想告訴你，對於你的案件的處理過程，我感到非常遺憾。」

「你後悔毀了我的生活？」巴希爾反唇相譏。

「不，聽我說，」林克堅持不懈，「你能跟我喝杯咖啡聊一聊嗎？」

我見鬼了才會，巴希爾想。「但他讓人很難掛掉電話，」他追憶，「他又固執又煩人，我只能屈服。」

巴希爾到了警察局，發現林克跟他以前遇到的警察截然不同，「一個大塊頭，但聲音很好聽。」

林克告訴他，「你的案件處理不當，他們不該那樣子審問你。」

「那是你們的程序，」巴希爾說，「他們侵犯了我們家，把我們當成國家的敵人。」

「巴希爾，你是丹麥人，就和我一樣，」林克說。

「別那麼說，」巴希爾回答，納悶他的新朋友會怎麼看這個古怪而諂媚的警察。「我對你的祝福不感興趣。我想去巴基斯坦。我只是想提醒你，那並不違法。」

林克一直盯著他看。

「隨你愛道歉幾遍，」巴希爾繼續說，「我去定了。」

「但你是丹麥人，」林克說，言下之意是，巴希爾擁有丹麥所能提供的一切機會。「你是這個社會的一分子。」

巴希爾試著跟他說清楚，「看看當我錯過考試，你們從我身上奪走了什麼——你們無法收回傷害。」

當他對我追述那段對話，巴希爾停頓片刻，垂下眼眸。「我對他非常殘忍，」他低聲說，「我說，『操你的。』」

他起身準備離開，但林克攔住了他。

「你可以為我做最後一件事，」林克說，「你願意見見一個傢伙嗎？他是個穆斯林，也是個導師。」

巴希爾遲疑了。

「只是聊一聊？」林克堅持。

年輕人勉強同意了，主要是出於好奇。「我想知道，『這個跟政府合作的叛徒究竟是誰？』」

回到公寓，他把事情告訴他的朋友們。「警方有穆斯林線人，」他告訴他們，「告密者。我們不能確定有沒有被監聽。」

沒問題，他的朋友們說。事實上，這是個機會！他應該去，跟那個人談談，然後回來報告情況。

巴希爾很高興。藉由參加會談，他可以開始挖掘丹麥的情報機構。他成了雙面間諜。

至於巴希爾的輔導員，東日德蘭警方選了一位名叫埃爾罕・凱利奇（Erhan Kelic）的年輕律師。他是虔誠的穆斯林，也是土耳其移民之子，林克延攬他之前，他一直是社區裡傑出的跨信仰志願工作者。

巴希爾和凱利奇在一家漢堡牛排店碰面。這名年輕人很高興凱利奇以穆斯林同胞的身分招呼他，敬重地道聲「願主的安寧降臨於你」。

儘管如此，他做的第一件事就是搜查凱利奇身上有沒有裝竊聽器。

「盡量搜，」凱利奇聳聳肩。

「你知道他們對我做了什麼嗎？」巴希爾大聲質問，咄咄逼人。

當他陳述自己的經歷，他發現凱利奇認真傾聽，沒有打岔。這安撫了他，一開始的怒吼漸漸變成一段獨白。

「你的遭遇很殘酷，」凱利奇承認，「根本不該發生這種事。」

然而，律師繼續說道，如果巴希爾的最終目標是成為一名好的穆斯林，他在奧胡斯本地就可以做到。他說，在沙烏地阿拉伯這類禁止飲酒，且商店在禱告時間必須依法關門的國家，嚴守教規是件容易的事。沙烏地阿拉伯政府鼓勵人們公開表示虔敬。但在丹麥，「你是個個體，只能交由真主評判，」凱利奇表示，「在這裡，你可以考慮你的選擇。事實上你可以說，在丹麥，你能更自由地做個更虔誠的穆斯林，因為你的行為是自發的，沒有政治壓力。」

但是伊斯蘭恐懼症的潮流該怎麼說？穆斯林在電視上的恐怖分子和局外人形象該怎麼說？凱利奇解釋，那是自由的另一面。丹麥對言論自由的保障，也同時為種族主義者和執迷不悟的人賦予了權利。

「你的責任是，」律師用柔和而堅定的聲音鼓勵他，「不要被他們打倒。」他說他也曾遭受種族歧視，多年來，他一直在尋找自己的道路，用自己的方法讓他的土耳其背景、穆斯林信仰和丹麥公民身分以他為榮。「右翼說你必須被同化，」他告訴巴希爾，「其他人會說種族隔離比較好。但中間道路」——先知穆罕默德認為的最佳道路——「是種族融合。」

巴希爾深感不安：「我覺得他在我的地盤上攻擊我。」但他得承認，隨著兩人繼續辯論，他愈來愈入迷。「那傢伙很有說服力。」

凱利奇也注意到他的言論產生的效果。「我覺得他會回頭，」他說，「我可以從他的眼裡看到。他很感興趣。」

接下來兩年，凱利奇和巴希爾持續會面，一開始每週三次，後來每週只見面兩次。在凱利奇看來，這段期間分成三個不同階段：建立信任、共同努力、保持穩定。在建立信任的幾個月裡，兩人會接連幾個小時唇槍舌戰，爭論他們對伊斯蘭教、民主、丹麥和歸屬感的看法。巴希爾會定期向公寓裡的其他傢伙匯報，詳述這個「叛徒」所說的一字一句。他們會為他準備關於民主的虛偽和丹麥本質上的種族主義的論點，然後巴希爾會急忙回去見凱利奇，鸚鵡學舌般複述這群人教他的台詞。「一開始的六個月，每次見面時，我總會豎起拳頭，準備好戰鬥，」他回憶道。

改變巴希爾的心態是一件斷斷續續的工作。有一次，巴希爾在朋友慫恿下換了電話號碼，一整個月音信全無。有時候，凱利奇可以看到「他躲回了自己的殼裡」。

輔導工作進行大約一年後，兩人在齊格餐廳會面，那是奧胡斯市中心的一間高級餐館。巴希爾「很亢奮，不過是一種坐立不安的亢奮，」凱利奇記得。「我不是城裡人，」巴希爾聳聳肩，「比較習慣待在貧民窟，吃吃沙威瑪或烤肉串。現在，我坐在這間全是白人的餐廳。」他甚至不知道該把外套掛在哪裡。他一度俯身對凱利奇耳語：「你注意到了嗎，這裡只有我們是黑皮膚？」

儘管如此，這仍是一次令人雀躍的經驗，即使他看不懂菜單。服務員幫他點餐時，他只是咕噥著說要和凱利奇點一樣的東西。

那天下午，巴希爾對丹麥生活的看法開始出現轉變。「以前，我的觀點是黑白分明的，好比，『我們留在這裡，丹麥人去那裡，』」他後來承認，「但光是坐在那家餐廳裡，享受一流的服務，一切都那麼美好，我想，『不是每個人都是人渣。』」

巴希爾承認他把凱利奇視為榜樣的那一天，凱利奇知道他贏得了這名年輕人的心。「你是怎麼做到的？」他問凱利奇，「你有家庭，你讀書、做志工，還有房子。」巴希爾從未見過擁有房產的丹麥穆斯林。他率直地說，「我想和你一樣。」

兩人開始為巴希爾的目標共同努力：完成學業，研習會計。巴希爾結婚了，愈來愈沉得住氣。他開始減少和老朋友見面的次數。一開始純粹因為忙碌，但漸漸地，他意識到那只是藉口。當他聽說那群老夥伴中有三人去了敘利亞，後來又得知其中兩人喪命，他唯一的念頭是：**那原本可能是我**。

如今在會計工作之餘，巴希爾還擔任索雷夫．林克麾下的輔導員。他申請這份工作不是為了錢，他鄭重告訴我，「而是為了回饋社會。」他最近輔導的年輕人跟當年的他截然不同。「我是個話癆，」他說，「這個傢伙是個悶葫蘆。」

兩人幾乎每個星期天都會見面，而且每週談話三次。當川普宣布他準備將美國駐以色列大使館遷至耶路撒冷，這名年輕人打電話給巴希爾，怒氣衝天。「他們要奪回耶路撒冷嗎？」他質問，「好吧，那是在宣戰，對吧？」

也許是，巴希爾說，也許不是。但那不是他的戰鬥，巴希爾提出警告。他深有感觸，「你的責任，」他告訴年輕人，「是令你的母親以你為傲，想辦法讓自己過上好日子。」

奧胡斯的專案也許是丹麥最出名的，其社區聯繫工作與輔導計畫也許是最有力的，但其他丹麥城市也有類似的策略，同樣秉持兼容並蓄與社會凝聚的理念。「丹麥模式的哲學是，我們應該跟人們交談——只要他們還沒犯下罪行，」哥本哈根極端主義部門的負責人穆罕默德·阿里·希（Muhammad Ali Hee）解釋。希說，丹麥的反激進化部門完全不把激進人士當成壞人或瘋子，而是假設走向激進極端主義的行動是一種「理性的選擇」。

在我採訪過的丹麥反恐專家眼中，激進化跟其他反社會行為——從加入幫派到藥物成癮——沒什麼不同。他們認為極端主義的最佳解釋，是對國家制度失靈所做出的反應；而這個精心設計的國家制度，旨在為丹麥公民提供包容、教育與良好的成功機會。「我們希望將〔極端主義者〕帶回社會，在他們成為頑固的恐怖分子之前深入挖掘他們的挫折感，」希解釋說。

就算他們真的成了頑固的恐怖分子，丹麥的刑罰制度強調的是改造，而不是懲罰：無期徒刑通常只會關上十年或十五年，囚犯在服刑期間還能接受教育或職業訓練。希解釋說，要真正改造一個人，你需要給他們「一條走得通的替代道路」。他說，感化員的職責不是質問那些被暴力極端主義團體吸引的人「你怎麼搞的？」，而是問「欸，你遇到了什麼問題？告訴我怎麼回事。」

丹麥的做法也許看似仁慈心軟，但其實非常精明理性，其假設基礎是，驅使人們走向極端主義的是與主流社會的疏離，而不是某種精神渴望或政治熱情。丹麥當局希望為人們提供有意義的選擇。但是當水電工學徒的機會，是否可以像拯救穆斯林兒童免於炸彈襲擊的呼聲那樣令人心跳加速？對於ＩＳＩＳ想要招攬的年輕人，會計夜校真的能和建立伊斯蘭烏托邦那樣令人熱血沸騰的召喚抗衡？

在我造訪奧胡斯不久後，丹麥右翼聯合政府因應一波洶湧而至的仇外情緒，通過了「貧民窟計畫」[9]。它劃定二十五個「貧民窟」——這二十五個社區的人口犯罪紀錄高於平均，就業比率與教育水準低於平均，而且引人爭議的是，大多數居民都有非西方的移民背景。在這些以穆斯林為主的「貧民窟」，罪犯有可能被加倍判刑。其他市民被簡單罰款的罪行，在這裡可能被判處監禁。一歲以上的兒童必須上至少二十五小時的課程，學習「丹麥價值觀」。

當然，「貧民窟計畫」顯示了反移民情緒和民粹主義者高漲的信心，但它也呈現出丹麥的強烈社會責任感中不包容的那一面。在林克的預防犯罪部門，我見到一個具有強烈國家規範意識與豐厚政府資金的社會有怎樣的好處。而在「貧民窟計畫」，我見到這種社會精神的罩門。只要給它一次壓力測試——例如大量湧入移民——它看起來就像赤裸裸的成見。「親近」公民的衝動，可以輕易成了鎮壓的手段。正如呼嘎生活型態的批評者指出的，圍坐在火爐旁可以令你感到溫暖，但假如你沒有退後一步的自由，緊密的圈子也可能令人極度窒息。

我為了發掘西方的感化專案而展開了這趟旅程，始終打算日後再到穆斯林國家看看他們的去激進化做法。但當我開始接觸在亞洲輔導前極端分子的人，我不禁思索：我為什麼從如此切身的地方開始？我的行程計畫反映出伊斯蘭恐懼症的謬誤，一種已深切融入西方言論以至於被人忽視的謬誤：聖戰暴力的主要目標是歐洲和美國。事實上，在伊斯蘭恐怖主義的受害者當中，穆斯林國家的公民占了絕大多數。自從二〇一七年白人至上主義者在夏洛茲維爾（Charlottesville）集會遊行以來，美國對本土極端主義的擔憂與日俱增。沙烏地阿拉伯和印尼等國已有數十年經驗對付本土極端分子。穆斯林國家把伊斯蘭教的極端主義詮釋當作政治武器，一如西方的白人至上主義者使用民族主義言論。在這兩種情況下，盛行的文化為極端主義觀點提供了一定程度的偽裝；其支持者都可以聲稱這些想法是主流文化的更純粹形式。

在穆斯林國家，剝除了西方世界暗潮洶湧的仇外心理，感化方案會是什麼樣子？在一個就連最嚴重的伊斯蘭恐懼症患者都無法將穆斯林描述為外來者或他者的國家，聖戰士會受到怎樣的對待？少了這種特定的人我之分，情況又會如何？我想先去印尼，因為我曾讀過那裡的前武裝分子如何在人們的扶持下重新展開人生，成為傑出公民。該國似乎有一個由小型非營利組織構成的蓬勃產業，以輕鬆而有創意的方法幫助前戰鬥人員。

從丹麥返國後，我讀到關於諾爾·胡達·伊斯梅爾（Noor Huda Ismail）的新聞；他是印尼和平銘文基金會（Yayasan Prasasti Perdamaian；簡稱ＹＰＰ）——又稱「國際和平建設研究所」（Institute for International Peace Building）——的創辦人，專門輔導前聖戰分子。我透過WhatsApp聯繫上胡達，他立即告訴我他的感化理念：「你知道《馴龍高手》（*How to Train Your Dragon*）這本書嗎？」他問，「那個維京男孩原本應該成為和父親一樣的屠龍勇士，後來卻跟巨龍交上朋友，通力合作。那就是我面對恐怖分子的作風。」他認為，設法理解前恐怖分子，以尊重而不是評判來對待他們，能夠達到更好的效果。「你無法摧毀他們的能量，」他聳聳肩，「與其正面挑戰，不如加以疏導。」

胡達邀請我參加幾週後在雅加達為前激進分子舉行的研討會。與會者將包括十五名前聖戰士，以及伊斯蘭學者和大學教授，但願透過與印尼社會的更廣大階層融合，前聖戰士能有機會脫離從前的武裝分子網絡。研討會將提供各種課程，包括如何創業、製作電影，以及如何增進個人敘事能力以進行公開演講。

整起活動聽起來很詭異，我有一瞬間懷疑自己聽錯了。不過那天晚上，我打電話給航空公司更改班機日期，以便及時參加會議。我透過網路更改我在雅加達預定的旅館，搬到距離會場更近的地方。我大可以搬進會場所在的飯店：胡達告訴我，所有前聖戰士都會住在那裡，而且飯店還有空房。不過，我劃下界線，不願與一群聖戰士住在同一個樓層，無論他們是否已經洗心革面。雖然我有點羞於承認自己如此怯懦，但我寧可下榻隔壁的飯店。

遇見斬首者

YPP在雅加達為前恐怖分子舉行會議的那天早上，我徒步前往會場，走上一條環狀道路，舉目所見盡是空轉的日產和本田汽車。車上乘客若非坐著閉目養神，就是盯著手機，無可奈何地在全球最壅塞的交通中通勤。沒有人行道，所以我走在路沿，但願避開在車陣中鑽來鑽去的摩托計程車。丹麥井然有序的自行車道感覺已非常遙遠。

丹麥的「貧民窟」也同樣遠在天邊。印尼是一個由令人眼花撩亂的差異鎔鑄而成的國家。它有一萬七千五百零八座島嶼，居住著六百個族群，其中大多是穆斯林，但也有基督徒、印度教徒和佛教徒。憑藉悠久的國際貿易歷史，印尼在不知不覺中成功維持了文化的多元滲透和精神的統一。它有全球最大的穆斯林人口，但也致力於創造支撐多元文化的意識型態基礎。一九四五年起，印尼公民就被教導國家不是建立在特定信仰之上，而是建立在對潘查希拉（Pancasila）——亦即建國五原則——的認同上：信奉獨一無二的神明、正義、團結統一、民主價值和社會正義。

超級多元的歷史或許幫助了印尼對聖戰士採取比其他許多地方更寬容的態度。「人們抱著一個假設（尤其在伊斯蘭國建國之前），認為這些人基本上都是誤入歧途的好孩子，」本部設在雅加達的衝突政策分析研究所（Institute for Policy Analysis of Conflict）所長希尼·瓊斯（Sidney Jones）說，「他們之所以加入這些組織，是出於扭曲的理想主義，或者因為想幫助受到迫害的穆斯林同胞；他們只需要被拉回正確的軌道。」

會場是一間有大理石大廳的多層樓飯店——某些與會者也許曾經企圖炸毀的那種地方。我搭電梯上樓到會議廳，發現場地已布置了會議的必備道具：可移動的麥克風、放在架子上的巨型白報紙掛圖，每個座位旁都有一罐瓶裝水以及一個放了筆、便條紙和議程表的橘色袋子。胡達穿著蠟染的花布襯衫和耐吉運動鞋在會議廳裡來回走動，緩和場地的冰冷氣氛。他在眾人之間穿針引線，彷彿在主持社區烤肉大會。他請了一位室內設計師用一串串紙蝴蝶和鮮豔的意見回饋單裝飾場地。他解釋道，在恐怖組織度過的日子可能陰鬱黑暗，所以這些裝飾品和一大缽糖果就是在提醒他們「生活應該多采多姿」。和許多從事感化工作的人不同，胡達並不打算「反擊」極端主義。相反的，YPP一心一意為極端分子描述不同的生活前景，幫助他們脫離舊的人際網絡，融入新的群體。這場為期三天的會議，重點不在於經文或公民學，而是要加強聖戰士的溝通技巧、潤飾他們的個人品牌。「媒體總說我是『恐怖分子低語者』」，胡達告訴我，「但我更喜歡『心靈觀察家』這個詞。」

胡達解釋，大多數反恐專案都以屈尊俯就的態度對待聖戰士。在西方，由白人非穆斯林輔導前武裝分子扭轉人生的改造計畫，帶有白人救世主的味道。但即便在穆斯林社會中，即便輔導武裝分子的是擁有相同信仰的人，也很容易產生對立的結構。對於恐怖分子來說，聽政府認可的神職人員告訴他們如何詮釋《古蘭經》，只會令疏離感根深蒂固。「太多時候，那種感覺是，『我們是溫和、開明的穆斯林，我們在試著矯正你，』」胡達說。這個長相比實際年齡年輕十歲的四十五歲男子，臉上掛著迷人的燦爛笑容，以及能改變整張臉孔的黑框眼鏡。「那無異於落實『他者化』的操練。」

胡達理應對他所謂的「矯正野蠻人」策略存疑，因為他本人也差點成了「野蠻人」。他出身公務員家庭，在爪哇島的索羅（Solo）長大。十二歲時，他進入穆民經學院（Al Mukmin Pesantren）讀書，這所強硬派伊斯蘭寄宿學校，曾被形容是為伊斯蘭祈禱團（Jemaah Islamiyah）——在東南亞為伊斯蘭教法戰鬥的激進組織——培養新血的「常春藤」學院。胡達成績優異，畢業時，他申請獎學金到巴基斯坦進修伊斯蘭教。幸好，他打趣地說，他「被愛情拯救了」。由於曾經跟老師的女兒約會幾次，他被判定「道德敗壞」，失去獎學金資格。

由於學校教他將伊斯蘭教視為解決社會弊病的方法，他鬥志昂揚地追隨許多同學的腳步。他曾短暫加入伊斯蘭組織「回教之家」（Darul Islam），但組織的內鬥令他感到幻滅，很快退出了團體。二十多歲時，他開始擔任《華盛頓郵報》的特約記者。二〇〇二年峇厘島爆炸案造成兩百零二人喪命的幾個月後，他在警方召開的記者會上拿到爆炸案嫌犯的通緝海報。上面是他在寄宿學校的老室友哈珊的照片。他納悶，是什麼令一個聰明的年輕人興起濫殺無辜的念頭？

胡達後來贏得到蘇格蘭聖安德魯大學（St. Andrews University）攻讀國際安全的獎學金。受到一個試圖在天主教徒和新教徒之間折衝的北愛爾蘭組織所啟發，他決定回家鄉推動改造工作。「大多數人覺得我瘋了，」他承認，「他們說，『為什麼要給那些一開始就背叛民主的人第二次機會？』」他自己差點加入戰鬥組織的經歷使他相信，在印尼，大多數人受到這些組織所吸引，不是基於鐵一般的堅定信仰，而是由於他們的人際網絡。他推斷，為了免於被好戰組織誘惑，前聖戰士必須找到新的事情去做，跟新的人一起做。

YPP會議定名為「溝通研討會」，胡達希望透過議程設計幫助人們交流融合。他邀請的演講人並非伊瑪目或社會工作者，而是品牌顧問、商人、電影工作者、創業家，甚至還有從新加坡飛來的臉書代表。他也邀請了二十位烏斯塔德（ustadh）——穆斯林學者和大學教授——並在活動中安排大塊的空白時間，希望聖戰士和烏斯塔德能在飯店的咖啡館內暢談幾個小時。

為了確保雙方互動交流，他的團隊為每位前聖戰士指派一位烏斯塔德同住一個房間，並為兩群人進行「小天使」和「小主人」的配對——一種類似神祕聖誕老人遊戲的活動。會議期間，小天使會對他們的小主人施以小惠，例如傳送令人開心的簡訊，或者從飯店的自助餐廳為他們送來食物。微小的事物可以改變前聖戰士對他人——以及他們自己——的看法。胡達說：「改變可以從非常微小的善舉開始。」

刻意營造的歡樂氣氛讓我想起了達沃斯（Davos）——在阿爾卑斯山舉行的億萬富翁與世界領袖的年度論壇。做為負責報導大會情況的年輕記者，我最喜歡那些異想天開的團隊凝聚力活動：跟一群企業執行長和商業巨頭在雪地裡玩遊戲摔得人仰馬翻，或者管弦樂團指揮將世界領袖和科技業億萬富翁集結起來，強迫他們高唱《生日快樂》歌。在雅加達的那天早晨，我無法分辨聖戰士、烏斯塔德或社群媒體專家，不得不請我的翻譯艾卡為我指出哪些人是激進分子。當她一一指出，我不禁驚嘆這些人看起來多麼平凡；他們留著稀疏的鬍子，穿著熨燙得平平整整的襯衫。我的第一印象深刻入骨：**他們不過是人**。

胡達的開場白有美國脫口秀節目閒適而歡樂的調調。「今天，四代的前恐怖分子齊聚一堂！」他拿著手持麥克風驕傲地宣布。他指向第一代聖戰士的代表——一個鬍子發白、穿著卡其色軍用背心的男人，他曾加入美國支持的聖戰游擊隊，一九八〇年代在阿富汗與蘇聯軍隊作戰。胡達向接下來的幾代成員頷首——曾參與一九九〇年代菲律賓衝突的老兵，以及參與二〇〇〇年前後印尼當地的穆斯林與基督徒爭端的退伍軍人。「最新的一代也在這裡，」他指著十九歲的阿菲法說。十六歲時，阿菲法受到伊斯蘭國網路宣傳的誘惑，連同二十五名親人一起移居敘利亞。她戴著橘色頭巾，容光煥發，有如舞會皇后般笑著揮手致意。

當天的陣容包括一名演說教練，以及TED雅加達的創辦人，後者發表簡報教大家如何包裝自己的人生故事。坐在我前面的聖戰士不時作筆記，記下她的敘事訣竅：使用生動的軼事；與你的觀眾建立聯繫；找到故事的轉折點，將你個人旅程的動態展現得淋漓盡致。

「現在挑個搭檔練習敘事技巧，」她提議，「讓我們選個耳熟能詳的故事。一個人向另一個人講述《古蘭經》中優素福（Yusuf）的故事，聽者應該密切注意故事是如何講述的。」配對之後，研討會參與者開始以各自的方法喃喃訴說這則著名的故事。虔誠、英俊、擁有解夢的天賦，優素福（相當於聖經中的約瑟）躲過兄弟的謀殺，熬過埃及監獄的咒語，最後升任高官，與摯愛的父親團圓。

幾分鐘後，主持人在房間裡轉一圈。「你們選擇哪一種角度？」她問，「你們希望聽者從中吸取怎樣的教訓？請以幾個字回答。別忘了，短句能令人產生好奇心！」

「監獄帶來成功！」一名男子試探地說，引來會心的笑聲和零落的掌聲。

一整天下來，胡達一直致力於維持輕鬆氣氛。一位女士被問到她從前面幾堂課學到什麼時，她說她學到人性本善，但她可以看出人們如何輕易地「透過一連串小事」逐漸走向暴力團體。

「炸彈可不是件小事，」胡達扮個鬼臉，引來哄堂大笑。

下午的創業課程中，一位品牌專家首先告訴眾人他如何白手起家：「我沒上過大學，」他說，「一開始，我沒錢付薪水給任何人，所以我自己包辦所有事情。」「就跟恐怖分子一樣，」胡達打趣說。

人群中有人點頭。

透過巧妙地結合自嘲與自豪，胡達的聖戰士風格令我想起母親以前常說的猶太笑話。兩人都有邊緣族群調侃自己時那種心照不宣的態度，兩人都用幽默抵擋主流社會的排拒，並用俏皮話凝聚自己的群體。

對胡達來說，笑話是解除武裝的重要工具，是改變人們的道路起點。他將他的改造策略總結為「心靈、雙手、頭腦」。「你首先闖進前恐怖分子的心靈，贏得他們的信任，」他說，「然後賦予他們某種技能——雙手。最後，你可以鑽進他們的頭腦，以各種方法鼓勵他們對新的概念持開放態度。在這個階段，你或許可以跟他們談談他們的意識型態，他們會嘲笑自己以前犯的錯誤。」

胡達的輕鬆態度呼應了印尼的政治文化。民調顯示民眾並不十分擔心恐怖主義，這或許是因為印尼傳統上對前聖戰士的看法比許多西方國家更加寬容。「印尼的方案旨在透過『徙志』將激進分子從『聖戰世界』帶回『現實世界』，」一名駐雅加達的美國政治顧問在二〇〇七年向美國華府發送電報，轉達他從印尼反恐警察收集到的訊息。

二〇〇二年，伊斯蘭祈禱團在峇里島引爆炸彈，之後幾年，印尼當局設法接近獄中的恐怖分子，希望深入了解他們的網絡。「當局給他們VIP待遇，」印尼恐怖組織專家卡麥倫・桑普特（Cameron Sumpter）說，「獄警和他們一起吃飯、一起祈禱，帶他們到監獄外放風。」即便在八百多名印尼公民試圖加入伊斯蘭國後，與許多西方國家相比，該國的反恐法律比較溫和，被定罪的恐怖分子獲得的刑期相對較短——只有短短幾年。在印尼，被監禁的恐怖分子往往比其他囚犯、甚至獄方人員享有更高的特權，因為許多人認為，比起基於貪婪或嗜血而犯的罪，意識型態犯罪沒那麼可鄙[1]。

到了二〇一八年年初，已有兩百二十六名伊斯蘭國新成員被遣送回印尼。[2]大多數人加入為期一個月的政府感化計畫，然後返回自己的家鄉。在感化中心，前ISIS支持者參加由神職人員和更生人舉辦的講座，幫助改變他們的世界觀、重新擁護民主價值。返國的激進分子回歸社會之前，必須簽署一份聲明，宣誓信守建國五原則。不出所料，結果好壞參半。如今在瑪瑯（Malang）監獄擔任去激進化顧問的一名前激進分子，被獄中的聖戰士囚犯視為叛徒，慘遭毆打。

前激進分子一旦出獄，政府和許多NGO便迫不及待地將他們置於公眾視野中。印尼的反恐官員有時會安排前聖戰士上電視，但願他們掉入聖戰陷阱的故事能遏止其他人加入。我抵達印尼的幾星期前，國家反恐機構（BNPT）將一百二十四名被定罪的恐怖分子和五十一位恐怖主義暴行的倖存者聚集在雅加達一家飯店的宴會廳[3]。BNPT的首長將這次聚會定調為「公開和解」，有機會達到「相互尊重與理解……是邁向和平的第一步」[4]。其他人沒那麼篤定：一些學者懷疑這場活動是否只是公關噱頭，有些受害者甚至抵制這場活動。

印尼的許多前聖戰分子後來都找到體面工作。曾在伊斯蘭祈禱團擔任最高指揮官的納西爾·阿巴斯（Nasir Abbas），如今一邊向注重健康的印尼人販售高級蜂蜜，一邊為反激進化專案提供諮詢服務。前激進分子如果需要經濟援助，可以向政府申請創業補助。胡達的ＹＰＰ只是願意幫助他們站穩腳跟的眾多非政府組織之一。我聽說，一個感化組織的負責人甚至讓前聖戰分子住進他在雅加達的家。

憤世嫉俗者或許認為政府經費、為前激進分子舉辦的研討會以及受害者與聖戰士之間的公開和解，不過是精心設計的舞台表演。但它們顯示了官方默許對前聖戰士負起的社會責任感，儘管大多數的印尼聖戰組織致力於以伊斯蘭教法取代印尼的多元化民主，而他們的主要目標就是當地警察和官員。

前好戰分子不過是擁有聖戰經歷的同胞。

我本以為會在胡達的ＹＰＰ研討會上看到粗暴或靜靜保持戒心的好戰分子，但每個人都很和氣，毫無例外。大夥兒開懷大笑，擺姿勢自拍。「亂入！」一名前聖戰士在一群人按下快門之前偷偷從他們後面冒出頭說。這名好戰分子熱愛擁抱、在領取自助午餐時會乖乖排隊，而且吃早飯時總會問我睡得好不好。「在印尼，從被指控恐怖分子的人身上，你能發現的一件事情是，」安全分析師希尼·瓊斯後來在電話中告訴我，「他們幾乎都同樣迷人。」

在歐洲，受到暴力極端主義吸引的人經常說他們感受到的種族主義和伊斯蘭恐懼症，是他們心懷不滿的主因。穆斯林世界裡的聖戰士一般擁有高教育水準，相較之下，西方世界的聖戰士往往處於社會邊緣，身分地位較低。[5]據德國情報部門所稱，伊斯蘭國在德國招募的新成員當中，半數有犯罪前科。事實上，ISIS的招募文宣暗示，他們歡迎有不光彩歷史的人加入。「有時候，擁有最黑暗過去的人會有最光明的未來，」ISIS在社群媒體上的一條招募口號這麼寫著。[6]在穆斯林占大多數的印尼，聖戰士的人口結構有所不同。在雅加達，人們告訴我他們之所以加入恐怖組織，因為他們家就是幹這一行的，或者因為寄宿學校裡的同學都加入了，他們也跟著加入。與憤怒的孤獨者不同，我遇到的印尼武裝分子似乎非常熱情而合群。

「他們他媽的很正常！」胡達說。

他聲稱恐怖分子也是正常人，這樣的主張本身就是一種政治行為，挑戰了我們許多人拉起警戒線防範周圍恐怖分子的作法。從統計數字來說，胡達是對的：針對好戰分子的心理背景所做的研究顯示，他們並不比任何人更受精神疾病折磨。「如果只有罹患某種精神疾病的人才會成為恐怖分子，恐怖主義會是一個微不足道的問題，」社會心理學家克拉克·麥考利（Clark McCauley）表示。「相反的，我們必須面對正常人也可能成為恐怖分子的事實，我們自己在某些情況下也可能採取恐怖行動。」[7]

聲稱恐怖分子也是正常人，意謂著他們並非瘋子或他者，而是依據他們的環境而行動。隨著我愈來愈深入理解通往激進主義的平坦道路——渴望歸屬感和冒險，渴望改造社會，渴望對抗家鄉、國家或世界的不公不義——我發現我納悶的並非世上為什麼有那麼多好戰分子，而是為什麼那麼少。我愈來愈傾向於同意胡達的觀點。他們他媽的很正常。

在美國，從直白地譴責「邪惡」的外國恐怖分子，到以雙重標準看待白人至上分子的暴力行為，輿論刻意模糊處理所謂的「正常」。人們經常為新納粹分子或大規模槍擊案的殺手拋出「精神疾病」或「孤狼」的藉口。以精神疾病為託辭，不僅減輕了他們對自己行為的責任，也減輕了我們的責任，拉開他們與我們——製造了他們的社會——之間的距離。

二〇一五年，白人至上主義者迪倫・盧福（Dylann Roof）在查爾斯頓的黑人教堂槍殺九名信徒後，一些媒體和政府官員竭力宣傳「獨來獨往的精神病患者」台詞。在《華盛頓郵報》，賓州大學教授安西雅・巴特勒（Anthea Butler）將筆鋒轉向盧福的仇恨背景：「這人是從哪裡學會如此仇恨黑人？他是否效忠始終在南卡羅來納州議會大廈上空飄揚的邦聯旗幟？他是否受到右翼媒體沒完沒了地形容美國黑人懶惰且暴力所影響？」[8]

恐怖分子「他媽的正常」的事實，很可能是恐怖主義最可怕的地方。

或者更確切地說，他們其中某一個人的正常，才是恐怖主義最可怕的地方。YPP研討會第一天上午，電影製作講座進行到一半的時候，我的翻譯艾卡往我身上靠過來。「你看到那邊那個傢伙了嗎？」她壓低聲音，朝一個身穿藍色西裝外套的壯漢點點頭。「他是將三名基督教女學生斬首的主謀。」

他名叫哈桑努丁。二〇〇五年，他的黨羽在蘇拉威西島（Sulawesi）中部的小鎮波索（Poso）犯下這起罪行。這個地區的基督徒和穆斯林經常爆發暴力衝突。那幾個女孩當時正在上學的路上。兇手將她們的頭顱放進黑色塑膠袋，附上一張紙條：「懸賞：另外一百顆基督徒頭顱，不分男女老少。鮮血必須以鮮血償還，靈魂以靈魂償還，頭顱以頭顱償還。」[9]哈桑努丁因二〇〇五年的罪行入獄十一年。他目前在波索的一所宗教學校任教。

研討會的橘色袋子上印著YPP的標語：「無偏見銜接」。第二天上午，當胡達在會議廳來回走動，請所有與會者說說他們對第一天的看法，哈桑努丁拿起麥克風，清清他的嗓子，表示前聖戰分子跟烏斯塔德有如水乳交融。「我不再能區分前聖戰士和烏斯塔德，」他說。遺憾的是，在外面的世界，情況並非如此：「學者上電視講話時，你們的言論有時會傷害我們這些前聖戰分子。」

「但願到了本次研討會結束時，人們不再對前武裝分子抱持成見，」胡達回應，「我們必須嘗試相互理解。有時候，我們太沉迷於自己的世界觀，需要更公平地看待別人的世界觀。」

對於我採訪過的大多數前激進分子，我設法做到了這一點。我以同理心對待扎基，他想幫助人們，於是加入一個替穆斯林同胞運送衣服和藥物的慈善團體——結果卻發現他們要求他提供武裝保護。我也能理解哈里斯，他在伊斯蘭寄宿學校的老師教他製造炸藥，並相信在阿富汗發動聖戰是一項正確行動。

但是對於哈桑努丁，我害怕得不願與他接觸，厭惡得沒辦法「無偏見銜接」。接下來兩天，我在午餐和中場休息時間總會設法避開他。我無法勉強自己和他交談的事實，既違背了這場會議的精神，也違背我做為記者的職責，但他的暴行實在太兇殘，我不願意「理解」。在有關社交媒體的討論會上，大螢幕閃現美國科技理論家克萊．薛基（Clay Shirky）的一句話：「感覺的速度比思考更快」。在哈桑努丁的案例上，我的感覺既快速又發自本能，並未隨時間的推移而消退：他的罪行太可怕，他的受害者太年輕，他的動機太可憎。

這是我在這段旅程中最接近我會形容為「邪惡」的一次。我對他的反應呼應了他以仇恨召喚仇恨的深重罪孽。受害者團體批評印尼社會過分強調感化罪犯、勝過於幫助受害者，對此，我很能理解。

YPP研討會的氛圍時而大幅轉彎。胡達精心挑選演講者，找來能鑿穿恐怖組織狹隘視野的演講人。前來演說的數位品牌顧問是一名基督徒；許多演講人都是位居高層的女性專業人士——

這是受經學院教育的前激進分子或許從未見過的人口族群。性別平等也納入這次活動的設計：二十名烏斯塔德當中有十名女性。第二天，我跟她們其中一人聊天；她名叫阿禮美杜·奇米緹雅（Alimatul Qibtiyah），是日惹大學（University of Yogyakarta）的性別研究教授。前一天晚上，她和幾位前激進分子共進晚餐時，有人提起關於美國的話題。一個前激進分子說起他多麼痛恨那個地方，以及和那裡有關的一切。「我在美國取得碩士學位，」她冷靜地告訴他們，「在愛荷華州的錫達拉皮茲（Cedar Rapids）。你會把我當成目標嗎？」她沒有告訴他們的是，她還必須為了人類性學課的作業觀賞色情電影《深喉嚨》（*Deep Throat*）。儘管如此，當她表示她和丈夫在伊斯蘭教是否要求女性戴面紗的問題上意見不同，仍然成功震驚了同桌用餐的人。「他們就那樣盯著我，」她說。

多元主義的價值融入了有關議會辯論的討論會。一名身穿褲裙和細高跟鞋的年輕女性以簡報介紹辯論方法，然後接受提問。

「當對方的話並非全錯，也提出了一些好的論點，你如何為自己的主張辯護？」一名前激進分子問。

「認可對方的正確論點，然後或許添加屬於你自己的替代想法，」她回答。

哈桑努丁——我一直以「斬首者」視之的人——伸手拿麥克風。他說他更熟悉脫口秀中的尖叫與辱罵，「我注意到，電視上的人不會用你描述的那種方法辯論，」他告訴那位女士。

「也許吧，」胡達從角落發出評論，「那是因為我們的社會喜歡欺負弱者。」[10]

哈桑努丁緩緩點頭。

研討會的一些課程巧妙地訴諸聖戰士的情感。胡達宣布一位電影工作者會來講課，他說那是前激進分子學習新的「達瓦（dawa）」——傳播伊斯蘭知識的新方法——的好機會。

其他演講者的談話側重吸引追求快感的人。來自新加坡的人道救援工作者哈桑・艾瑪德（Hassan Ahmad）展示他在阿富汗、巴勒斯坦和日本執行任務的幻燈片。援助工作不僅是幫助穆斯林同胞的機會，也是一份刺激而危險的工作——這些都是年輕人加入激進組織的常見原因。他在展示一位同事的幻燈片時停頓一下，那位同事在菲律賓的一場颱風中喪命，他的照片上寫著「逝去但未被遺忘」。「你可能在任務中喪生，」他搖搖頭說，「如果要死，你希望以這種方式赴死！讚美神！」

扎基——聲稱自己的初衷是透過運送物資幫助人們，但很快開始加入作戰的前戰士——問艾瑪德一個問題：「我們如何跟衝突地區的人打交道，同時避免再次捲入恐怖主義？」

艾瑪德回答，他見過在衝突局勢中，聖戰士的戰鬥與援助工作如何緊密的纏繞成一團。他曾在阿富汗運送救援物資時跟蓋達組織的成員一起工作，也曾在巴基斯坦與伊斯蘭祈禱團的武裝分子共事。

「而你沒有加入聖戰的衝動？」扎基急切地追問。

「從事人道救援之前，我曾在軍隊和警方服役，」艾瑪德說，「我從來不喜歡清理槍枝，所以不論什麼時候，我都會選擇援助工作勝過拿槍。」

被美國政府歸類為「外國恐怖組織」的團體，經常在他們所在的社會進行援助工作，挺身提供政府不提供的服務。哈馬斯（Hamas；巴勒斯坦地區的伊斯蘭抵抗運動組織）為巴勒斯坦人提供醫療服務、流動廚房和學校教育[11]；真主黨（Hezbollah）自一九六〇年代起，一直在為黎巴嫩的什葉派民眾提供社會支持[12]。巴基斯坦「虔誠軍」（Lashkar-e-Taiba）的人道部門，幫助了地震和水災的受災戶[13]。就在不久前，當COVID-19疫情爆發，巴基斯坦和伊拉克的極端組織趁著政府反應遲鈍，為處於封鎖地區的窮人提供救濟、發放食物[14]。

扎基起初是援助工作者，最後卻成了恐怖分子；他對自身經歷的熱切描述令我震驚。我看見自己頑固地以這些「恐怖」集團的暴力行動定義他們，儘管我對這些組織所做的其他工作知之甚詳。我不假思索地把好戰分子的社會服務，視為他們為了打進社區、爭取人們認同的馬基維利式伎倆。簡言之，我接受了「暴力優先，流動廚房是策略性部署的次要行動」的既定概念。

可以肯定的是，這或許是許多組織的發展軌跡。九一一事件十年後，蓋達組織將哈馬斯的社會服務視為贏得地方民心的典範模式[15]。在一九二〇年代的美國，三K黨出錢贊助棒球隊和青少年聯盟[16]；半世紀後，武裝革命組織黑豹黨（Black Panther）為兒童提供免費早餐[17]。我要表達的重點不在於特定組織的歷史弧線，而是我如何習慣把他們視為純粹的暴力散播者。

以哈馬斯為例；這個名字依舊在我心中引起「恐怖主義」的古典制約式聯想，儘管它如今已是正式的政治團體，大約十五年前贏得了第一次選舉。對於有著三個子女的迦薩母親來說，哈馬斯也許不僅僅是個政黨，更是食物儲藏室、銀行、子女的學校和守望相助台[18]。但是二〇一一年，當美國上訴法庭維持原判，決定關閉聖地基金會（Holy Land Foundation）——一個為巴勒斯坦社會服務籌措資金的德州組織——法庭關心的只是哈馬斯的恐怖組織身分。法庭斷定捐贈委員會在為哈馬斯輸送資金，因此認定這個慈善機構是「恐怖組織」，判處五名工作者入獄服刑。二〇一一年的判決書說，就連送往學校或診所的資金都助長了恐怖主義，幫助提高哈馬斯的聲望，使該組織得以「集中精力從事暴力活動」。[19]

恐怖主義這個詞，可以模糊了信仰、行動以及對激進組織的支持等層面的複雜性。假如我們只關注他們的暴力行為，就錯失機會去理解更廣泛的政治與經濟環境——一個最初往往激起人們支持這些組織的環境——造成了哪些更緩慢的結構性傷害。研究分析師莎拉．查耶斯（Sarah Chayes）撰文說明腐敗如何助長極端主義，她指出，當博科聖地（Boko Haram）二〇〇九年在奈及利亞東北部竄起，最初的目標便鎖定警察局。查耶斯進行採訪時，當地人回憶他們當時把該組織視為解放者，把他們從腐敗且濫權的警察手中解救出來：「大家〔對最初幾次襲擊〕非常高興，」他們告訴她。「博科聖地說出了政府機關侵犯人民的真相。他們終於可以站起來挑戰強權；他們在爭取自己的權利。」[20]

倫敦經濟學院婦女、和平與安全研究中心（Centre for Women, Peace and Security）的主任薩娜姆·納拉吉—安德莉妮（Sanam Naraghi-Anderlini）指出，過去數十年來，兩大全球趨勢增長了暴力極端主義的吸引力。首先是沙烏地阿拉伯對全球穆斯林輸出強硬派的瓦哈比意識型態；這一點有據可查。第二項趨勢是她所謂的「猖獗的極端資本主義[21]」；這項趨勢不僅壯大了聖戰組織，也為白人至上主義團體增添燃料。當政府削減公共服務，不論是通過緊縮措施、出於對小政府的意識型態承諾，或是為了償還國際債務，弱勢族群面臨了極端分子可以輕易利用的真空狀態。「由於新自由主義與極端的黷武主義，幾個根本的結構性因素浮上檯面；除非我們開始應對，否則這些運動將繼續增長，因為它們確實是在回應人們的需求，」納拉吉—安德莉妮指出，「而且他們有能力對〔人們的〕心靈喊話，而不是對他們的頭腦。」

如果說激進分子懂得以訴諸人心的言論來贏得追隨者，YPP研討會第二天的主題——臉書——亦不惶多讓。從新加坡飛來的臉書反極端主義專家古娜姿·拜格（Gullnaz Baig），以簡報說明該公司的內容共享政策。「你們都知道這個人是誰，」她點開馬克·祖克柏（Mark Zuckerberg）的投影片說。事實上，我懷疑是否每個人都認識他，畢竟在臉書征服全世界的十年裡，會場上許多人是在東南亞叢林深處度過的。

後來，當拜格接受提問，最近剛從伊斯蘭國回來的少女阿菲法舉起了手。「ＩＳＩＳ追隨者經常有許多假帳號，然後被臉書移除，」她說，「假如某個帳號被移除，他們會說，『我的帳號殉教了』，然後接著開另一個帳號。一個死了，一千個應運而生。在這件事情上，臉書有什麼對策？」

好問題，拜格回答；她說明該公司如何追蹤、然後刪除他們認為危險的關聯帳號。

隨後，我們聆聽一位印尼創業家暢談所謂個人品牌。他告訴我們，品牌需要激情與承諾。他點開一份簡報，展示曾擁有強大品牌的歷史名人的照片，包括以屠龍形象讓人一眼認出的聖喬治，以及拿破崙。「在場每個人都有自己的品牌素材！」這位生意人微笑著說，「所需做的就是量身打造出你們的專屬品牌。」

我以為在一群前聖戰士面前，他對推銷自我的禮讚不會達到預期效果；他們許多人曾在菲律賓叢林或阿富汗山區度過多年刻苦生活。我錯了。他們似乎聽得津津有味。後來，我向胡達問起這件事，他一點兒也不意外。他曾見過——事實上，曾幫助過——許多前激進分子搖身成為生意人。「恐怖分子與商人之間有許多相似之處，」他說，「和生意人一樣，恐怖分子熱愛冒險、善於交際、擁有一流的說故事功力，而且往往有他們自己獨樹一格的人格魅力。」

事實上，胡達剛開始輔導聖戰士時，重點就放在許多人與生俱來的創業精神。他為他們提供種子資金以及創業建議，因為他認為保持忙碌是引導他們遠離恐怖主義的絕佳方法。

聖戰組織向人們許諾意義與歸屬感，胡達知道他也必須做到這一點。「最要緊的是讓這些傢伙感受到意義，」他說，「我不想隨便丟給他們什麼老差事，而是要讓他們覺得自己是某件事的一部分。」開頭的幾項創業嘗試一敗塗地。他幫助一名前聖戰士成立單人汽車租賃公司——該公司在那男人開車離開、一去不回後關門大吉。另一名男子借了種子資金創立印製T恤的公司，開始生產印有「賓拉登萬歲」字樣的運動衫。胡達幫助一名前聖戰士開創魚類養殖事業，但嚐過軍旅生涯緊密的同袍之情後，這人覺得養魚的日子太寂寞了。

胡達說，餐飲領域就成功多了。在這一行，前聖戰士可以在團隊中工作，為任何一位進門的顧客提供食物。曾在菲律賓南部為莫洛伊斯蘭解放陣線（Moro Islamic Liberation Front）作戰的前武裝分子馬哈茂迪·哈里歐諾（Machmudi Hariono）——大家叫他優素福——是胡達輔導過最成功的餐飲創業家之一。二〇〇三年，他因為在印尼三寶龍（Semarang）的藏身之所被發現攜帶爆裂物而被捕。入獄前兩年，優素福被單獨監禁在黑暗的牢房中。後來，當他獲准跟其他囚犯互動，他受到獄友敬重，因為身為恐怖分子享有一定的威信。但是同組織的戰友沒有一個人跟他聯繫：「我為組織付出一切，但當我需要他們，當我受苦受難，來看我的只有我的哥哥和媽媽。」

在他的十年刑期中，優素福只服刑五年半。出獄後，他決心打造新的生活，脫離往日的組織。胡達介紹他到一家餐廳煮鴨子，並在兩年後協助他在索羅開一家名叫「牛排廚房」的餐館。二〇一〇年，《時代》雜誌採訪胡達和優素福，在報導中表示胡達「擄心」優素福。「優素福對他之前的人生毫無悔意，」記者漢娜．比奇（Hannah Beech）寫道，「他最近根據一種受歡迎的突擊步槍之名，把他剛出生的女兒取名為阿瑪萊特（Armalita）。」上完夜班後，他靠著閱讀有關菲律賓聖戰的書讓自己放鬆下來。文章以他的話作為結語：「我想要再度作戰，」他第一次直視這位美國女記者的眼睛說，「那是我的熱情所在。」[22]

我在YPP研討會遇見優素福時，他溫暖、風趣，遠比《時代》雜誌描述的那個「下巴緊繃、眼神警惕」的傢伙放鬆得多。他有小扒手道奇的氣質（Artful Dodger；狄更斯小說《孤雛淚》中的一個角色，是個健談、慧黠而狡猾的人物），跟我開玩笑說要去申請簽證，到英國看看他最愛的曼城（Manchester City）足球隊踢球。他透過WhatsApp傳給我傳歡樂的訊息：他的五歲孩子在槍展上舉起AK-47的照片；優素福站在朋友的橘色吉普車旁的快照，標題寫著「007，詹姆斯龐德」；還有他的一段短片，有點古怪的是，背景是以《頑皮豹》為主題。

那八年發生了什麼？我問他。

這名四十二歲男子說，他做飯、打掃、為別人上菜的牛排廚房，大大幫助了他洗心革面。餐廳工作迫使他拓寬自己的世界觀。「聖戰組織教我仇視跟我不同的人，但透過餐館，我學會結交新朋友。就算他們不信神，你也得為他們服務。」基督徒會來這家餐館，印尼華人也是；後者是聖戰組織教他們辱罵的另一個少數族群。一天，一個自稱恐怖組織受害者的人走進來。優素福說，還有一次，曾經逮捕他的警察來吃肋排，他們最後有說有笑。從前組織的成員也偶爾上門，暗示優素福應該重新投入聖戰。「如果你喜歡好玩的玩具，別光買玩具槍，」一名老戰士尖銳地說，「買真槍實彈。」但聖戰組織愈來愈常轟炸平民，而不是在戰爭中對抗其他武裝部隊，對於這項日益增長的趨勢，優素福深感不安。當聖戰士問他在做什麼，他會堅定地回答，「我現在是個廚子，那是我的工作。」

優素福計畫在研討會結束當天，帶一小群前戰士到朋友的大廈公寓過夜。「以前，他們會認為公寓太過奢華——屬於異教徒，」優素福說，「我想拓寬他們的視野，或許，他們會跟其他前聖戰士分享他們的故事，連帶拓寬他們的視野。」

胡達把優素福稱為「我的左膀右臂」。胡達解釋，他的魅力和成功轉型的經歷，有助於吸引其他人加入非營利的行列。「就像多層次傳銷，」胡達笑著說，「會員拉會員。如果你有一個他媽的好故事——而優素福恰好有一個——你就能激勵其他人。」

胡達在會議上使用的全球品牌與商業術語，令我感到有些窘迫。起初，我料想那純粹是因為我從骨子裡瞧不起「多層次傳銷」和「個人品牌」這些詞彙。作為曾經的英文系學生，我本能地厭惡全球商務的專業用語。但在創業課程中，看著前激進分子如此專注聆聽並急匆匆地做筆記，我意識到我應該克服自己：在全球化的世界裡，這些時髦術語不過是敘事語言的一部分。在一個被科技縮小了的星球，完全相異的實體——好比全球企業（如麥當勞和蘋果）與激進組織（如蓋達組織和ＩＳＩＳ）——全都在尋找能讓他們的觀眾產生共鳴的方法。商業網站上充斥著「講述品牌故事」的建議，極力主張好的故事比枯燥的數據更能有效贏得顧客的忠心。

研討會最後一天下午，氣氛非常活絡，這場軟性而微妙的實驗產生了觸摸得到的脈動。在胡達團隊的一點點幫助下，聖戰士和烏斯塔德共同建立了屬於他們的WhatsApp群組。有志從事電影工作的前激進分子，可望獲得一個多媒體平台供他們上傳影片。扎基做好計畫，打算成立由前聖戰士組成的救援組織。每個人的最後一個鐘頭都在擺姿勢拍照和交換電話號碼中度過。「胡達，」一位年輕的與會者宣布，「是神特別訂製的產物！」

看著人們鬧哄哄地擁抱、閒聊，這場研討會產生了奇妙的喜悅感受，令我大為驚嘆。與明尼蘇達的迷你公民課或丹麥官方的父權主義相比，這場研討會更大膽；它為與會者注入了樂觀精神，讓他們感受到無限可能性。打亂聖戰士的社交網絡，並將吸引他們投入戰鬥的動力導向主流活動，是「激進」這個詞最積極的意義。胡達的專案更豐富地回應了他們對冒險與歸屬感的渴望。

我似乎也改變了。一星期前，我還在擔心跟聖戰士訂同一家旅館是否明智，現在，我發現自己開口詢問一位前ＩＳＩＳ支持者，能否帶我看看他和昔日聖戰士夥伴參加的《古蘭經》研習班。他欣然同意；有幾分鐘時間，我認真考慮跳上他的摩托車後座，騎車七小時去見他的

ＩＳＩＳ老友。一場為期三天的研討會可以產生強大的效果。

一天將盡，我站在電梯裡翻閱蒐集來的名片，想著能否找到地方快速吃份咖哩麵解決晚餐。就在電梯即將關門時，斬首者哈桑努丁走了進來。

「電梯向下嗎？」他微笑著問。

我點點頭，胃裡的結愈來愈緊，膝蓋軟綿綿的，有種詭異的液態感。

我們無言地搭著電梯，直到他問，「妳在印尼玩得開心嗎？」

「開心，」我尖聲說，「非常開心。」

假如我的思維像個稱職的記者，我會跟他深入交談。按我這一行的規則，我起碼應該請他喝杯咖啡，問問他為什麼做了他所做的那件事情。和其他聖戰士一樣，他必定也有母親，也有自己的成長背景。他的背景故事或許有助於解釋我只能以邪惡形容的行徑。事實上，假如他真的棄絕暴力，那麼他的改變，會比一個只不過拿起槍、隨著其他鄉親一起加入組織的人的改變更令人驚嘆。我當然應該設法挖掘內幕。

我沒有。我為理解所做的實驗已達到極限。觸碰這條底線令人不安，也違背我一貫的信念。直到現在，我仍然不完全明白我為什麼無法寬恕這個男人的罪孽，即便只是稍微放鬆態度。莫非因為他的受害者是十幾歲的少女？因為他的罪行可怕到難以想像？還是因為整起行動計畫得太過周密？我無法勉強自己審視他的動機，也不想知道什麼原因導致他成為殺人兇手。我被嫌惡感淹沒，生生澆熄我的理解意願。而我覺得，當我拒絕為哈桑努丁賦予人性，我的部分人性也受到傷害：它遏制了我對事物感到好奇、聆聽，以及為無法辯護者尋找抗辯理由的能力。

電梯門開了。我的心臟撲通亂跳，手心冒汗。我結結巴巴地告別，然後快步走開。胡達深信一個「他媽的好故事」可以改變人們的想法，但我不相信斬首者會有足以改變我的想法的好故事。所以他依然維持我初見時的原樣：一個禽獸。

失去信仰

胡達深諳故事的力量，尤其是因為ＩＳＩＳ非常善於利用故事誘拐新成員。我在胡達的研討會上遇見的印尼少女阿菲法，就是曾對伊斯蘭國承諾的烏托邦未來深信不疑的信徒之一。（由於害怕遭ＩＳＩＳ追隨者報復，她要求我以化名稱呼她和她的家人。）作為剛剛從拉卡返國的人，她在與會的前激進分子之間享有一定的知名度。她在研討會課程上風趣而直率，休息時則遊走會場到處自拍、結交朋友，擁有超乎想像的自信與魅力。

有更多證據證明她的人格力量：年僅十六歲的她說服家族二十六名成員離開印尼，移民伊斯蘭國。阿菲法的家族富裕而成功，沒有人對民主或印尼政府有任何不滿。事實上，她的父親是一名高級公務員。然而不知道為什麼，透過伊斯蘭國的文宣和群體思維的壓力，這個家族說服自己相信他們需要離開。他們的地位、人數，以及一名十幾歲的少女說服他們離開的事實，在在令他們的案例非比尋常。然而，伊斯蘭國的誘惑——以及他們的幻滅——遵循了一定的共同模式。

一天晚上，ＹＰＰ研討會當天的議程結束之後，我看見阿菲法和她的姊姊屈身湊在一台可攜式印表機前，影印他們家的房屋權狀。十九歲的阿菲法戴著亮眼的橘色頭巾，神采奕奕，二十歲的普特麗則是一身黑色，神情肅穆。她們看著印表機吐出紙頁，然後無奈地把文件堆疊起來。他們家擁有那棟房子已經幾十年了，不過由於需錢孔急，女孩的母親薩拉決定賣掉它換錢。短短三年前，他們的家境還很殷實，擁有好幾棟房產，女孩的父親穆罕默德也有一份豐厚的薪水。不過那個星期，穆罕默德在雅加達法庭受審，被控接受ＩＳＩＳ訓練並資助恐怖組織。

一個富裕且受過良好教育的家庭為什麼會鬼迷心竅地放棄他們在印尼的生活，加入伊斯蘭國？薩拉跟著女兒一起參加了ＹＰＰ研討會，我一再追問她，他們這樣的家庭究竟為什麼想加入伊斯蘭國。薩拉一遍又一遍地告訴我，「因為阿菲法逃家了」。

即便剛剛從飽受戰爭蹂躪的拉卡歸來，而且是三名子女的母親，五十一歲的薩拉依舊是個嫻靜而美麗的女子，平靜得超乎自然。從大學畢業、取得生物學學位後，她在一場慈善活動遇見未來的夫婿穆罕默德；當時，他們在幫忙打包開齋節要用的包裹。兩人都不是在特別虔誠的家庭中長大；她一直到婚後才開始戴頭巾，而在遇見她之前，他並不常祈禱。當薩拉留在家中照顧三名女兒，穆罕默德全神投入他的工作，一步步升到蘇門答臘公務機關的最高層。「他很少待在家裡，」薩拉低聲說，淺灰色的頭巾裹住了她的臉。

回首過去，她意識到自己的生活可能有點寂寞，也許有點空虛。但他們基本上是快樂的，女兒還小的時候，他們會去商場遊樂廳的球池玩耍，隨著孩子漸漸長大，他們會帶女孩們去游泳和打羽毛球。母女幾人會聚在一起背誦《古蘭經》，「但就像普通的穆斯林，」阿菲法說，「不是狂熱分子」。

阿菲法是個意志堅定且早慧的孩子，很小就學會走路、說話。薩拉記得在大約長達四個月的時間裡，她不得不陪伴阿菲法上幼稚園；每當媽媽試圖離開，阿菲法總會扯開嗓門大哭大叫。聰明而固執的阿菲法是中學裡的社交女王、游泳冠軍和優等生。「我很聰明，」她點點頭，眼鏡和頭巾遮不住她閃亮的雙眼和燦爛的笑容，「我是個惡霸」。她已經不記得自己為什麼那麼做，但「我以前會欺負我的朋友，直到她哭了起來」。

到了高中，她逐漸對伊斯蘭教產生濃厚興趣。父親工作太忙，沒時間跟她討論這件事，於是她開始自學，主要是透過網路。她斷定初中時期戴的頭巾太短了，開始戴較長的頭巾。她被指派做一個關於早期伊斯蘭教的歷史課題，對有關七世紀麥地那（Medina）生活的描述深深著迷。哇──**這樣的生活！**她記得自己這麼想，**我必須住在還保留先知穆罕默德遺風的地方！那裡洋溢著正義與和平，人們何其幸福！**

薩拉有個哥哥是一名雅加達商人。他在二〇一四年告訴家人，一個新的伊斯蘭哈里發已在敘利亞宣布建國。「我們當時想，『真的還是假的？』」阿菲法回憶。起初，她並沒有特別在意。但當她透過社交媒體研究這個自封的哈里發政權，很快被網站上的承諾迷得神魂顛倒。聖戰士給出的所有證詞都充滿狂喜。她翻了個白眼，捏起嗓子模仿網上的貼文。「噢，我在這裡非常快樂，這裡有那麼多兄弟姊妹！」「就像先知的時代，我們都應該徙志（移民）。」該網站讓事情聽起來，彷彿移民到伊斯蘭國的人能得到「這個人世間的天堂和來世的天堂，」她說。最動人的是招募人員使用的《古蘭經》經文：「為真主而遷居者，」一條經文說，「將在地球上找到許多住所和充足的物資。」該網站承諾，來到這裡，所有東西——住宿、電氣和醫療——都可免費享用。

阿菲法細細研究移民女性的Tumblr帳戶——例如一個由綽號「天堂鳥」（Bird of Jannah）的ISIS新血撰寫的宣傳網站「旅人日誌」（Diary of a Muhajirah）——找到令人摒息的關於伊斯蘭國日常生活的描述。後來，當我看到這個部落格的螢幕截圖，很容易看出一個無聊的少女為什麼會沉醉於閱讀雄赳赳的戰士過著簡樸虔誠生活的故事：

> 這些人並非目不識丁的文盲。他們許多人出身富裕家庭，在家鄉過著國王／王子般的生活。
>
> 這些人也有慾望和心願，也想和親人一起生活在舒適地帶，和其他人一樣過著「正常」生活。
>
> 但為了真主，他們拋下一切，家庭、財富、青春、慾望和喜好，選擇成為烏瑪

（Ummah；意指伊斯蘭共同體）的盾牌，回應受壓迫的兄弟姊妹的呼喊與召喚。

你瞧，這些人離開舒服的床，睡在戰壕裡。他們吃著乾掉的麵包、喝著微溫的茶，也許早已忘了媽媽的菜是什麼味道。

你看見他們強悍的一面。你是否揣想過，他們也有我們渾不在意的另一面——柔軟的一面？[1]

艱苦的先鋒生活、強勁的虔敬心理和情慾上的幻想，令人陶醉的組合完美地抓住阿菲法這類都市少女的想像。研究年輕人為什麼加入極端組織的人類學家史考特・阿特蘭（Scott Atran）認為，許多人之所以加入ISIS，並不是因為它的暴力，而是因為建立新哈里發的想法本質上是充滿活力且積極樂觀的。他在二〇一八年的訪談中表示，「他們想建立完美的烏托邦社會，」而不是想摧毀文明。他說，ISIS把自己標榜為「光榮的、機會平等的、年輕且生機勃勃的冒險運動」，藉此吸引年輕人[2]。

然後阿菲法開始聽到有關伊斯蘭國實行斬首、鞭笞和祭獻的傳聞。但招募人員向她保證，這些都是假新聞。「不是ISIS做的，而是仇恨ISIS的另一個組織做的，」她記得他們如此勸慰她。她亟欲相信這個美麗的新世界，從沒想過質疑他們。她信任她在Tumblr上認識的這群已抵達「福地」的人，覺得他們的話很有說服力。

對於少女阿菲法，烏托邦的消息正巧在她的大腦準備好接受它的時候出現了。她的前額葉皮質（負責制定決策與評估風險等事宜的大腦部位）還要大約十年才會發育完全。神經科學研究證實——家有青少年子女的緊張家長也同聲附和——無論實際情況如何，青少年往往看見情節發展的最佳結果，遠遠不願意正視最壞狀況[3]。

在家裡，阿菲法開始大力遊說父母移民。到了晚上，在她和十一歲妹妹共用的臥室裡，她會播放伊斯蘭國的孩子在操場上盪鞦韆、在整潔的教室裡學習的影片片段。當時，她的姊姊普特麗在外地上大學，但是當她放假回家，阿菲法會強調ＩＳＩＳ提供的深造機會。阿菲法告訴她，伊斯蘭國需要醫生。如果願意，她們可以上醫學院，甚至上農學院。

比起妹妹，普特麗更安靜、更柔弱，一臉憂慮與警惕。當阿菲法充滿激情地談論敘利亞，普特麗謹慎地回應，「有個哈里發很好，但這不表示我想去那裡，」她記得自己這麼說，「況且，如果那是真正的哈里發，兩三年後就會普及到其他國家。」

阿菲法不想等待。她想起父親穆罕默德，注意到網站上列出不想上前線打仗的男人可以在敘利亞做的十項工作——假如他們還想工作的話。「他們說，『每個人都可以選擇做任何事情，但假如你什麼都不想做，你可以自由地生活，ＩＳＩＳ會養你。』」當阿菲法在Tumblr上問招募人員她的父親可以在伊斯蘭做什麼，他向她保證，「錢不是問題。如果他想從事他在印尼的老本行，他在敘利亞的薪水會更高。」

幾個月來，阿菲法不斷對家人連哄帶騙。她談起哈里發的伊斯蘭法庭伸張的正義。和印尼相比，拉卡沒有腐敗或貧窮。在那裡，來自世界各地的穆斯林有如一家人，共同打造夢想。她告訴父母，由於工作與生活更平衡，全家人可以有更多時間相處，她的父親不再需要像在印尼那樣長時間工作。

當阿菲法告訴我她希望更常見到她的父親，我想起了妮古拉，以及她懷疑拉希德之所以受到吸引，一部分是因為懷念本葉海雅一家在葉門海灘度過的歲月。對某些人來說，伊斯蘭國允諾的樂土，給與人們逃離永無止盡的競爭的希望。「想想看，誰不渴望不必朝九晚五工作？」妮古拉曾經問我，「誰不想要在工作、家庭與生活之間取得更好的平衡？撇開意識型態不談，這些組織的宣傳手法跟鼓吹你搬到法國南部的電視節目有什麼區別？」拋下永無止境的競爭，享受《古蘭經》允諾的天堂樂事？在網路上，伊斯蘭國承諾了最理想的狀態：回到未來，融合了對單純時代的懷念以及有關天堂的承諾。

這種千禧懷舊——回顧黃金歲月，期望再現榮景——的案例有許多。川普總統誓言「讓美國再次偉大」；在英國，支持脫歐的民眾要求讓英國人「收回控制權」。若說這些口號是以懷舊為主軸，ISIS的文宣甚至承諾更多：恢復伊斯蘭世界早期的輝煌——並建立一個美麗的新世界。成立新社會是ISIS宣傳策略的支柱，安全分析師查理・溫特（Charlie Winter）在二〇一五年的報告中寫道，「對於那些渴望開槍的人，加入『哈里發』不僅僅是一項功績——投入伊斯蘭國的理想事業，被視為是參與神在地球上的計畫的方法。其中有類似開疆闢土的誘惑；還沒有下定決心的支持者，被成為烏托邦『開國元勳』的前景所說服，決定移民並投入。」[4] ISIS的宣傳家令人想起十九世紀的「昭昭天命」（Manifest Destiny）的支持者；後者主張，是上帝與天命在背後推動美國人向西征服整片大陸。

阿菲法顯然夢想著新的疆域，聽著她，我納悶自己為什麼對人們受「生活型態」吸引而加入哈里發的故事感到興趣。我如此關注加入激進組織的個人因素，是否輕忽了真正的政治問題的重要性？現在想想，我把焦點放在新成員的少不更事，似乎也同樣存在問題。的確，恐怖主義是年輕人的事業，大多數戰士的年齡在二十多歲到三十多歲之間，大多數領袖則是三十多歲或四十來歲。但我首先把ISIS新成員看成青少年，看成母親的孩子。將焦點放在年輕追隨者而不是堅定的領袖，是否拐彎抹角地否定了他們嚴肅的政治態度或虔誠的宗教信仰？

我從書寫這些新成員的年輕和天真開始，因為這能為那些往往被視為禽獸的人重新賦予人性。但這樣一來，我無異於接受了另一種主流說法，認為激進組織的動力源於情感，而不是正當的異議。在CNN報導伊斯蘭國透過社群媒體以榛果巧克力醬Nutella和小貓的照片吸引年輕女性後，評論員準確地點出這些新聞報導背後潛藏的性別主義和文化優越感[5]。一項有關ISIS女性新成員的研究《效法花木蘭？》，列出女性說她們之所以加入的三大原因：她們覺得烏瑪（即全球穆斯林社區）遭到攻擊、她們希望建立哈里發，以及她們相信這是她們作為穆斯林的責任[6]。

拒絕將新成員的話照單全收，這究竟意謂著什麼？對於根本原因的探索，是否不僅否決了人們的政治和宗教信仰，也低估了他們的能動性？藉由關注可能將人們推向暴力組織的脆弱人性，我微妙地附和了恐怖主義是「弱者的武器」的陳腐主張。正如吉漢．阿克桑（Cihan Aksan）和強．貝爾斯（Jon Bailes）在《強者的武器：談美國國家恐怖主義》（*Weapon of the Strong: Conversations on US State Terrorism*，暫譯）中所言，將恐怖分子描述為「國中之國〔sub-state〕的**亡命之徒**，因為力量與資源有限、只能訴諸無差別且可怕的暴力行為」，讓強權者得以躲避審查：「所以，假如你恰好擁有政治正當性、掌握一支裝備精良的龐大軍隊，並且能影響國際事務，你就不能被稱為恐怖分子」[7]。

阿菲法整天瀏覽ISIS的宣傳網站，課業成績因而受到了影響。她以前是全年級第二名，現在則需要補課。朋友們注意到她的改變。「阿菲法怎麼了？」她們問，「她突然變得好懶。」但和敘利亞的榮耀相比，學校課業顯得微不足道，日常生活也乏味至極。

阿菲法急著籌措旅費，於是參加攝影比賽爭奪獎金。她沒有獲勝，但當她讀到和她同年紀的英國和法國女孩獨自出行，她決定不等家人或經費。她的母親拒絕把她的護照交給她，阿菲法不知道該怎麼做，但她有一天放學回家，裝滿行囊，離家出走。她在大門口留下一張字條給父母，上頭寫著：「我們必須去敘利亞，我們必須徙志，」薩拉回憶道，「請幫我辦理輟學的一切手續。只有在提出你們已這麼做的證明文件後，我才會回家。」

這招奏效了：隔天，薩拉在阿菲法的輟學申請書上簽了名。當朋友跟她打聽原因，薩拉說那是因為阿菲法想成為創業家——一個不需要高中文憑的職業。她告訴校方人員，她的女兒將在家自學。

聽著這個故事，我漸漸明白，為什麼某些專家對於政府以理性、精心策畫的訊息和神學辯論為主軸的反極端主義策略抱持懷疑態度。對於那些追求冒險或更有意義生活的人，以「溫和」的論點——不論透過政府認可的伊瑪目或網上的反對言論——來反制極端組織的吸引力，根本沒用。

對於跟激進分子講道理的做法，妮古拉的懷疑態度得到認知科學家納菲斯．哈米德（Nafees Hamid）的驗證；後者研究了極端主義思維模式的神經科學。哈米德在巴塞隆納自治大學（Autonomous University of Barcelona）主持兩項實驗，衡量「神聖價值觀」——人們極其珍視以至於不受物質利益影響的價值觀。他召集該城市一群支持蓋達組織分支機構「虔誠軍」的巴基斯坦移民。他們填寫問卷，只有回答贊成武力聖戰以及對平民施暴，並表示願意為了支持他們的價值觀而親自採取暴力行動的人，才有資格參加實驗。[8]

仔細列出每位受試者視為神聖的價值觀之後，哈米德將他們送進腦部掃描儀進行fMRI

（功能性核磁造影）檢查，測量腦部特定部位的血流量。在掃描儀中，他們的頭部上方閃現一連串語句，例如「穆斯林國家應實施嚴格的伊斯蘭教法」，以及「所有穆斯林國家應由單一哈里發取代」。研究人員給受試者一根搖桿，要求他們針對自己對每個句子的反應給分，從意謂不受影響的一分，到表示他們願意為之而死的七分。接著，他藉由測量血流量，檢驗腦部哪些部位最活躍。對於非神聖價值觀，他發現大腦的邊緣系統（掌管情緒的部位）和負責控制反思、自制和抽象思維的部位都亮了起來。但觸及神聖價值觀的語句——受試者願意為之奮鬥或犧牲的東西——只啟動了掌管情緒的部位；血液沒有流向處理邏輯和理性的區域。

哈米德認為，當一個人將某個價值觀視為神聖，企圖透過心平氣和地閱讀《古蘭經》經文跟他們講道理，或者指出一個憑空出現的哈里發動機可疑，無異於浪費時間。這麼做，可比拳擊手「朝對方的影子揮拳，希望這樣能傷人，」他進一步闡述，「你打不到人的。嘗試使用理性或邏輯，你甚至沒有啟動相關的大腦部位。處理那類訊息的大腦部位甚至沒有開機。」

對於阿菲法在社群媒體上向ＩＳＩＳ招募人員提到的一切家庭問題，他們都給了解決辦法。薩拉哥哥的生意欠債。ＩＳＩＳ會幫忙清償。一個姨媽的脖子上有個增生物，沒錢在印尼治好。ＩＳＩＳ會為她免費治療。姨媽的兒子有嚴重自閉症，而且無法走路。ＩＳＩＳ會為他提供免費的醫療服務。

一週週過去，親戚們漸漸找到令人無法抗拒的移民理由。阿菲法的祖母開始大力擁護徙志。她說她已快要走到生命盡頭，想生活在《古蘭經》稱為黎凡特（Levant）的「有福的沙姆」（Blessed Shaam），全家人圍繞身旁。「況且，」薩拉記得她說，「要是我的孩子都去了敘利亞，誰來照顧我？」

渴望在家人環繞之下辭世的祖母，為有特殊需求的兒子尋求協助的母親，希望得到父親關注的女兒——這些都是附加在加入伊斯蘭國的非凡計畫之下的平凡需求。這個白領階層的中產家庭已找到實際理由為他們的徙志辯護。這個案例令人想起，正如激進主義專家約翰・霍根（John Horgan）所言，並非所有激進分子都會捲入恐怖主義，也並非所有恐怖組織的支持者都抱持激進的信念[9]。

薩拉和穆罕默德終於鬆口了。阿菲法打電話給姊姊普特麗，告訴她全家人都要離開的消息。普特麗是在英文考試當天接到電話的，那是她該學期的最後一項考試。她不想走，但害怕不走的話會陷入困境。「我還是個被寵壞的小孩，」她低聲說，「我不知道怎麼找工作。我還得靠爸爸媽媽養我。如果他們把我留在那裡，我就孑然一人了。」

薩拉和穆罕默德賣掉房子，全家人花了幾天為這次旅行購物。「我們買了新鞋子，」阿菲法晃動穿著七彩運動鞋的雙腳開心地說，「新衣服！新背包！」

她描述這些準備工作，語氣就像任何一個青少年在追述暑期度假之前如何瘋狂購物時那樣歡欣雀躍。

儘管我花了許多時間採訪各個家庭成員，我依然無法理解薩拉和穆罕默德最後為什麼投降。父母怎麼能被他們的十六歲小孩說服去追逐她在網路上發現的夢想？假如他們窮困、絕望或者沒受過教育，甚至只是非常不快樂，我還能理解。但他們不是。在我看來，他們頂多只有大都會中上層階級的輕微倦怠感。

我數度以母親對母親的角度，試圖跟薩拉交心。「我知道面對一個固執己見的青少年是什麼感覺，」我說，「我的女兒妮可是家中最小的孩子，但她絕對是最有決心的一個。我們夫妻和她的姊姊在小事情上都很好說話，所以每當我們決定，好比說，上館子吃披薩或印度菜，妮可通常能得到她想要的……」

我的聲音愈來愈低，沒有繼續說出我當時的想法……**但是當涉及重大問題，大人便掌握了大局。賣掉房子加入伊斯蘭國？你們到底在想些什麼？**

「我擔心阿菲法再次逃家，」薩拉簡單地說，「我沒辦法再經歷一次。」我不知道究竟是內疚、壓抑或者純粹出於我們之間的文化差距讓薩拉如此沉靜，彷彿她站在厚厚的玻璃板後面看世界。當說起她的青春歲月或阿菲法的童年，她的整個表情生動起來，詳述一切瑣碎細節，彷彿只有那些日子才是真實的。而當談起拉卡，那似乎只是她人生的一個注腳，只是她碰巧曾經短暫做過的一件事。

假如你足夠害怕你會失去自己的孩子，我猜你什麼都願意去做。而在這個案例中，還有其他強大力量逼迫薩拉和她的丈夫離開：隨著時間推移，其他親戚開始找到徙志的正當理由。當我細細思索，這個家庭的離開決策，和其他許多集體加入ＩＳＩＳ的人沒什麼不同，都是群體思維的受害者。激進化通常發生在一小群想法相同的人成功說服彼此相信一個捏造的事實，以至於最後使極端看起來再明智不過。

心理醫生兼反恐專家馬克・薩格曼（Marc Sageman）提出的「一伙人」（bunch of guys）理論，認為友情與親情是相互激進化的關鍵，一小群人自成一個天地，激發成員之間的群體思維[10]。當然，青少年特別容易慫恿彼此變得愈來愈激烈。和明尼亞波利斯的阿布杜拉・尤瑟夫一樣，在卡加利，克麗絲蒂安的兒子達米安也是在加入年輕人的緊密圈子——不論是打籃球還是研習《古蘭經》——之後，被說服前往敘利亞。他們唆使彼此買機票，飛往帶領他們走向榮耀的戰場。克拉克・麥考利（Clark McCauley）和蘇菲亞・莫斯卡連科（Sophia Moskalenko）在他們開創性的激進化研究報告《摩擦：激進化如何在他們和我們身上發生》（*Friction: How Radicalization Happens to Them and Us*）中指出，在緊密的群體裡，現實和邏輯可以被重塑；只要群體共識足夠強烈，就可以「使價值判斷看似客觀，一如大家對哪棵樹最高的問題達成了共識」[11]。

阿菲法的故事提醒了人們，家庭往往是一個獨立的小世界，家人之間彼此增強信念，讓確信的事更顯得十拿九穩。他們在多年的相互依賴中建立了自己的內部慣例與邏輯。這家人不是因為意識型態、憤怒或罣固酮而盲目，而是因為輕信理想主義而被蒙蔽了雙眼。但他們依然發展了一套強化的真理。「我們邀請彼此，」阿菲法說，「首先是我的舅舅、他的家人，然後我的家人，然後我的祖母。另一個表妹邀請了她的叔叔……」一條由血緣、信念與愛鑄造而成的鎖鏈。

「阿菲法向來希望大家齊心協力，」薩拉表示，「親人團聚對她來說非常重要。」

二〇一五年八月，阿菲法、她的姊妹、父母和其他親人離開雅加達，前往伊斯蘭國。這二十六個人的年紀從阿菲法的一歲表妹到她七十八歲的祖母不等。他們先飛到伊斯坦堡參觀藍色清真寺，然後前往位於敘利亞邊境的基利斯。他們在Tumblr上的聯繫人給了他們一個走私客的手機號碼，後者建議，由於他們人數眾多，分成幾批離開比較不會引人注目。阿菲法的一個叔叔和他的家人先走。其他人不知道的是，他們被土耳其警方逮到，被遣送回雅加達。

阿菲法這組人接著離開，他們在夜裡搭計程車抵達敘利亞邊境線。他們在一片漆黑中步行三小時，雙腳深陷在柔軟的土地裡，跌跌撞撞穿越一片西瓜田和其他農田。薩拉跌倒好幾次；阿菲法的祖母被帶刺的鐵絲網劃破了腳。

凌晨三點左右，走私客告訴他們，他們已進入ＩＳＩＳ的領土，阿菲法聞言立刻匍匐地上，親吻大地。幾個ＩＳＩＳ的人接走這群人，把他們帶到安全的藏身之地。這家人稍事休息並禱告，與此同時，官員們檢查他們的行李、拿走他們的身分證和護照，遞給他們合宜的服裝。

「那是我第一次戴尼卡伯（niqab；頭巾與面紗的組合，覆蓋頭部、耳朵和脖子，只露出眼睛），」阿菲法咯咯笑著說，「我的感覺是，『哇！』」

伊斯蘭國的警衛將女人送進宿舍，將男人帶往另一個地方進行他們所謂的「伊斯蘭教育」。女人要到四個月後才會再次見到她們的男性親人。

激進生活的現實面導致幻想破滅，這或許是很常見的事，但正如去激進化領域中的其他層面，實際情況因人而異。激進化專家霍根表示，幻想破滅不見得意謂你放棄了暴力或激進理念，「你或許是一位因理想幻滅而返國的外籍戰士，因為你原本想成為自殺炸彈客，但實際上卻負責清洗靴子。」在《恐怖分子為什麼洗手不幹：印尼聖戰士的脫隊》（*Why Terrorists Quit: the Disengagement of Indonesian Jihadists*；暫譯）中，朱莉·切爾諾夫·黃（Julie Chernov Hwang）解釋，前聖戰分子不斷提到對組織的戰術與領導力的幻滅[12]。阿菲法和她的家人以追隨者而非作戰人員的角色加入伊斯蘭國。但即便對於組織的追隨者，目睹領導層的虛偽也可能埋下懷疑的種子，引發在脫離組織的決策中占據重要因素的質疑與重新評估。

霍根引述關於帕特里齊奧·佩奇（Patrizio Peci）的一則軼事；他是活躍於一九七〇年代的義大利極左翼激進組織赤軍旅（Red Brigades）的一名成員。他之所以脫離組織，是從他去見新的組長卻看到他用麵包刀摳腳趾甲上的污垢開始。「這些都是小事，微不足道，」佩奇說，「但我很擔心。我想，『假如每個人都像這樣，我要怎麼跟他們生活在一起？』[13]」我曾經從印尼的前激進分子哈里斯口中聽到類似的觀點：他渴望從事聖戰，卻被聖戰士汙穢的個人習慣潑了冷水。「清真寺和我們的房間很噁心，」這名二十二歲的年輕人回憶，「我們的衣服非常髒，我們臭得半死。」比不良的個人衛生更令人難以忍受的是，「我們從不善待他人，」他告訴我，「我們從不互道『色蘭』。」

現實可以深深刺傷人，並作為破解宣傳話術的強力解毒劑。這就是政府和感化組織常常熱切希望悔過者講述他們的人生經歷的一個原因。相反的，企圖加入激進組織卻不得其門而入，很可能使他們的理想主義危險地完好無缺；處理過許多恐怖案件的紐約資深律師史蒂夫．齊索（Steve Zissou）指出：「有志成為聖戰士的人，幻想還沒遭到破滅。」

阿菲法及其家人的覺醒，從他們慢慢發現拉卡跟Tumblr上描繪的天堂完全不同開始。女生宿舍很髒，尤其是浴室。這家人在印尼有傭人，但在這裡，阿菲法得習慣每天做飯和打掃。她原本期待加入一個虔誠的姊妹會，但這樣的姊妹情誼並不存在：宿舍裡的女人性格刻薄、愛嚼舌根子、動不動就吵架，其中一人還是個小偷。他們沒有像伊斯蘭禮儀要求的那樣輕聲細語、注重口德，相反的，宿舍裡的住客似乎總在大吼大叫。有一次，阿菲法走進客廳，看到兩個女人尖叫著拿刀子打架，「彷彿在宰殺牲畜！」正如普特麗用她慣常的輕描淡寫語氣所說的，「他們有憤怒管理問題。」拉卡的其他地方也同樣毫無人道：阿菲法的祖母因為在土耳其邊境被鐵絲網割傷腳而到醫院縫針，但護士對她很粗暴，懶得等麻醉劑生效就開始縫合傷口。薩拉得在老婦人疼得抽泣時抱住她的母親。

網路上讓阿菲法如此著迷的許多承諾，最後證明都是騙人的。該政權大吹大擂的「正義」有兩條路徑，一條專屬於ISIS戰士，另一條則給當地人和非主流成員使用；後者得付較高費用。那裡確實提供普特麗期望的電腦研究課程，但僅限男性參加。

姊妹們受到的不是免費教育，而是求婚。宿舍的女舍監是一名ISIS戰士的妻子，她應聖戰士的請求，安排姊妹們的婚姻。「她來找我說，『這個男人想娶妳，』」阿菲法說，「我大吃一驚。我對那傢伙一無所知——只知道他的姓名和國籍！」她和她的姊妹被很多人求婚。戰士甚至要求她的父親在他的十一歲女兒初經來潮時通知他們。阿菲法和她的家人拒絕了所有人。

宿舍裡的其他女人不斷問阿菲法，她為什麼十七歲了還沒結婚。她們說，保持單身就是在逃避她對伊斯蘭國的責任。「你的聖戰在哪裡？」她們質問。

「我的聖戰，」阿菲法會這麼回答，「並非僅僅在於婚姻。」

這家人在拉卡看到的不禮貌行為，引發他們懷疑伊斯蘭國是否遵循真正的伊斯蘭教法。當戴著眼鏡的阿菲法為了看清市場上的東西而掀開頭紗，宗教警察咆哮著叫她蓋回去。「而且吼得非常大聲！」她說，「『敬畏真主，姊妹，要敬畏真主！』彷彿我們犯了什麼大罪！」

當美國空襲塔布卡鎮（Al-Tabqa）導致大量ＩＳＩＳ難民湧入拉卡，許多戰士強占了公寓與房子。ＩＳＩＳ士兵猛力敲門，假如無人回應，他們就破門而入。於是薩拉和她的女兒們在門上貼了一張字條，解釋先知所說的正確的進門方式，並引用《古蘭經》說明如何獲得進門的許可。她們剛張貼好，某個正在尋找住處的人就扯下字條，闖了進來。

一天，宗教警察逮捕了阿菲法的姑姑卡里瑪，理由是她沒有在她的尼卡伯上戴第二層面紗。在警察局，她被囑咐購買伊斯蘭國所謂的「符合伊斯蘭教法的服裝」。卡里瑪反駁說她不會花一毛錢買衣服，因為《古蘭經》說哈里發的領袖需要為公民提供符合伊斯蘭生活標準所需的一切。警察很粗魯，但他們放走了卡里瑪。

卡里瑪雖然生氣，卻立刻決定施行**達瓦**（即伊斯蘭教育），引導ＩＳＩＳ警察以正確的方式做事。「我們都以為在伊斯蘭國的統治下，人們給與彼此建議是很容易的事，」阿菲法解釋。這家人想，在真正的兄弟姊妹的國度裡，**事情不會太難，他們會聽我們勸告**。

她的姑姑拿著《古蘭經》回到警察局。「你們是執法當局，代表政府，」她向警察解釋，「在真正的哈里發統治下，你們必須免費發放這些衣服，不能販售它們。」

男人們目瞪口呆地望著她。

「更重要的是，」她接著說，「當你們叫別人守規矩，你們應該注意自己的禮貌。你們應該態度親切，語氣溫和。想想先知摩西，他是多麼溫柔地勸告法老——一個對他的子民如此殘暴的人！你們有義務效法摩西！」她斥責他們道，先知穆罕默德和他的追隨者從不利用他人的需求來撈錢，而是免費贈與。她當初在印尼看到的那些ＩＳＩＳ影片——那些承諾在新的哈里發從住宅到衣服通通免費的影片——該怎麼說？

宗教警察並未接受她的勸告，不久後，其中三名警察來到他們家，語氣和摩西的風範相距甚遠。「你們為ＩＳＩＳ做過什麼？」他們質問，「你們只想不勞而獲，而你竟然對我們這樣指手畫腳？」阿菲法嘖嘖地說，他們「非常傲慢」。

這家人對自己訴說的故事，愈來愈顯得虛假空洞。阿菲法漸漸意識到，「哇，這不是真正的哈里發」。當家裡的男人上完為期四個月的「伊斯蘭教育」回家，她變得更加確定。他們由於拒絕上前線打仗而鋃鐺入獄。曾說服父親相信他可以選擇文職工作的阿菲法大為震驚。她甚至去找官員，提醒他們她在網路上讀到的承諾。

「你們家的男人是偽君子，來這裡卻不幫忙打仗，」他們告訴她，「你們家為ＩＳＩＳ做過什麼？你們要求這個、要求那個，但從未付出。」

這家人另外租了一間房子把男人們藏起來，免得他們被迫走上前線。阿菲法的父親和叔伯們很少出門，只要一出門就用圍巾遮住他們的臉，以免被人發現。有一次，阿菲法的叔叔穿過一群人，那裡剛剛有人被斬首處決，這群人就這樣冷眼旁觀孩子們朝屍體丟石頭。

在拉卡待了六個月後，這家人意識到他們必須逃跑，因此開始找人把他們偷渡出去。兩姊妹咯咯笑著對我述說她們的逃生故事，吱吱喳喳地你一言我一語，不時互相打岔來補充或更正詳細情形，一如家人們在講述共同的冒險經歷時那樣。「計畫逃跑並不容易，因為拉卡到處是密探，」阿菲法開始說道，「ＩＳＩＳ的密探偽裝成平民，反之亦然。」他們花了一年時間才找到走私客。他承諾把他們弄出去，最後卻偷走了他們的手機、背包和數千美元。

第二名走私客是個女人。她不斷說邊境關閉了，他們必須等待。她最後跑了。阿菲法說，「我們還沒付錢給她，但這件事讓我們很受傷。」

第三名走私客年紀比較大，是在市場擺攤賣殺蟲劑的一個老爺爺。要被庫德族地區的難民營收容，他們需要在那裡找個保人。他有個朋友或許可以幫忙，只需要美金四千塊現鈔就能搞定。

他事先警告他們，這條出去的路很危險，情況也確實如此。ＩＳＩＳ在地上埋了許多地雷，這個地區到處是密探和狙擊手。當這家人抵達幼發拉底河並設法渡河，他們發現許多漁船都被炸掉了，所以他們原先希望付錢請來替他們划船渡河的漁民們害怕得不敢接這筆生意。他們企圖從橋上過河，但橋也被炸毀了。在走私客家裡住了一夜後，他們終於穿越幼發拉底河，這一次是靠自己找來的四條船。「我的船漏水，」普特麗說，「船上載著六個大人和一個小孩，我腦子裡只想著，『噢，天啊。』」

第四名走私客哈比布開著載貨卡車而來，載他們到敘利亞民主力量（Syrian Democratic Forces）

——一個由庫德人、阿拉伯人、亞述人和其他民族組成、共同對抗ＩＳＩＳ的聯盟——的檢查哨。為了顯示他們沒有敵意，阿菲法在拉卡市場買了幾條白布，朝窗外揮舞。「千萬別忘了帶白旗，」她說。

隨著車子愈來愈接近檢查哨，她看見滾滾濃煙。子彈乒乒砰砰地射中車子，地上揚起一陣塵埃。「我的表哥舉了白旗，但狙擊手也許沒看見，」阿菲法說。這群人只好退回哈比布的家，計畫晚一點再度嘗試，儘管夜間穿越會讓敘利亞民主力量的士兵懷疑這家人是間諜。

哈比布建議所有人把手機留在他家，因為敘利亞民主力量會殺掉任何一個帶著手機抵達的人。「聽起來有點荒謬，」普特麗冷冷地說，「但我們太害怕了，只能對他言聽計從。」

那天晚上，他們再度嘗試逃出ＩＳＩＳ領土，但同樣的，不得不在狙擊手的火力下撤退。「沒見過比你們更難穿越邊界的人了，」哈比布咕噥著抱怨。

隔天上午，這家人第三度嘗試，終於成功抵達敘利亞民主力量的檢查哨。「我們舉起白旗！」阿菲法說，「就像電影裡的投降場景！」

阿菲法感謝真主，一如她在一年又十個月前抵達ＩＳＩＳ領土時那樣。這家人再次被搜身，只是這次查他們的是庫德族人。家裡的女人和男人分開，女人去了一個難民營，在那裡，他們得勇敢面對不曾加入ＩＳＩＳ的敘利亞難民對她們的仇恨。男人進了監獄，被關押兩個月。在印尼外交部協助下，胡達飛來交涉這家人的釋放事宜，替他們申請新的護照，並安排他們搭機返回雅加達。

我在雅加達的一天下午，阿菲法的家人帶我去他們現在租的房子。經過一個半鐘頭的車程，我們抵達一個匆匆打造出來的偏遠郊區。他們告訴我，他們的安全堪憂，因為叛逃者有可能遭ＩＳＩＳ支持者報復。由於擔心遭到跟蹤，我們在離他們家半英里的地方下了計程車。當我們在暮色中走在塵土飛揚的小路上，我問阿菲法對於整件事有什麼感想。

有一瞬間，她內在的光黯淡了。那是四天來，我唯一一次沒有見到她散發極度的自信。「內疚，」她說，「非常非常自責。」她言盡於此，她也只願意說這麼多。她已經把自己推動整件事情的角色封存起來，即便父親入獄的那一星期也是如此。她似乎有一種不可思議的能力，可以撇清自己的責任，轉而把一切怪罪於伊斯蘭國。

她的母親薩拉也一樣。「我很生氣，」當我再次追問，薩拉告訴我她對自己的處境的感受。「ＩＳＩＳ騙了我。他們的所作所為跟宣傳上說的完全不同。他們讓伊斯蘭蒙上了壞的形象。」

後來，長期擔任ＹＰＰ高層主管的荻特．阿里亞（Dete Aliah）告訴我，阿菲法確實非常內疚，甚至曾提議代替父親入獄。那女孩陳情道，他們的出走都是她的錯，所以她應該服刑。法官概不接受，被判處三年半徒刑的父親也同樣無法苟同。

在他們租的水泥塊房子裡，我們坐在逼仄的客廳喝茶配椰子餅乾吃。阿菲法給我看他們家用政府去激進化專案提供的五百萬印尼盾種子資金購買的縫紉機。她和普特麗都不打算重返校園，而是決定專心創業。阿菲法動過各式各樣的生意點子，從烘焙布朗尼蛋糕到銷售化妝品，但目前暫時用有印花或史努比卡通圖案的布匹縫製小錢包，在社交媒體上促銷。

突然，從聖戰士轉型為廚師後成為胡達左膀右臂的優素福從前門探頭進來。這家人從拉卡回來後，胡達派優素福幫助他們重新融入社會。他經常拜訪他們，以至於今天可以完全不拘禮節地一屁股坐上鋪在地上的油布，把一塊餅乾塞進嘴巴，宣稱自己是「這屋裡最帥的帥哥！」——這點無可否認，因為這個家裡現在全是女人。後來，他告訴我他擔心阿菲法的精神狀態和她的信仰，「有時候，她似乎到了想要放棄的地步，」他說，他擔心她不再做日落和夜間的拜禱。

當法官傳喚阿菲法，為她叔叔的案件出庭作證時，優素福協助她進行準備。「我用我自己作為前聖戰士的經歷安慰她，」他告訴我，「畢竟，我曾在自己的審判中提出證詞。」他告訴她，正確的做法就是實話實說。「如果你覺得他有罪，那就說出來。如果你認為他無罪，那也說出來。」他甚至陪她去獄中探望她的父親，並建議後者跟優素福還是武裝分子時的一個老朋友取得聯繫。「我告訴他，『如果你有時間，請找一找我的朋友阿里．伊姆蘭。我在服刑時跟他很熟，』」優素福說，「他是峇里島炸彈客，但已幡然悔悟。」

唯有真主鑒察人心

心是個紅盒子。飛機的黑盒子儲存了容易解讀的明確數據，人心則否。先知穆罕默德知道要確定人的心裡藏了什麼有多麼困難。在關於先知生平的一則流傳甚廣的軼事中，一個非穆斯林戰士在戰場上皈依伊斯蘭教。一名穆斯林戰士認為這人的臨終皈依並不真誠，於是揮刀刺死了他。先知規勸這名懷疑皈依者的穆斯林，問道，「你切開他的心了嗎？」[1]穆罕默德說，唯有真主知道裡頭蘊藏什麼。

我在印尼想起了這則軼事，那時，我遇見的前聖戰士時而令我感到佩服，時而令我慌張不安。他們的故事突顯了人心——以及感化計畫——的不確定性。綜觀全球，法官、假釋官和安全單位無不苦苦琢磨前罪犯的內心世界。他們如何在公眾安全與再次犯罪的風險之間取得平衡？如何在罪孽與悔過之間取得平衡？脫離了暴力組織的人，他們的世界觀真的改變了嗎？即使他們的世界觀未曾改變，假如他們已服完刑期並放下暴力，那麼事實上，誰管得著他們是否改變了世界觀？

在印尼，我見到了一些人，他們在獄中發誓不再跟年少時交往的恐怖分子打交道——但他們並未完全背棄組織的信念。用反恐界的話說，他們已脫離接觸，因為他們已離開組織並且不再煽動暴力。但他們並未去激進化——他們並未完全改變他們與暴力極端分子交往時被灌輸的世界觀。

他們的經歷並非簡潔明瞭的救贖故事，跟TED演說描述的簡明路徑相去甚遠。他們的混亂狀態考驗了我對多元主義的信念，也考驗了我對胡達所謂「一個他媽的好故事」的渴望。

阿米爾·阿布迪拉（Amir Abdillah）因參與二〇〇九年雅加達JW萬豪飯店爆炸案而被判有罪。[2]這起攻擊事件造成九人罹難，多人受傷。隔年，當被問起他是否發誓脫離聖戰，他的回答模稜兩可：「誰曉得心會怎麼決定？一切取決於阿拉。」

八年後，當我拜訪阿米爾，他已獲釋出獄，住在他從小生活的同一個雅加達勞工社區。整潔而粗陋的低矮房子擠成一團，商店牆上坑坑洞洞，這是個在戶外度過大量日常生活的地方。摩托車占滿狹窄的巷弄，鄰居們透過敞開的窗戶大喊大叫，穿著拖鞋和短褲的孩童對著牆壁踢漏氣的足球。

當我見到阿米爾，我問他如何看待政府最近邀請前聖戰士與受害者會面和解的活動。「想法不錯，」他謹慎地說，「但這項活動能否真正觸動參與者的內心，還有待觀察。」有些前聖戰士可能只是為了領取差旅津貼而參加，他說，「我們不能保證他們真的由衷參與。」

阿米爾擁有他一直渴望的軍人體格。他的身材魁梧，和我以及我的翻譯艾卡見面時，他穿著印有柯特點四五口徑左輪手槍的T恤，搭配灰綠色迷彩褲。他非常習慣跟外國記者及研究人員交談，早已準備好瓶裝水和紙吸管，客氣地招呼我們坐下。客廳的牆壁光禿禿的，只掛了一幀裱框的《古蘭經》章節，以及當地航空公司發放的免費月曆。

阿米爾癱坐在我們對面的椅子上，伸長雙腿，彷彿認命地接受審訊，有氣無力地說起話來。作戰是家族傳統，他告訴我們，他的父親和家中其他男性曾一起加入準軍事組織和後來的印尼軍隊，在一九四〇年代起兵對抗荷蘭的殖民統治。阿米爾小時候會在課本的空白處塗鴉，畫出槍枝和軍銜徽章，夢想變得跟父親一樣。

他嘗試入伍，卻兩度被拒，第一次是因為體能測驗沒過，第二次則因為基礎教育考試不及格。他最終落得在飯店的廚房工作，平時跟街坊鄰居踢踢足球。一位朋友邀請他加入一個哈拉卡（即《古蘭經》研習圈），在那裡，話題常常轉向戰爭和聖戰，他開始懷疑軍隊是親身投入戰鬥的唯一途徑。二〇〇一年，蓋達組織襲擊世貿中心，證明聖戰士有能力發動高層級的軍事行動。他沒興趣加入波索和安汶（Ambon）一帶的穆斯林與基督徒內戰，因為那裡的戰士只拿砍刀當武器。「我真正感興趣的，」他說，「是槍。」

他的姊夫介紹他認識一個正在為伊斯蘭祈禱團招募新血的傢伙。阿米爾加入了。歸屬於一個軍事風格的團體令他雀躍不已，更重要的是，這個團體與蓋達組織有聯繫，而蓋達組織因為九一一的成功而在聖戰圈享有崇高聲譽。他還記得他見到該組織首領努爾丁・托普（Noordin Top）的那一天。「我為成為這個團伙的一員而自豪，」他說，「因為每當印尼發生爆炸事件，努爾丁的名字總會出現。」他還認識了阿吉，後者教他用鉀、硫和鋁粉製造炸彈。「你到店裡買這些化學品的時候，」這名炸彈製造者建議，「假如有人問你在幹什麼，就說你要組裝收音機。」

回想努爾丁給他五十萬印尼盾購買炸彈原料的那一天，阿米爾的眼睛亮了起來。他傾身向前，手肘放在膝蓋上，比手畫腳地描述他如何製造一枚小型炸彈：他把火柴頭磨碎，與化學品混在一起製成炸藥，然後塞入原子筆的筆芯。他懷著工匠的驕傲，用指尖展示火柴需要磨得多麼細緻，把混合物塞入筆芯又需要多麼小心。他開開心心地跟組織的另一名成員到荒野中進行測試，享受在聽到爆炸聲響、知道測試成功時，從心底湧出的那股快感。

他從塑膠水壺喝了一大口水，然後往後靠上椅背。一隻壁虎爬牆爬到一半，突然僵住不動。我明白，說故事帶給他的興奮感，絲毫不遜於我聽故事的興奮。後九一一時代，激進組織與媒體的共生儀式趨向成熟，我們正具體而微地上演這個儀式。恐怖分子為媒體製造——或訴說——驚天動地的事件，後者將之發表出來，為恐怖組織冠上惡名，幫助他們吸引更多想參與下一場驚天動地事件的新血，諸如此類。

二〇〇九年七月，阿米爾在雅加達萬豪飯店訂了一間房。幾天後，他的組織派一名十八歲的自殺炸彈客住進去，另一名炸彈客則住進該市的麗池卡爾登飯店。在幾乎同步的爆炸聲中，兩名恐怖分子引爆炸彈，炸死七名飯店客人和他們自己。阿米爾站在萬豪飯店外拿著攝影機錄影，以便透過網路將影像傳回蓋達組織總部。炸彈爆炸帶來了複雜感受。他很高興它炸開了，他們終於成功。透過攝影機鏡頭，他看到人們跌跌撞撞衝出飯店，聽到尖叫聲，聞到嗆鼻的煙味。他跑開了，毫無感覺。「什麼感覺都沒有，」他聳聳肩，「淡而無味。」

炸彈客返回位於賈提阿西（Jatiasih）的安全藏身處碰面，就在雅加達郊區。他們想吃羊肉大餐來慶祝勝利，但明白在市場買豐盛的食物會引人側目，所以他們轉而吃雞肉、米飯、蔬菜配白開水。吃飯的時候，他們開始策畫下一次行動：刺殺印尼總統。

一群好兄弟齊心協力成功執行任務的快感，幾星期後漸漸消退。阿米爾粗心大意地把替自殺炸彈客在萬豪飯店訂房的信用卡收據扔進公共垃圾桶。當警方找到這張收據，他很快被列為嫌犯。在電視上聽到自己的名字時，他第一時間想到的不是家人，而是他的團伙：「如果我被捕，我的組織會怎樣？」然而，在他躲避警方搜查的那幾星期裡，他開始懷疑聖戰的合法性。根據伊斯蘭傳統，正當的武裝鬥爭必須是一場普及的運動，不僅得到先進的激進分子認可，更受到廣大人民擁護。「聖戰應該得到烏瑪——即穆斯林族群——的支持，」他向我解釋，「但是在我躲警察的時候，我意識到我是個被放逐的人。假如我跑到人家家裡要求他們幫助我或窩藏我，他們會害怕。」

孤立的感覺持久不退，他開始納悶自己為什麼決定在印尼——一個以穆斯林為主的和平國家——發動聖戰。假如國家原本就是安全的，假如穆斯林可以自由地信奉他們的宗教，為什麼要擾亂和平？

屋外的巷弄傳來鄰里小孩的叫喊聲和嘻笑聲。

阿米爾在椅子上挪動身體，喀喀地轉動脖子，繼續述說他的故事。被捕那天，他離開家，去了安全藏身之所。屋裡空蕩蕩的，同志們已各自離開。他不知道的是，印尼警方的反恐小組尾隨他到了那裡。他遭到逮捕，經過審判，他被判處八年徒刑，到檳榔監獄（Cipinang prison）執行。他只坐牢五年，不過服刑期間，他的世界觀改變了。他一直以為印尼的其他激進分子會認可伊斯蘭祈禱團的行動，但遇到其他被定罪的恐怖分子後，他發現許多人並不認同以平民為目標的萬豪飯店爆炸案。另外，在加入伊斯蘭祈禱團的那些年裡，他被教導憎惡與政府有關的任何人，用「異教徒」稱呼他們。但當他跟監獄警衛閒聊，甚至跟他們一起祈禱，他開始用穆斯林同胞的眼光看待他們。「他們經常感到困惑，不明白前戰鬥人員為什麼仇視他們，」他回憶道，「他們會告訴我，『我在這裡工作，只是為了養家糊口。』我發現他們跟我們沒什麼不同。」

其他已受到感化的極端分子也有類似的頓悟經驗。前激進分子一次次描述他們的狂熱出現裂縫的那一刻，這得歸功於曾經被他們詆毀為「他者」的人的人道行為。在費城長大的前白人至上主義者法蘭克・梅因克（Frank Meeink），談起他的反猶太思想如何因一位猶太裔家具店老闆的善意而減弱。那人在梅因克出獄時給了他一份工作——儘管這名年輕人的脖子上有納粹卍字符號的紋身，還有加重綁架罪的前科[3]。前聖戰招募人員傑西・莫頓（Jesse Morton）講述一名獄警的善意，如何一點一滴抹滅他對美國政府機關的仇恨。每次輪到這名獄警上班，她都會帶他到維吉尼亞州亞歷山大市的當地圖書館，在那裡，他可以閱讀洛克、盧梭和啟蒙時期的其他哲學家。研讀這些人本主義倡議者的著作，令他得以超越口號，看見他的信仰的人道核心。

茱莉亞・萊茵特（Julia Reinelt）服務於致力為新納粹分子去激進化的柏林暴力防範網絡（Violence Prevention Network）；她將政府當局的個人善舉——或者實際上是其他激進分子的背叛——形容為某種「刺激」，劃破極端分子視為理所當然的既定信念。「那些都是突然冒出來的小事，因為生活太複雜，不像極端分子描繪的那樣黑白分明，」萊茵特說，「他們遲早會遭遇某件不符合既有藍圖的事情。」

監獄為阿米爾提供了產生這類有效刺激的機會；他和幾名身為穆斯林宗教學者的獄友共度了獄中時光。他們有些人支持蓋達組織，另一些人則是ＩＳＩＳ的追隨者。他選擇跟蓋達組織的神職人員往來，他實事求是地說，那是因為他發現ＩＳＩＳ的追隨者既苛刻又虛偽：「他們太容易把人貼上異教徒的標籤。」他在自己的牢房中反思《古蘭經》中反對殺戮以及反對針對穆斯林同胞的經文。

但影響最深遠的，他說，是閱讀賓拉登的信件。賓拉登在人生的最後幾年，擔心伊拉克的蓋達組織和阿富汗的塔利班這類無差別攻擊的暴力組織，會造成穆斯林同胞對奮鬥目標的疏離。「賓拉登說我們為穆斯林帶來了殺戮，」他告訴我。

有一兩分鐘時間，唯一的聲響是外頭小巷的街頭音樂家唱著當地流行歌曲的婉轉歌聲。

我請我的翻譯艾卡問他我有沒有聽錯。

沒有。「賓拉登死後，沒有任何一名領袖比得上他，」他說，「賓拉登洞徹聖戰的意義。和他相比，我們什麼都不是。」

我覺得我彷彿跑著穿越房間奔向外頭陽光明媚的陽台——卻迎頭撞上一面玻璃窗。那天會面之前，艾卡向我保證阿米爾已經改過自新。在印尼政府眼中，他確實如此：他服完了刑期，並且已放棄暴力。

然而爆炸案當天，九個人罹難，超過五十人受傷。幾星期前，印尼政府舉辦了受害者與恐怖犯罪者之間的和解會議。在那之後，美聯社採訪了二〇〇三年雅加達爆炸案的一名受害者。該男子全身有超過百分之四十五面積的燒傷。[4]我在筆記本空白處匆匆寫下一段話：「可鄙？我應該坐在這裡嗎？應該給他發聲的機會嗎？」

出獄時，阿米爾知道恐怖分子的標籤會跟隨著他。他打算靠重返當地的週末足球賽來克服這一點。第一個星期五很尷尬，他說，「我擔心他們會故意冷落我。」他沒有提起作為恐怖分子的過往，在開始的一年左右，其他人也都避而不提。但是當他靜靜地恢復正常生活，鄰居開始試探地問他為什麼捲入爆炸案。「我把案件始末告訴他們，」他解釋，「我對他們說，儘管後來又有人來找我執行暴力行動，但我保證絕不參與。」

他年輕時的一些朋友依然不願意見他，例如他以前在飯店廚房的同事。雖說如此，他的鄰居和足球球友已不再躲避他。他有段時間開計程車維生，但覺得這項工作太乏味，而且他討厭空調。他現在的目標是成為摩托車送信員，正在存錢買車。

他的母親仍然擔心他可能重回之前參加的聖戰組織。每當發生另一起爆炸案，她總會囑咐阿米爾的哥哥立刻撥打他的手機，確定他沒有參與其中。她老了，阿米爾說，他不想再做會令她失望的事。「孝順父母是件好事，」他表示，「儘管我有時認為我當初的行動是對的，但假如媽媽不贊同，那就失去了意義。違抗母親的行動是得不到祝福的。」

他見過其他爆炸案的受害者，不過，他還不曾跟受他襲擊的被害人會面。現在，他準備好跟萬豪飯店爆炸案的受害者見面，希望請求寬恕。他並不怎麼想念以前在伊斯蘭祈禱團的朋友，反正他們多半已在行動中喪生。當他見到其中尚在人世的少數幾人，他依然會打聲招呼，「免得他們覺得我目中無人。」

他說他在學習欣賞差異，跳脫他作為恐怖分子時期所信奉的絕對真理。在他新家附近的清真寺，人們每天五次禮拜禱告的方式跟他習慣的方式略有不同，但他已漸漸習慣。

他依然熱愛軍隊，但願自己能入伍。現在，他暫時不想參加聖戰，但他不排除未來的可能性。「假如有一天，許許多多人開始加入激進組織，也許吧，」他說，「但我們需要維護伊斯蘭教的形象。如果做壞事，我們不僅傷害自己，更傷害我們的信仰。」

離開時，我摸摸阿米爾的小姪女的下巴，並祝阿米爾順利存到錢買摩托車。兩個動作都是由衷的：這孩子很可愛，搖搖晃晃走來走去，咯咯笑著揮舞玩具手槍。我希望阿米爾人生順遂——特別是因為我知道他如果過得好，就比較不可能重回從前的組織。但我不知道我的感受是否符合道德。他協助殺害了無辜的人，冷靜地站在對街看著他們被炸得支離破碎。儘管阿米爾有一段不堪的過往和醜惡的政治信仰，但至少就目前來看，他似乎是個相對無害的人。他對蓋達組織的支持令我不安，正如他承認他之所以跟早先的行動保持距離，一部分是出於對母親的尊重。儘管如此，這個佯裝百無聊賴的男人似乎已擺脫過去的暴力。他已服完刑期，在印尼政府眼中，他掙得了自己的自由。

艾卡和我走到大馬路，坐上了計程車。我有一點洩氣，因為阿米爾的故事並未帶來精神宣洩的純粹滿足感。記者天性令我本能地渴望快樂結局。但回頭想想，我納悶在我們這次不怎麼重視結論反倒更重視坦誠的會面中，是否存在更多的價值。

也許是因為鄰里孩童的好奇目光，也許是因為我的背包在狹窄巷弄裡顯得笨拙，也許是因為我在這裡的採訪大都需要艾卡幫忙翻譯，我略略覺得自己無助得像個孩子。無論如何，身為美國人的自我意識突然席捲而來。那是好的：做得對的話，所有旅行都應該引發深切的自省。旅人總該在某個時間點將望遠鏡倒轉過來，把目光投向自身的文化。

雅加達是我為了報導這本書，往西方世界之外進擊的第一站。這趟雅加達之行讓我關注到，在我遇到的人眼中，我可能是美國這個品牌活生生的化身。或許對阿米爾或其他前聖戰士來說，我令他們想起美國在伊拉克、埃及、沙烏地阿拉伯及東南亞所縱容、甚至支持的白色恐怖；美國支持的東帝汶鎮壓行動，估計導致該國四分之一人口喪生[5]。「我以前常常看到美國人，而我仇視他們，」一名印尼激進分子在YPP會議上告訴我，「但現在，我懂得如何將政府的行動與它的人民區分開來。」

平心而論，我的某些身分讓我在工作上占了優勢。讓我得以輕鬆進入明尼蘇達法庭和丹麥警察局的白人特權，在這裡也許只會更形放大。也許我被看作是從哈雷機車與蘋果手機國度來的異國使者。

兩種形象都不是什麼好兆頭。如果我只是一個背負著美國包袱的人，雙方相互理解的可能性似乎微乎其微。那就是以美國人為目標的激進分子的邏輯：恐怖分子瞄準的是他們的政治包袱，而不是他們本身。的確，跟已卸下重擔的激進分子會面會更有成效。由於我不再擔心阿米爾會對任何人構成危險，最人性化的做法就是不要將焦點放在他一生中最大的錯誤，而是關注我眼前的這個人：一個正在存錢買摩托車、下一份工作還沒有著落、意氣消沉的男子。當他每週末以足球員身分跟鄰居接觸，清真寺的一位教友幫助他找到重返社會的道路。外國訪客難道不該給他活在當下的尊嚴，而不去計較從前？

憤怒比不安更令人感到痛快。在我前往雅加達的幾個月前，《紐約時報》刊登了托尼·霍瓦特（Tony Hovater）的特輯，他是俄亥俄州的一名白人至上主義者兼納粹支持者，曾參與二〇一七年的夏洛茲維爾集會遊行。文章勾勒出這名男子平淡無奇的日子，形容他是「住在隔壁的納粹支持者……每個媽媽都會喜歡他的中西部禮貌。」[6]許多《紐約時報》的讀者被激怒了，他們認為這篇文章企圖將白人至上主義正常化，因此覺得受到冒犯。反誹謗聯盟執行長喬納森·格林布拉特（Jonathan Greenblatt）批評《紐約時報》，說他們「將異常視為正常」，並且「為沒有人性的人賦予人性」。曾經親身遭受納粹傷害的人，他們的痛苦在網路上顯而易見：「你知道誰有禮貌嗎？」一名推特評論者回應，「把我的威利叔叔剃光頭髮後送進水泥房間，然後跟肺中充滿毒氣的孩童對視，眼睜睜看著他們痛苦地窒息而死的納粹。太難承受？剛剛好而已。這就是書寫納粹的正確方式。」[7]

如果我曾因納粹主義或其他任何形式的暴力極端主義痛失親人，我的反應可能一模一樣。我寧可認為我不會。事實上，我不贊成前述說法。要書寫納粹，你不能從毒氣室的大門開始，而是必須往前回溯，以便看清它如何走到這一步。正如漢娜・鄂蘭的名言，奧許維茲（Auschwitz）集中營的警衛與理髮師真正可怕的地方，就在於他們並非怪物，而是普通德國人。如果我們繼續只把納粹看成納粹，而不追問他們為什麼及如何變成了納粹，我們就會錯失理解的機會。為了避免未來再次出現邪惡行徑，我們需要對驅使人們做出邪惡行徑的力量產生更複雜的理解。

但我們究竟應該和毒氣室大門保持多遠的距離？一九三九年？一九三三年？凡爾賽條約？或者應該拉長鏡頭，模糊掉納粹本身，而將焦點放在背景活動上，例如歐洲數百年來鬧個不停的有毒的反猶太思想？什麼是解讀威利叔叔之死的最佳方式？解讀得太廣泛，你便剝奪了納粹警衛身而為人的自主性與責任。解讀得太狹隘，則會讓他成為毫無人性的怪物。況且，七十五年過去了，你還兀自站在毒氣室門口，裡頭的毒氣依舊濃烈，殺傷力十足。

我不知道在對個人行為的憤怒跟分析導致這些行為的路徑之間，如何取得剛好的平衡。不過，我確實知道我們需要深入挖掘這些被社會視為怪物的人過著怎樣的生活，努力尋找他們和我們其他人的連結，而不僅看看他們為什麼和別人不同。然而不該是在暴行剛發生之後，那個時候的焦點應該放在受害者以及他們所遭受的暴力上。在紐西蘭清真寺遭右翼襲擊的第二天，《每日郵報》的頭條新聞將恐怖分子描述為「長大成為邪惡的極右翼大規模殺手的天使男孩」[8]。這是在文過飾非，也是一項侮辱。挖掘人性的時機很重要：做得太早、太公開或太政治化，就會變成一種宣傳。不過人們終究必須開始探尋。找到一個人在更廣泛的文化、興趣和社區連結上的痕跡，是全世界所有感化專案的基本工具。

將暴力極端分子視為複雜角色的任務變得益發重要，因為他們的許多觀點存在著文化連續性。在仇恨已滲入主流文化的社會，極端組織從他們周圍的主流觀點獲得力量與保護。正如記者謝恩·鮑爾（Shane Baur）在推特發文回應《紐約時報》時所說的：「對這篇文章生氣的人想要相信納粹是我們無法理解的怪物。白人至上主義者是正常而愚蠢的白人，美國自一七七六年來一直是這樣。若是無法理解這一點，我們會持續陷入麻煩。」[9]

將納粹或斬首者視為怪物，會製造一種安全而肯定的假象。但這種安全感是有代價的：我們因而失去了深入研究邪惡獸性的來源，以及它有可能在其他什麼地方潛伏的機會。

「那麼，你喜歡當一名聖戰士嗎？」當扎基——我在YPP會議遇到的急切的準人道主義者——和他的朋友尤迪坐在飯店餐廳即將吃完甜點時，我這麼問道。一支本土樂團正在幾呎之外胡亂演唱《魔鬼走進喬治亞州》（*The Devil Went Down to Georgia*），所以我得大聲嚷嚷兩次才能被聽見。

扎基點點頭，微微一笑，露出一顆稍微發黑的門牙。早在二〇〇〇年代後期，他跟尤迪就加入了亞齊（Aceh）地區的同一個團伙，為伊斯蘭國奮戰。他負責運送武器，尤迪則將武器分發給戰士。現在看著他們倆，很難想像竟是聖戰將他們牽繫起來；他們是兄弟電影的選角導演夢寐以求的古怪搭檔人選。尤迪・祖法赫里有男主角的帥氣外型，高大壯碩，顴骨飽滿，剃了一個時髦的淺色髮型。扎基・穆塔欽臉圓圓的，身材矮小，笑容甜美，髮型是蓬亂的狼尾頭。儘管他已經四十二歲，而且曾經加入恐怖組織，但他給人的感覺像個永遠長不大的小弟弟。YPP會議第一天，我的翻譯指著扎基告訴我他曾是ISIS支持者。當胡達請每個人說說參加此次會議的目的，令我印象深刻的是扎基急切希望跟其他人建立聯繫。「我希望我們在這裡學到的，不會只是我們的一場夢，」他說，「我希望我們每個人都能得到神的賜福。藉由學習社群媒體，我希望不只得到更多錢，還能得到更多朋友。」

尤迪和扎基進出恐怖分子網絡的路徑都很獨特，不相上下。尤迪父母都是高中老師，他從小踢足球，聽著槍與玫瑰（Guns N'Roses）和嗆辣紅椒（Red Hot Chili）的音樂長大。在大學主修政治的最後一年，一個朋友邀請他參加薩拉菲團體在校內主持的一個古蘭經研習班。他的父母並不特別熱衷宗教，所以尤迪對伊斯蘭的理解相當粗淺。但他對不受印度教、佛教和泛靈論影響的純淨信仰很感興趣；那些宗教經常混進印尼的穆斯林習俗中。

畢業後，尤迪白天當公務員，下班後踢足球，並追尋他所能找到的「最純粹的伊斯蘭教」。二十三歲那年，他在激進神職人員阿曼・阿布杜拉赫曼（Aman Abdurrahman）的一群關係緊密的追隨者身上找到了它。由於這群人認為替政府工作的人都是異教徒，尤迪辭去了工作。他不再聽流行歌曲，甚至不再看足球賽。「對聖戰士來說，真理只有一個，」他凜然告訴我，「他們不容忍任何差異。」

他加入了由二〇〇二年峇里島爆炸案策劃人之一主持的伊斯蘭祈禱團支持者組織，開始接受軍事訓練。「我在短短一年內從薩拉菲轉向聖戰，」他說，彷彿在背誦某個陽剛健身計畫的廣告標語。他想起九一一之後觀看雙子星大樓被摧毀的影片片段，臉上浮出了微笑。「在恐怖組織的圈子裡，蓋達組織是我們的典範，」他說。

二〇一〇年，警方逮捕了尤迪與扎基的團伙中的許多成員，每個人都被判刑五年。刑期接近尾聲時，尤迪開始聽說一個名叫ＩＳＩＳ的新組織。起初，他和其他囚犯一樣，不太認真地動了表達支持之意的念頭。不過這時，他看到獄中的ＩＳＩＳ支持者與蓋達組織支持者相互較勁。ＩＳＩＳ的支持者比較嚴苛。他們把任何一個跟獄方人員配合的人都稱為異教徒，即便他們只是在為假釋進行交涉，或者要求在他們的妻子來探監時使用生理需求室以行床笫之事。尤迪說，他們竭盡所能弄髒牢房，好讓警衛拒絕入內。他們認為把獄方人員拒於門外，可以讓他們的牢房——不論多麼骯髒——「純淨」，不受異教徒汙染。曾任公務員的尤迪向獄方人員提議輪替牢房以便清理，這導致ＩＳＩＳ支持者把他貼上異教徒標籤。**好吧，這太過火了**，尤迪心想。

二〇一四年，當伊斯蘭國自封為哈里發，聖戰士囚徒之間議論紛紛，大惑不解。這會是他們可以支持的伊斯蘭國度嗎？看著手機上的ＩＳＩＳ，尤迪斷定它不過是披著一層薄薄的外衣、以虛偽的虔誠掩飾的「野蠻」。「他們砍人們的頭，」他回想，「淹死人、燒死人。他們的暴力程度已不只是暴力——而是野蠻。」

尤迪證明自己是個配合的囚犯，甚至參加政府官方的去激進化專案。當我問起他們是否成功改變了他的觀點，他笑了。「印尼政府沒有清楚的去激進化概念，」他說。

我點點頭，以為他會接著告訴我，在獄中對《古蘭經》教義的反思如何改變了他的世界觀。「真正改變我的，」他接著說，「是蓋達組織的著作。」

尤迪舉起他的三星手機說，它們很容易取得，即便在獄中也是如此。他的服刑期間恰逢蓋達組織試圖將自己定位成比較溫和的團體，不像其新競爭對手ＩＳＩＳ那樣暴力。面對伊斯蘭國靈巧而成功的宣傳手法，蓋達組織改變了。它甚至比以前更努力將它的品牌移植到各地的地方組織，企圖藉由展開社會活動來贏得人心，並勸告它的分支團體不要殺害穆斯林同胞。對尤迪來說，比起ＩＳＩＳ，蓋達組織的新作法似乎合理且靈活得多。它願意接納伊斯蘭四大教法派別之間的差異，並批評ＩＳＩＳ的極端暴力只會玷汙伊斯蘭的形象。「一心追隨ＩＳＩＳ時，我的心胸變得非常狹窄，」他表示，「蓋達組織開闊了我的胸襟，我覺得更自由了。」

去跟伊拉克什葉派教徒那麼說，我心忖，**或者蓋達組織的其他攻擊目標。在九一一事件中失去親人的布魯克林家庭；法國雜誌《查理週刊》（*Charlie Hebdo*）的員工；或者遭蓋達組織的分**

支機構襲擊而喪生的葉門人、阿爾及利亞人、馬里人和巴基斯坦人。

尤迪的「去激進化」概念顯然跟我的有所不同。但它確實反映出我所讀到的：監獄給了暴力極端分子重新思索世界的時間與空間。坐牢可以幫助人們重新回歸主流，或者把他們推得更遠。阿布杜拉．尤瑟夫——我在「書本的力量」章節中書寫的明尼蘇達少年——在獄中與一名白人至上主義者下棋，拓展了世界觀。前白人至上主義者法蘭克．梅因克因襲擊與綁架而進入伊利諾監獄服刑期間，獄中足球隊的黑人隊友幫忙削弱了他的種族歧視。但監獄也可能產生恰恰相反的效果。如果跟錯誤的人關在一起，或者結識了讓你想起戰場榮耀的魅力型招募人員，你會發現自己再度捲入暴力極端主義。

在尤迪的案例中，監獄讓他得以細細推敲他對聖戰的想法。他放棄了走上前線的渴望，但並未放棄他對恐怖組織及其意識型態的理性忠誠。出獄後，他進入印尼大學攻讀政治學碩士學位，該課程令他對印尼政府有了更細微的看法。「有些人只把聖戰士視為恐怖分子，或者只把印尼政府看成罪犯，」他說，「在獄中，我真的只能認為政府是壞人，聖戰士是好人。但出獄後，我決定客觀思考——承認聖戰士也會犯錯，而印尼政府也做過一些好事。」

他堅稱並非只有研究所的學習促進了他的批判性思考能力。「蓋達組織給了我跳脫狹隘思維的基礎，」他說，「以前，如果你的想法和群體相同，你總覺得自己是對的，所有人只有一個消息來源。但蓋達組織叫我們批判性地審視自己的行動，並向許多人學習。」他的盲從生涯已然結束。

「當我在聖戰組織中，我顯然相當狂熱，」他平靜地說，「無論組織叫我做什麼，我都會去做。在獄中，我是蓋達組織的狂熱追隨者。現在，我的腦海中仍然有戰爭的想法，但每次有人邀請我參加聖戰，我寧可審慎以對。我真的必須認真思考，然後問，『戰爭的用意何在？他們為誰而戰？為了什麼理由而戰？是否符合正義？』」建立一個由伊斯蘭教法統治的國家，依舊是他信奉的最終目標。然而，政治學課程讓他知道那有多麼困難。「建立一個國家並不容易，」他明白，「重點不僅在於理想，更在於實踐。伊斯蘭國或許已取得土地，但他們不知道如何對待人民，他們不懂公共政策。」

尤迪告訴我，他有政治野心。我想，他既聰明又八面玲瓏，肯定會成功。他顯然熱衷於權力，這是我那天稍早跟他談論電影時發現的。尤迪最喜歡的電影是《教父》——他明確地說，他喜歡的是第一集和第二集，而非第三集。少了馬龍．白蘭度（Marlon Brando）的角色用他的個人魅力為暴力增添風采，這個三部曲就失去了它的誘惑力。維托．柯里昂先生「很殘忍，但他關心窮人，」尤迪解釋，「他是個誠實的人，只有在別人傷害他時才會使用暴力，並非邪惡到家。」他不像疤面煞星，尤迪補充說，這個由艾爾．帕西諾（Al Pacino）扮演的角色是「純粹的惡棍，純粹的罪犯。《教父》的故事裡有道德和人性。」

「有點像你在ＩＳＩＳ和蓋達組織之間看見的區別？」我問。

「對，我知道，」他點點頭，「沒錯。」

去你的道德和人性，我想。確實，蓋達組織或許花了幾年時間展開魅力攻勢，企圖將自己重新塑造成高貴的耆老，比瘋狂的ＩＳＩＳ更仁慈、更溫和。但我讀過的分析師報告將此描述為辯術的改變，而非心靈的改變。[10]

反恐界許多理論家認為，聖戰分子的思想太保守也太死板，無法重新反省他們的基本原則和政策前提。在我看來，這類主張呼應了東方主義者關於穆斯林世界永遠不會改變的陳腐說詞。這樣的分析或許也低估了聖戰組織的活力。兩位德國分析師的一篇論文指出，賓拉登在二〇一〇年呼籲追隨者進行「腦力激盪」，歡迎大家對全球網絡的運作方式提出「建設式批評」，集思廣益[11]。

尤迪並非認為蓋達組織已經把自己改造成扶輪社。我一秒鐘都不相信它已停止煽動教派分裂、反西方情緒，甚至暴力。讓我問心有愧的，是我自己的篤定：一聽到蓋達組織這個詞，我多麼自然地升起戒心，多麼迅速地排除該組織的立場出現任何演變的可能性。或許，尤迪展現的是我不情願承認的彈性與細膩？

若說尤迪加入聖戰組織是為了追求純粹，那麼扎基就是為了助人而誤入歧途。

扎基的父母在爪哇萬丹的市場擺攤，令人佩服的是，他依然設法進了大學。二〇〇〇年，中蘇拉威西發生地震後，他得到父母允許加入當地的非政府組織，募集藥品、食物和衣服發放給受災的穆斯林。隨著幾個月慢慢過去，當他帶著救援物資拜訪受災戶，愈來愈多人要求他保護他們不被當地基督徒與穆斯林的暴力緊張衝突所波及。

從提供一種援助到提供另一種，似乎只是很小的一步，於是他加入當地的民兵，接下來十年，他接連投入一連串恐怖組織，包括伊斯蘭祈禱團和蓋達組織。他在菲律賓設立軍營，訓練士兵反抗印尼政府。他操作AK-47、AR-15和貝瑞塔手槍——但他跟炸彈劃清界線，因為炸彈會造成太多無辜傷亡。

二〇一〇年被捕後，他被判處五年徒刑。在獄中，他閱讀《古蘭經》，思索所謂正當聖戰的意義，最後認定正當的聖戰應以捍衛受到威脅的穆斯林為宗旨。伊斯蘭國崛起的新聞點燃了他的想像力。終於出現一個致力於振興伊斯蘭教和保護穆斯林的國家！他打電話給一個朋友，請他透過人脈為ISIS招募新血。朋友答應了，成功說服好幾個年輕人前往敘利亞。

扎基出獄後，沒有人願意雇用他。他的妻子以縫製樸素的穆斯林服飾維生，有一段時間，他試圖擔任妻子的助手，但那是個很小的生意，他覺得自己相當多餘。比起回到萬丹跟他從前的社交圈子往來，生活在誰也不認識他的陌生小鎮，住在毫不起眼的住宅區裡，相形之下更安全。不過他很寂寞，迫切渴望工作。當我問他是否想過重回聖戰組織，他苦笑著說：「餓肚子的人沒辦法想東想西。」

曾為ISIS招募新血的罪惡感不斷啃噬著他。他去找荻特，提議重回原來的激進分子圈子，設法導正他們；荻特曾任YPP經理，後來自己成立了一個專門幫助前聖戰士的非政府組織。「我感到內疚，」他告訴她，「我的家鄉現在有大量的ISIS支持者，這是我促成的，我想彌補我犯下的錯誤。」

他想回到從前的哈拉卡（即學習圈），重溫這群人關注的經文，但他告訴荻特，這一次，他要教他們認識「真正的聖訓與古蘭經」。他提議一個月去兩次。

「要做這件事情，你需要哪些東西？」荻特問。

「交通工具、住宿、食物和閱讀材料。」

荻特暫且同意，並設法籌到了經費。

他以溫和的方式引導他們跳脫受ISIS影響的世界觀：「我走進去，直接說，『你們好嗎？好久不見了。』」

然後他會開始談論《古蘭經》如何強調悲憫與仁慈。如果他們還願意聽，他會引述經文。他會告訴他們，大家都夢想擁有一個由伊斯蘭教法統治的伊斯蘭國家，但他們必須實際一點：「假如你用嚴厲的方式去做，人們會接受你嗎？」

他說，設法改變人們的想法是個微妙的過程，需要耐心。「你必須展現良好的態度。假如他們拒絕，你得友善地離開他們。」有些人願意接受，有些人則懷有敵意。「ISIS把我的朋友分裂成兩個陣營，」他說，「極端的人是ＩＳＩＳ支持者，不極端的人則加入我們。」

他和荻特都告訴我，這項工作具有潛在的危險，因為他可能被視為叛徒。在他看來，重回哈拉卡是在為了替ＩＳＩＳ招募新血而贖罪。「我感到內疚，因為我害我的朋友接觸到激進觀點，他們有些人去了敘利亞，失去性命，」他說，「所以我需要糾正他們的極端思想，那是我的責任。」

恐怖分子經常被描述為感情麻木的人。但扎基提醒了我，導致人們走向暴力極端主義的，往往是太豐富的感情，而不是無情。他體現了許多社會科學家所觀察到的：暴力極端分子的同理心高得超乎想像，但只保留給他們的自己人。[12]

幾個月後，荻特寄給我扎基的一段影片；他站在滿地都是連根拔起的棕櫚樹和破瓦殘礫的一片綠色田野中。扎基穿著印有「我們關心」標誌的卡其背心，抱著一具被白布包裹住的小小身軀。荻特說，他回到了萬丹，在海嘯奪走數百人性命後進行人道救援。這次行動是一群已出獄的前恐怖分子的主意，他們聯合起來，走出去幫助民眾。

我在英國，看著手機上的影片，納悶扎基是否會繼續擔任救援工作者，或者會回歸他從前的圈子。出獄後的孤獨，以及難以找到有薪水的差事，或許會令重回聖戰組織變得太過誘人。他的援助工作會變成更激進的行動嗎？沒有人知道，正如沒有人知道阿米爾或尤迪對蓋達組織的仰慕是否會凝結成某件更危險的事情。不過，活在不確定性中，無疑是生活在自由開放社會的代價。

不，我意識到，不止於此。允許不確定性的存在，是自由開放社會的責任。製造沒有被檢驗過惡行的怪物，正如以安全之名把人無限期關押起來，都讓我們得以免除這項責任。印尼正在努力嘗試為激進分子負責，儘管我為此感到不安，卻也覺得這很重要。

繼印尼之後，我申請了前往巴基斯坦的簽證，對我來說，那裡絕對是探究「他者」與「恐怖分子」的製造與瓦解的理想之地。穆斯林「他者性」的幽靈，糾纏著這個國家的建國初期。一九四七年，英國殖民政府劃分這塊次大陸，製造出印度和做為穆斯林少數民族家園的巴基斯坦。近年，它的核武能力以及數十年來的好戰分子問題，已導致美國媒體和軍事將領一再為巴基斯坦貼上「全球最危險國家」的標籤。發生在鄰國阿富汗和喀什米爾的戰爭，意謂著它經常被列為恐怖主義造成死亡人數最高的全球五個國家之一。比較不為人知的是，該國多年來與激進分子打交道的經驗，已為他們啟發出大膽而創新的感化辦法。

大博弈

我的計程車在黃土路上顛簸而行，穿過在沼澤地嗅著綠色浮沫的牛隻，以及一群臨時湊起來玩簡陋板球的男孩。空氣中瀰漫著塵土、牛糞和橘子皮的氣味——一種令人心安的味道，帶我回到了童年。一九七〇年代後期，就在一九七九年蘇聯入侵阿富汗、在這塊地區引發一系列戰爭之前，我們一家人曾住在喀布爾。我的父親是一名法學教授，為當地的司法部長當了一年的顧問。我們家在喀布爾的短暫停留，是我童年時期在亞洲的眾多經歷之一。那些年在海外漂泊，不僅因為父親對穆斯林文化充滿熱情，也因為他罹患了慢性憂鬱症。當他生活在海外，病情沒那麼嚇人；比起家鄉聖路易斯，海外的生活與工作對他來說壓力相對較輕。

對一個住在喀布爾的十歲美國小孩來說，巴基斯坦感覺十足國際化。國務院的牙齒矯正醫生每隔幾個月就會飛來伊斯蘭瑪巴德為美國青少年調緊牙套；我們也可以在集市的攤販買到吉百利（Cadbury）巧克力。我們會開車南下開伯爾山口（Khyber Pass），到白沙瓦（Peshawar）過感恩節，上中餐館吃飯，遊覽佛塔。或者開到更遠的拉合爾（Lahore），到蘇菲神祕主義者的神殿聆聽卡瓦力（qawwali，蘇菲派的宗教音樂）音樂。節儉的父親會在當地天主教堂的招待所訂房間——並非因為我們是天主教徒，而是因為那裡很便宜。修女供應燕麥粥當早餐，每一勺都像在吞嚥乾抹布。接著，我們會沿著塵土飛揚的購物街步行到附近的博物館，吉卜林（Rudyard Kipling）的父親曾在那裡擔任策展人。博物館的藏品以石頭、黏土和顏料證明巴基斯坦的歷史擁有豐富多元的文化與宗教。

二、三十歲時，我常以記者身分重遊舊地。一九九〇年代，拉合爾和喀拉蚩（Karachi）開始出現金碧輝煌的跨國銀行；老舊的雙輪馬車幾乎被汽車全面取代——中產階級開鈴木，有錢人則開閃亮的休旅車。全球化雖然促成了市場開放，卻扼殺了宗教與文化的包容性。齊亞・哈克（Zia ul-Haq）總統的戒嚴法和伊斯蘭化運動耗盡了一九八〇年代的可能性，阿富汗戰爭則帶來了槍枝、海洛因和數百萬難民。沙烏地阿拉伯人到處傳播嚴厲而無趣的瓦哈比派伊斯蘭教義，激發遜尼派民兵鎖定什葉派，並攻擊蘇菲派聖地。基督徒和其他少數族群愈來愈覺得自己深受褻瀆法威脅。有幾年時間，民兵確實控制了這個國家東北角的一塊地區：二〇〇七到二〇〇九年，塔利班成功占領開伯爾普什圖省（Khyber Pakhtunkhwa）的斯瓦特河谷（Swat Valley）。今天，巴基斯坦依然是全球因恐怖主義相關因素造成死亡人數最高的國家之一[1]。

數十年來，激進分子與政府的關係始終曖昧不明。印巴之間的喀什米爾衝突，令激進組織得以趁亂自由行動，人們普遍相信某些組織甚至得到巴基斯坦安全部門的支持。在西方政府的壓力下，伊斯蘭瑪巴德定期鎮壓聖戰組織，九一一以後尤其如此。英國廣播公司二〇一九年報導指出，巴基斯坦官員再次承諾解決激進組織，但也承認激進分子人數太多，無法靠武力全數消滅。政府提出的對策包括：去激進化方案、就業安排，以及「有點古怪的是，」據英國廣播公司報導，「把他們當成某種『準軍事力量』。」[2]

儘管──毋寧說因為──激進思想已嵌入社會肌理，在感化激進分子的工作上，巴基斯坦嘗試了許多大膽而創新的實驗。其中之一是派曼校友信託（**Paiman Alumni Trust**），這是一個非營利組織，總部可憐兮兮地設在伊斯蘭瑪巴德公路底下；這裡是一片塵土飛揚的平原，電線和手機信號塔星羅棋布。那個院落沒有任何標記，因為前來投奔的許多年輕人，都是他們從前團伙的報復對象。

我以艾哈默德稱呼的一名年輕人就是這種情況。他跟妹妹──我稱她薩爾瑪──前來派曼的辦公室跟我會面（兩兄妹要求使用化名）。由於我的記者簽證限制了我的行動，我不能去他們在白沙瓦的家拜訪，於是他們來伊斯蘭瑪巴德跟我見面。艾哈瑪德有濃密的眉毛和鬍鬚，沉靜的外表下藏著濃烈的情緒。薩爾瑪則有一張圓臉和粉紅色的雙頰，用粉紅色頭巾蓋住頭髮，氣質恬淡而從容。他們一起向我述說了他們的故事。

二〇一四年的一天，艾哈默德在街上碰見朋友薩利姆。有幾個外地的朋友來喝茶，薩利姆說，你想來認識一下嗎？當然，艾哈默德說，反正他閒來無事。父親過世之後，他成了一家之主，這表示他可以隨心所欲來去自如，母親和其他手足都管不了他。艾哈默德當時三十三歲，不過由於父親過世，而且只有高中文憑，他很難找到工作。他成天在甘吉莫哈拉（Gunj Mohalla）一帶遊手好閒，那是白沙瓦的一座老城，位於開伯爾山口靠巴基斯坦這一側。

他第一次到薩利姆的家，只是來喝杯茶，順便「哈啦一下」——巴基斯坦人口中最隨意的聊天。兩名訪客留著長長的鬍鬚，戴著用勾針編織的白色無邊帽，顯然非常虔誠。接下來幾星期，「哈啦一下」變成聊一整個下午。兩名訪客似乎真心對艾哈默德感興趣，他們問起他的朋友和日常生活，並評論附近的店家和清真寺。他們有時會帶來水果，這是一種款待。最棒的是，他們有手機——而且不是當地市集賣的那種老舊的黑色款式，而是閃亮的銀色手機，還可以上網。

其中叫伊姆蘭的那個人給他看三星手機上的東西：一場板球比賽，他可以按下按鈕控制場上的小小球員。「試試看，」他慫恿著。於是艾哈默德挑選出他的巴基斯坦隊伍出戰印度隊。他隔天接著玩，在幾個較年長的人聊天時狂按手機。之後一天也是如此。去喝茶、聊天、玩兩三場手機板球遊戲，漸漸成了他的例行公事。

大約一個月後，伊姆蘭說，既然艾哈默德玩手機玩得那麼開心，不妨把手機帶回家一兩天。不僅如此，他還可以用這邊這個叫做 WhatsApp 的綠色小方塊接收訊息，甚至影片。伊姆蘭說，他若是看到艾哈默德或許會感興趣的東西，都會傳送過來。

等等，他甚至會教他如何觀看影片。他現在就傳一段影片給艾哈默德。伊姆蘭從口袋掏出另一部手機，按了幾個按鍵。艾哈默德的手機叮了一聲。「來吧，按那個，」伊姆蘭微笑著說。

突然間，手機上跳出什葉派穆斯林在伊拉克清真寺跟遜尼派穆斯林作戰的血腥影片。然後是另一段影片，顯示什葉派教徒在奎達（Quetta）的俾路支市（Baluchistani）殺害遜尼派教徒；往南方去，該市離他們只有一天的路程。

男人看著艾哈默德觀看影片。太可怕了，他們嘖嘖地說，但是只要有什葉派的地方，這類事情就會發生。這一帶不是到處都是他們嗎？

艾哈默德抬起頭，手機嗡嗡作響，微微燙手。他從來沒有多加思索甘吉莫哈拉的誰是什麼。白沙瓦最古老的城區之一是印度教徒、基督徒和穆斯林的家園。住在狹窄巷弄裡的人不過是會參加彼此的婚禮與葬禮、替巴基斯坦板球隊加油、一起喝茶、偶爾一起吃飯的鄰居。

「即便我們的宗教信仰不同，我們所有人的文化都是一樣的，」艾哈默德說，「也許印度教徒不吃肉，但我們之間沒有太大區別。」回到家後，他經常看到他的姊妹跟什葉派鄰居有說有笑，或者剛從她們在巷尾的家喝完茶回來。管他遜尼派或什葉派，通通都是穆斯林。

穆斯林？伊姆蘭說。不，不，不！什葉派是異教徒——不信者。事實上，真正的穆斯林不應該跟他們有任何牽扯。寧可跟基督徒吃飯，也不要跟什葉派教徒吃飯！跟他們吃飯是十足的禁忌。（「他們從來沒提過關於印度教徒或猶太人的任何事情，」艾哈默德後來指出，「只說起什葉派。」）

由於沒受過多少宗教教育，在這些正氣凜然的人面前，艾哈默德隱隱感到羞愧，因為他從來沒有費心去了解真正的穆斯林究竟意謂著什麼。

他們似乎很樂意教他。接下來幾星期，艾哈默德的手機因接連不斷的訊息而脈動。伊姆蘭傳來什葉派對遜尼派施暴的影片，每一段影片都提示人們有必要在什葉教徒殺害真正的穆斯林之前先殺死他們。他給艾哈默德傳來毛拉（mullah；伊斯蘭教的尊稱，通常指受過伊斯蘭神學與教法教育的人）頒布的教令，說明什葉派是異教徒。他傳來純正的穆斯林女人受什葉派男人侵犯的故事，以及《古蘭經》上一段關於殺死所有不信者的經文。

喝茶聊天的聚會貫穿整個炎熱的夏天，兩個男人不斷向艾哈默德灌輸真正的穆斯林意謂著什麼。他們說，信仰不僅在於信念，更在於行動。他們說，保護虔誠的穆斯林不受那些密謀摧毀他們的人（例如什葉派教徒）所傷，是很重要的事。（「他們在我心裡的一個角落埋下對什葉派族群的仇恨，」艾哈默德告訴我。）

他開始在商店角落或天黑後的公園會見附近鄉親，分享他學到的心得，將兩名男子的智慧傳遞給他的朋友。「我們決定為我們的社區出一份力，」他說，「我們談起他們如何對待我們的女性，所以我們何不對他們的男性做點什麼？」

這是一種古老的盤算，雖然陳腐卻毒性不減：保護「我們的」女人不受憑空捏造出來的他者蹂躪的假想責任。在我自己的國家，凶殘的黑人男子侵犯白人女性的傳說，始終是種族主義的一塊基石[3]。在內戰後的南方，它被用來替種族隔離和反通婚法開脫，也是三K黨以私刑和屠殺發動恐怖行動的主要動力來源。保護「我們的」女性免受凶殘的他者傷害的說法，反映在當今白人至上主義的言論中。驕傲男孩的創始人聲稱英國的穆斯林「經常性侵兒童」[4]，而在紐西蘭基督城屠殺清真寺教徒的恐怖分子，則怒斥穆斯林移民是侵犯白人女性的強姦犯[5]。

長達數個月的教化，全都是為了一個可怕的日子鋪墊。回顧這段時期就像在凝視一個「黑洞」，艾哈默德告訴我。「事情發生之前我好得很，事後我也能變回人。但在那期間？」關於他跟新朋友的談話，他所能記得的就是愈來愈確定自己必須傷害什葉派教徒來保護遜尼派教徒。「我想，這些人做足了功課，」他告訴我。他們鎖定他，因為他是個沒有前途的人，但擁有策畫襲擊行動所需的頭腦和魅力。「我有領袖特質，」他實事求是地說。

整個上午，我聽著艾哈默德和薩爾瑪述說他們的故事，突然想起我在大學讀過的一本書：吉卜林在一九〇一年出版的英屬印度小說《基姆》（*Kim*）。少年英雄基姆是個孤兒，父母是貧窮的愛爾蘭人，但他天資聰穎，稟賦很高：迷人、聰明伶俐、精通南亞和英國文化。他在拉合爾的街頭長大，當時正值十九世紀大博弈（Great Game）巔峰時期，英國和俄羅斯互相爭奪阿富汗，基姆被吸收做了英國間諜。由於工作所需，他經常往來於大幹道（Grand Trunk Road），視情況遊走在他的歐洲和印度身分之間。

正如艾哈默德透過三星手機上的板球遊戲被吸收加入極端主義，為了替英國人服務，基姆接受了另一種遊戲的訓練。在「珠寶遊戲」中，一名英國特工將寶石撒在盤子上，然後蓋住它們，測試基姆能記住多少顆寶石的位置。（今天，「基姆遊戲」被做為一種記憶練習，傳授給學童、童軍和美國狙擊手。）被帝國的亞洲爭霸行動利用完後，基姆崩潰了。參與這場大博弈，令基姆的自我崩潰瓦解。「我從一個地方到另一個地方，就像被踢皮球一樣，」吉卜林筆下的英雄說，「這是個偉大的世界，而我只是基姆。基姆是誰？」[6]

聆聽艾哈默德談起他的「黑洞」，我想起了基姆的崩潰。我不禁納悶，有多少人被引誘為英國的帝國遊戲服務？現在又有多少人被引誘，為當代其他帝國的跨國遊戲服務？有多少人為了某個組織——不論外國入侵者或當地民兵——的集體認同，拋棄了他們的自我意識？這些反叛武裝分子是在抵禦入侵，還是從中獲利？

一個夏日，在他第一次見到這些人大約三個月後，艾哈默德坐在薩利姆家裡，玩著手機上的板球遊戲。伊姆蘭、薩利姆和另一個男人縮在一個角落，竊竊私語。艾哈默德心不在焉地玩著，因為受到排擠而傷心。終於，他扔下手機，走向那群人。「嘿，我也是你們的朋友，」他說，

「你們在討論什麼？你們可以告訴我。」

伊姆蘭和另一個男人互相使了個眼色，露出猶豫的表情。

「拜託，你們可以信任我，」艾哈默德催促道。

沉吟許久以後，非常緩慢地，伊姆蘭讓步了。「好吧，」他說。事實上，艾哈默德或許可以做點什麼來幫助他們保護伊斯蘭。即將出現一個機會，可以為穆斯林雪恥、替天行道、為那些因異教徒而灑下的鮮血報仇。可以傷害不只一兩個什葉派混蛋，而是許多個。記得那些關於殺害不信者的教令和《古蘭經》經文嗎？呃，兩個月後就是穆哈蘭節（Muharram；伊斯蘭曆新年），什葉派教徒照例會遊行穿越甘吉莫哈拉，那或許提供了機會。

每年的穆哈蘭節——伊斯蘭曆的神聖月份——什葉派穆斯林都會重述先知穆罕默德的孫子侯賽因被打敗的故事；侯賽因是什葉派認定的伊斯蘭正統繼承人，在該月十號被遜尼哈里發的軍隊所殺。在不論當地或全球勢力都煽動宗派分裂的族群中，該月的哀悼遊行可能成為緊張衝突的避雷針。

艾哈默德似乎是個足智多謀的年輕人，伊姆蘭說。他會不會恰好有朋友是敬畏真主的穆斯林，同時又具有勇氣？

「我是個非常普通的女孩，過著一成不變的生活，」在那個可怕日子的五年後，艾哈默德的妹妹薩爾瑪告訴我，「我從沒想過要幹什麼轟轟烈烈的大事。」我猜想，她在穆哈蘭節成功完成的任務，幫助她感染了一股沉著而威嚴的氣質。她現年三十二歲，比艾哈默德小六歲，所以她習慣順從他，就像一個聽話的普什圖姊妹。然而，在他第一次把那部花哨的手機帶回家後，她注意到了他的變化。

首先，她記得他總是心情不好，黑色的眉毛湊在一起，眼睛瞇起來，臉頰肌肉緊繃。而且那亂蓬蓬的鬍子並不適合他。更糟的是，他開始說鄰居的壞話。一天，她跟附近的幾個姊妹淘閒聊的時候，艾哈默德闖進來，看了一眼，然後把她叫進另一個房間。「把她們趕出去，」他命令她。她們是什葉派的，不是穆斯林，他說，在他的屋簷底下，誰都不許跟異教徒來往。

「我當時並沒有把他的話當真，」她向我追憶，「那些是跟我們一起分享憂傷和快樂的人。」但當他開始滔滔不絕地念出什葉派鄰居的地址時，她真的嚇到了。「他全都記下來了，」她說，「他會指著它們說，『這間房子，那間房子，這個顏色的柵門，那個顏色的柵門——不准跟他們來往。』彷彿他在監視他們似的。」

薩爾瑪懂得留意極端主義的警告信號，因為她是「同拉納」（Tolana）——普什圖語「攜手」之意——的一員，這是派曼在當地籌辦的一個觀察組織，婦女們聚在一起分享令她們憂心的社區問題，包括投票權到家暴事件。她在派曼的培訓班受過訓練，學會觀察一個人表現出極端主義的早期預警訊號，例如愈來愈具攻擊性或悶悶不樂，心不在焉，或者說出不寬容的言論。個性拘謹、甚至害羞的薩爾瑪，並未給培訓班講師留下特別的印象。但當她走進社區，她大放異彩：她開始訓練其他婦女，向一群人展示如何在看見兒子或兄弟出現怪異行為時質疑他們。「當我在自己家裡見到警訊，我知道我必須做點什麼，」她說。

一天，她無意間聽到哥哥在電話裡低聲討論「穆哈蘭初七」的某件事。她決定向她的什葉派朋友吐露消息。她邀請她的同拉納小組前來參加緊急會議，其中五人屬於遜尼派，六人是什葉派信徒。當她告訴他們，她並不知道詳情，但認為她的哥哥計畫在男人的穆哈蘭遊行中做點什麼，他們全都大為震驚。提醒你們的家人小心，她告訴什葉派婦女。

驚慌失措的什葉派婦女連忙離開，趕著去警告她們的丈夫和兄弟。幾天之內，薩爾瑪聽說當地的什葉派男子密謀聯合起來保護他們的家人不受遜尼派暴力侵犯。突然間，「情況似乎失控，」薩爾瑪告訴我。一開始不過是在分享社區問題，現在儼然成了一場以罌酮素做燃料的地盤爭奪戰。更嚴重的是，招募人員埋下的宗派猜忌開始擴散到男人以外的範疇，蔓延到薩爾瑪和她的朋友身上。突然之間，薩爾瑪發現自己害怕她的什葉派鄰居，「極端思想不僅擊中我的哥哥，」她說，「現在也擊中了我。」

她打電話給派曼的執行董事莫薩拉特．卡迪姆（Mossarat Qadeem），兩個女人一起想出了一套計畫。這對薩爾瑪是有風險的，但假如她能阻止她的社區變成遜尼派和什葉派的戰場，一切就值回票價。知道事情攸關多大的利害，「給了我行動的勇氣，」薩爾瑪說。她們兩人將自己的計畫告訴當地遜尼派清真寺的伊瑪目，後者承諾支持。

加入派曼之前，卡迪姆曾是白沙瓦大學的政治學和性別研究教授。她認為在開伯爾普什圖省，像艾哈默德的招募人員這樣的男人是極端主義的主要推動力量。巴基斯坦一直存在貧窮問題，以及被分心的父母忽略或者沒有機會受教育或工作的孩子。過去幾十年來的變化，就是出現了遍布整個地區的招募人員——照她的話說，一支「非常強大且工於心計的煽動者」大軍，受過訓練來利用貧窮、無聊或失業的人。「無論是誰派他們過來，都是派他們來侵入我們的社區，」她解釋道，「我們巴基斯坦人為他們提供了這麼做的機會，因為我們有這些漏洞，像是地方治理不善，或者欠缺機會或教育。」

對於卡迪姆不把責任——甚至過錯——歸咎於個人或甚至地區，而是怪罪整個巴基斯坦社會放任招募人員如此有效運作，我深感震驚。她認為阻撓恐怖主義的方法之一，就是加強社群的聯繫。那就是她創立派曼的同拉納網絡——遍布巴基斯坦北部各個村落的團體，旨在處理從選民登記到道路安全等社區問題——的原因。同拉納的婦女受過訓練，懂得留意社區中可能預示激進行動的任何信號。「如果你想了解一個社區的治安狀況，」她認為，「問問當地婦女，而不是警察」。

由於這項培訓，薩爾瑪很早就注意到哥哥的壞情緒和變短的褲管。另一名同拉納志願者在一個鄰居家發現了有形的線索——在一個只住了兩家人的房子，曬衣繩上掛了幾十個人的衣服。志願者在那家的廚房看到足以開餐廳的鍋碗瓢盆後，立刻向警方通報，警察突襲這間屋子，發現地下室堆滿了自殺背心和武器。在另一個村莊，當地的一名同拉納成員敲開鄰居的門，看見一整群正在替自殺炸彈客縫製夾克的婦女。帶頭的女裁縫是激進分子的同情者，她付給每人五百盧比。努力一個月並花了一點錢後，派曼得以傳授這些婦女新的技能，並且替他們找到新的客戶。負責招募的女裁縫愈來愈孤立，最後不得不離開村莊。

西方批評家認為，這類社區干預的運作方式，可能過於類似古老的史塔西式*線人制度。曾在反恐會議、聯合國和倫敦政經學院發表演說、講解其做法的卡迪姆說，這類憂慮適足以說明為什麼從草根階層展開預防行動如此重要。由上而下的策略冒著將目標族群推得更遠的風險，正如英國備受爭議的「預防」專案以及美國的CVE（反暴力極端主義計畫）的情況；這兩者都引起穆斯林社區的懷疑。「兩國政府謀劃的方式不過是在火上澆油，」她說，「那是一種監視策略，不是預防策略。他們沒有在社區中製造善意，而是將人們隔在圍牆的另一邊。他們覺得受到懷疑，而不是得到支持。」

在開伯爾普什圖省見到激進分子與他們的社區之間可以有多麼緊密的連結後，她嚴厲抨擊

---

* 譯注：史塔西是東德的國安機構，被認為是當時世界上最有效率的情報與祕密警察機構。

那些認為激進分子超出外交範疇的政治領袖。「種種空洞的談話令我火冒三丈，」她說，「種種關於『噢，不能跟塔利班對談』的憂慮。呃，我們一直跟他們坐在一起，跟他們互動，對付他們！」她蹙眉說，「讓人們產生智慧的是經驗，是接觸未知的事。欸，開伯爾普什圖省這裡出現了未知的事。它跟我們生活在一起。我們已經發展出這些解決辦法；我們可以教導這世界認識暴力極端主義。」

穆哈蘭初七是個十月天，晨間的雨洗落了街上的灰塵。艾哈默德起了個大早，省掉早餐，料想空腹更方便他逃離襲擊現場。就連餓肚子都令人興奮，彷彿他是電影裡的男主角，正在為一項巨大的任務做準備。帶著一顆狂跳的心，他在腦中預演他和他的招募人員兩天前在薩利姆家碰面排練的計畫。艾哈默德原本提議到集市買手槍，但男人們說刀子比較不會引起懷疑。他們決定湊合著使用屠刀，一如異教徒在奎達對遜尼派使用的凶器。艾哈默德和他的朋友完成任務後，應該回到薩利姆家會合。招募人員承諾在那裡等他們，然後帶他們躲到安全的藏身之處。

早上，艾哈默德在附近走動，把剛磨好的刀子發給十一個朋友。他囑咐每個人練習把刀子藏進襯衫袖子裡，左撇子視情況調整做法。大家都知道保持刀面向上、刀柄向下，緊握在拳頭裡。艾哈默德將大夥兒分成三或四人一組，以免招來注意。「機不可失，時不再來，」他告訴他們，「動手吧。」

數百名什葉派男子開始聚集在甘吉莫哈拉的主要街道上。他們身穿黑衣，舉著橫幅和旗幟，準備跟從莫哈拉北部其他社區遊行而來的哀悼者匯合。艾哈默德的人馬走上主幹道，三三兩兩散開，融入人群中。沒有人討論過襲擊後該怎麼做，但他們都同意等待艾哈默德的信號——假如他看見屋頂上有警方的神射手，他會示意大家取消行動。

艾哈默德一邊等待遊行開始，一邊掃視轉來轉去的什葉派人群，挑選他打算刺殺的人選。「我看看哪些人的長相最討厭，考慮攻擊這些人，」他說，「我的心中充滿怒氣，除了敵人，我什麼都看不到。」

那天早上，薩爾瑪和她的朋友也做好了準備。她們穿上黑色的恰多爾（chador）；這是女性哀悼者在穆哈蘭遊行中穿的寬大罩袍。她們用面紗遮住臉孔的下半部，正如她們每次外出到公共場所時那樣。這些婦女將違抗傳統，加入一場全男性的遊行。至少她們的恰多爾能保護她們的名譽。出發前，薩爾瑪吩咐五名遜尼派婦女站在街道的一邊，六名什葉派婦女站在另一邊，讓遊行隊伍從她們中間穿過。「當妳見到妳的家人，摘掉妳的面紗，」薩爾瑪說，「給他們看看妳的臉。」她的計畫是透過違反當地的端莊準則，令她們的男性親屬大吃一驚。她們或許可以藉由分散男人的注意力來阻止這場襲擊。

女人們各就各位，過了一分鐘左右，薩爾瑪看見她的哥哥站在大約十呎外的地方。她摘掉面紗，露出她的臉，直視哥哥的雙眼。「我不知道他會怎麼做，」薩爾瑪說，「我以為他最後會朝我開槍，或至少打我一頓。不過，我起碼能挽救數百條人命。」

艾哈默德震驚得無法動彈，什麼也沒做。「我好像暫時失去知覺，」他說，「我的思緒和我的心散落開來，一切都消失了，我只看到她站在我面前。彷彿人群都走了，馬路上空空蕩蕩。」這份震驚解了招募人員過去幾個月刻意一點一滴注入他身體的毒。他愣住了。他知道他不能在此時此地打她，不能在她的女性同伴的面前打她——她們是某個朋友的母親，另一個朋友的姊姊。「我跟她們一塊長大，」他解釋道，「我無法想像自己打她們，或讓她們看見我打薩爾瑪。」

當他彷彿生了根似地站在原地不動，遊行隊伍隆重出發了。人們舉起他們的旗幟和橫幅準備開始遊行時，他做了「我記得那天做過的唯一一件好事。」他微微搖頭，示意其他十一名男子按兵不動。他們以為出現某種危險，於是放棄了行動。

當時，艾哈默德因為任務被打斷而勃然大怒。薩爾瑪把他拖回家，他在客廳大吼大叫，拿起書本和盤子亂砸一通。她給他倒了一杯水，要求他坐下。他奪門而出，沿著巷子跑到薩利姆的家用力敲門，但沒有人回應。他後來又試了一次，但招募人員和薩利姆早已人去樓空。他們顯然已經跑了。接連三天，艾哈默德拒絕跟薩爾瑪講話。她忍受他的怒火，並把他的三星手機藏起來。她試著給他看《古蘭經》中禁止暴力並要求與其他信仰的人和諧共處的經文。他不肯看。與此同時，她要求當地男性同拉納小組中的兩名成員把他帶到伊斯蘭瑪巴德的派曼，組織內部有專門感化前激進分子的活動。

艾哈默德後來恍然大悟，這項計畫基本上是個自殺任務：假如他和他的朋友確實展開刺殺行動，他們會被困在狹窄的街道上，被或許超過四百名什葉派男子包圍，寡不敵眾，絕不可能活著離開：「我不可能逃過一命，現在不可能坐在這裡。」

薩爾瑪和她的遜尼派朋友至今仍對計畫的詳細內容守口如瓶，這或許是艾哈默德還能活著的原因。「祕密守在這些婦女的家人之間，從未洩露出去，」她說。她知道要維持社區和平，唯一的辦法就是瞞住這場密謀，隱晦不提。「就連街道對面的什葉派婦女都不知道男人們的確切計畫，」她解釋，「假如被她們發現，真正的暴力將無可避免。」

藉由摘掉面紗、露出臉龐，薩爾瑪用上派曼的核心感化理念：讓暴力極端分子想起自身的人性。招募人員透過剝除人們的尊嚴與自我，煽動他們為某個政治目標而施暴，卡迪姆說。「你的自我歸於組織的身分認同，招募人員把你變成一塊乾淨的白板，任由他們隨意書寫。」艾哈默德說他在遇到伊姆蘭之前正常得很，除了或許有點胸無大志、漫無目標。陷入那個「黑洞」——這是他對那六個月的形容——就是在融入招募人員為他準備的集體身分認同：是的，一個遜尼派信徒，但更重要的是，一個齊心協力的十二人團伙中的一員。

小說家穆罕默德．哈尼夫（Mohammed Hanif）對祖國巴基斯坦的觀察極為深刻；我曾在一個文學節上聽他演講。他說，一九四七年，印度次大陸被瓜分開來的時期，在新劃定的印巴邊界附近，發生了許多起強暴案。印度教徒強姦穆斯林，穆斯林強姦印度教徒。男人勸他們的女性親屬在家中投井自盡，以便幫助家人保持尊嚴，甚至保命。但哈尼夫的祖先拒絕了。他們冒險活在地面上，而不是躲進地底下活在必然的羞恥與沉默之中；他們選擇面對反抗的危險，而不是以受害人之姿維持社交上的安全。「巴基斯坦的歷史，」哈尼夫說，「是由拒絕投井的女人創造的。」[7]

薩爾瑪和那天跟她一起上街遊行的鄰居，讓我想起那些拒絕投井宿命的女人。正如違抗分治時期的榮譽與沉默準則的女人，她們勇敢地面對公共生活。她們拒絕讓男性的憤怒造成她們的毀滅。她們抹去驚恐而憤怒的男人費盡力氣在沙上劃出來的界線。

沙卡夫特·馬哈茂德（Shafqat Mehmood）在二〇〇四年創立了派曼校友信託基金會；他是一名退役准將，擁有抖擻的自信心、粗硬的鬍鬚，以及巴基斯坦軍官階級特有的一口上流英語。他的最後一個軍事駐地是俾路支省的奎達，在那裡，他親眼目睹貧窮如何成了激進組織的招攬工具。退役時，軍方發給他一棟大房子。他賣掉房子，用賣房的收益創辦這個非營利組織。

馬哈茂德和他的手下研究蓋達組織、青年黨和博科聖地如何招募新血後，著手建立他們自己的感化方案架構。一開始是個試誤的過程——這是西方絕大多數方案負擔不起的奢侈，因為西方世界受公眾監督的風險以及對恐怖主義的恐懼實在太高。「西方世界的人活在零失誤症候群中，」

准將說。在歐洲和美國，安全的考量造就了不會因新證據的出現而稍做調整的謹慎方案。但巴基斯坦面臨的威脅如此複雜，應付威脅的資源又是如此匱乏，因此有了實驗的餘地。「我們犯過許多錯誤，」他開心地承認。

派曼從那些錯誤中學習，而且甚至從前來接受感化的青年身上學到更多。他們教他不要使用「和平」這個詞彙，因為那會立刻引發激進分子的懷疑：「他們會以為你是拿錢替美國中情局或英國軍情六處辦事的特工。」來自阿富汗和巴基斯坦邊界的年輕人厭倦聽到西方領袖和他們扶持的政府，在金碧輝煌的日內瓦會議廳或巴格蘭（Bagram）的直升機停機坪喋喋不休地談論和平。幾十年的戰爭辱沒了這個詞彙，也削弱了「恐怖分子」、「自殺炸彈背心」和「激進化」等詞彙的力量（這些是派曼避免使用的其他詞彙）。馬哈茂德和他的人員不談論和平，而是談論社會和諧，甚至愛。

這不是我預期從軍人口中聽到的話，更別提他是一名出身強人與軍事恫嚇文化的軍官。巴基斯坦沉迷於硬漢姿態，選出由浪子變成板球球員再變成政治家的人做為現任總統，並在圓環豎立核子導彈的塑像。然而，馬哈茂德在這裡頌揚情感與故事的力量。我們的樓上是派曼刻意打造的故事屋，有著鑲嵌鏡面的馬賽克花朵的炫目圓頂天花板。在准將看來，鼓勵年輕人說出他們的故事——甚至意識到他們有故事可說——是促成感化的推動力量。來到派曼的許多激進分子，在他們覺得備受忽略的家庭和社區中長大。許多人從未受到擁抱，或被人祝福生日快樂。「我們和他們坐在一起，」馬哈茂德說，「他們的父母從來不曾坐在他們身旁。我們一遍又一遍地問這些年輕人，『你是誰？』我們說，『看看你自己的內心——告訴我們你是誰。』」

晚間是年輕人最願意開口的時候。「全世界任何地方都一樣，」馬哈茂德指出，「如果你在獄中，或在軍營裡，當號角響起，你會上緊發條。當夜幕再度降臨，那是你開始作夢的時候。」晚上在宿舍裡，馬哈茂德會親自跟年輕激進分子一起坐在地板上打牌，等他們放鬆戒備。這時，他會隨口問一名年輕人，「你是怎麼開始拿槍的？」慢慢地，黑夜似乎軟化了他們，他們會開始向他傾訴。等到一星期結束，「他們會叫我爸爸。」

他給我看一次長談後拍攝的照片：三名男子和他在會議室裡，全都有濃密的鬍鬚和壯碩的身材。其中兩人低著頭伏在桌上，似乎在哭。第三人擁抱馬哈茂德，把頭埋進准將的肩膀。馬哈茂德說，雖然普什圖人經常在打招呼時互相擁抱，但這個擁抱感覺更有意義。「當你意識到你遠離了自己內心希望你成為的樣子，擁抱的力度完全不同。你可以在懷抱中感覺到。」

馬哈茂德似乎泫然欲泣，他趕緊以咳嗽掩飾，敲敲筆記型電腦上的按鍵，調出更多張照片。他給我看前激進分子在北巴基斯坦的松林進行野外探險訓練的一張照片。三名戴著白色祈禱帽的男子抬著第四個人爬到高掛在樹上的網繩，後者留著大鬍子，穿著塔利班經典風格的寬鬆褲子。在另一張照片中，前激進分子排成一列跳康加舞，哈哈大笑。

另外還有一張照片，捕捉了派曼主辦的「互動式街頭劇場」的一個瞬間。前激進分子帶著大聲公和旗幟走進村莊，演出關於某個社會問題的一段短劇。如果主題是家庭暴力，某些人就會扮成女人。表演結束後，他們會邀請觀眾參與討論，勸誘村民談論通常被視為禁忌的話題。「你會說他們會殺了你！」馬哈茂德感嘆，「極其危險的人！極其危險！但這些活動幫助他們敞開自己；他們開始享受生活。」若非如此，「他們會抱著武器坐在角落裡，想著要殺掉誰！判定誰是異教徒而誰不是！」

陽剛之氣在平時即很危險，一旦崩潰則會攪得一團混亂。不過這位准將正設法將其中某些元素——精力、決心和大男子氣概——永久地導向新的用途。他明白這些男人結束戰鬥生活後會需要某些事情來保持忙碌，所以他派他們回到各自的村莊做社區服務。他希望用曾經把他們推進恐怖組織的同一股精力，重建社區對他們的信任。「如果有人要嫁女兒，去敲敲門，」他督促他們，「問問看，『我聽說你的女兒要結婚了，我能幫什麼忙？』或者，假如有人過世了，去找喪家問，『我能幫忙挖墓地嗎？或者為送葬者點亮通向墓園的小徑？』」

馬哈茂德對去激進化的學術理論持懷疑態度。「研究人員可以寫下激進化的數百種理由，」他說，「他們可以寫出去激進化的方法。但除非你看見他們臉上流下的淚水，他們肢體語言的轉變……」他頓了一下，指了指自己的心。

心就是馬哈茂德努力觸及的地方。當艾哈默德來到派曼，馬哈茂德帶他上館子吃飯，然後到伊斯蘭瑪巴德的費薩爾清真寺（Faisal Mosque）祈禱。「在清真寺，他借給我他的手機，」艾哈默德告訴我，「然後說，『照張自拍。你知道什麼是自拍嗎？』」接下來十天裡，馬哈茂德每天都會一口氣坐上幾個小時，問起艾哈默德在白沙瓦的家，謹慎地避免提到關於武裝作戰、意識型態或暴力的任何事情。相反的，他問起艾哈默德最喜歡的顏色，到集市買了幾條牛仔褲給他。

接下來幾星期，艾哈默德參加了領導力研習營，並在藝術工作室學習網版印刷。一位伊瑪目教授課程，講述先知穆罕默德宣揚彼此尊重的故事，即便對基督徒和猶太人也是如此，給艾哈默德留下了深刻印象。「在古蘭經中，保護和尊重鄰居的概念非常重要，」艾哈默德告訴我，「而且經文中從未提到鄰居必須是穆斯林。」

在那之後，艾哈默德取得了大學學位，現在以印刷招牌維生，替集市的店舖設計文具和招牌。和薩爾瑪一樣，他也帶領一個同拉納小組。在小組成員中，有六人是那天在甘吉莫哈拉持刀跟隨他的男子。派曼基本上開啟了重生的過程，艾哈默德說。在三十八歲之齡，「我現在覺得自己只是個五歲小孩。」

若說艾哈默德認為派曼創造了通往新生的道路，馬哈茂德也是如此。「實話實說，作為戰士，我不是人，」准將說道，「每個軍人說的都是關於攻擊目標的語言。比起三十三年的軍旅生活，我在脫掉制服的頭三年學到的更多。我生命中的人性層面從那時候開始。」

我在派曼訪談過的每一個人，其投入似乎都不是出於恐懼，而是出於對社區的責任感。艾哈默德的責任概念，被他的招募者扭曲成對什葉派的仇恨。薩爾瑪和她的鄰居感受到對社區的責任感，甘願冒犯當地的婦德觀念來保護它。與激進分子近身接觸意謂著風險，不論你是和他們住在一起，如同薩爾瑪，或者跟他們作戰，如同馬哈茂德在奎達時那樣。如他所言，他的國家負擔不起「零風險」文化。

閱讀巴基斯坦的報紙，你會發現有一股堅定的言論，把該國的激進問題歸咎於某個外人，不論是阿富汗人、沙烏地阿拉伯人、印度人、美國人、窮人或狂熱分子。但我在派曼遇到的人，沒有餘裕將威脅視為來自某個神祕莫測的「他者」。在開伯爾普什圖省，加入這些民兵組織的人是鄰居、親戚和朋友。當其他女人意識到那個說服圈內朋友縫製自殺炸彈夾克的女裁縫是為誰工作時，她可能成了社會的棄兒，但她不是某個面目模糊的外國人。

派曼的反恐策略和刺繡一樣不辭勞苦，時時留心平凡的細節：哥哥的壞情緒、掛滿陌生衣物的曬衣繩、口袋數量多得離奇的背心縫製式樣。如果恐怖活動的跡象潛藏在屋子或村落裡，那麼恐怖分子多半也是如此。親近導致矛盾的感受；一個人可以持續愛激進的兄弟，同時厭惡他的行動，也可以容忍住在隔壁的前激進分子。

這種策略跟巴基斯坦面對恐怖分子問題時較著名的回應辦法——無人機——何其不同。歐巴馬政府熱情擁抱這項新科技，鼓吹「不留活口」（kill rather than capture）政策[8]。當派曼這類草根組織努力應付感化工作的繁瑣與不確定性，美國的保安產業和軍方都在推廣無人機，好讓軍人避免執行「枯燥、齷齪而危險」的任務[9]。收割者（Reaper）和掠奪者（Predator）這類獵殺式無人機只有一項任務：消滅目標——或者無功而返。法國哲學家格雷瓜爾·查馬尤（Grégoire Chamayou）在《無人機理論》（*A Theory of the Drone*）中指出，這項科技的本質使得任務成了一件「全有或全無」的事，「若不能一擊斃命，就不採取任何行動。致命的武力是唯一選項。」[10] 開火或返航的終極決策，以對目標進行同樣嚴格的計算為特點。這些針對目標進行的分析，其依據是有沒有符合「生活模式」的數據；《無人駕駛：無人機戰爭與全球安全》（*Unmanned: Drone Warfare and Global Security*，暫譯）的作者安·羅傑斯（Ann Rogers）和約翰·希爾（John Hill）指出：「和其他形式的數據監控一樣，這些人和他們的生活被壓縮成機器可讀的二進位模式。」[11]

然而，試圖改變自家客廳裡或街上的極端分子，可能非常枯燥、齷齪或非常危險。但薩爾瑪不得不試一試，即便那意謂著冒上生命危險。她對哥哥的愛，意謂著她必須相信他的暴力觀點有可能被改變。然而，從內華達沙漠起飛執行擊斃或返航任務的無人機，認定恐怖分子就是恐怖分子，至死方休。

全球最佳去激進化專案

當我請曾寫過大量文章分析激進化議題的學者約翰・霍根提名全世界最頂尖的感化方案，他立刻回答「薩巴溫」（Sabaoon），一所由臨床心理學家費麗哈・佩拉查（Feriha Peracha）主辦的前激進兒童寄宿學校。

薩巴溫是一個被操場和花床包圍的湖綠色與白色建築聚落，位於開伯爾普什圖省的斯瓦特河谷，與都庫什山的山腳環繞四周。高聳的圍牆和巴基斯坦軍隊守衛著它，保護學生和教職員不受急於傷害或綁架叛逃者和老師的激進分子侵犯。和許多參與建設和平的第一線婦女一樣，佩拉查醫生也收到了針對性的死亡威脅；在前往拉合爾的七小時車程中，軍方一路護送。儘管面臨危險，她仍保持樂觀，用清脆的聲音指出她很可能在拉合爾買衣服的時候被殺。

二〇一〇年以來，佩拉查和她底下的工作人員輔導過數百名曾加入巴基斯坦塔利班的男孩，幫助他們找到從激進重返主流的道路。巴基斯坦塔利班在二〇〇七年崛起，是一個致力於推翻巴基斯坦政府的民兵組織聯盟。他們以兩年時間建立了自己的國家，用他們對伊斯蘭教法的詮釋進行統治。該組織從鄉村的伊斯蘭學校招攬貧困學生，找來源源不絕的年輕且飢餓的新兵替他們打游擊戰或從事自殺炸彈攻擊，以此彌補組織微弱的彈藥火力。

薩巴溫——普什圖語「第一道曙光」的意思——擁有非凡的成功紀錄：佩拉查醫生說，從來沒有一位畢業生重回激進組織。它為數百名少年提供了一條不僅通往和平生活、甚至可能提升社會地位的道路。不論這些男孩的志向是什麼，他們離開之後，學校會繼續幫助他們，為他們提供創業資金或大學學費。從前的兒童特務和兒童兵找到了心理學家、律師和醫生等新職業；對於來自識字率僅百分之五十二的農村地區[1]的貧窮少年來說，這樣的前途簡直無法想像。比較不會讀書的學生成了電工、機車黑手、裁縫師和雜貨商。當我問佩拉查，一般兒童的父母會不會想辦法讓他們的孩子擠進薩巴溫，她加重語氣說：「無時無刻」。

前激進分子應該得到何種支援？多少幫助和什麼樣的幫助才算足夠？多少是太多？應該幫助前激進分子尋找工作和住處嗎？提供諮商服務只是在獎勵激進嗎？對於這些問題，全球其他地區的反恐專家爭論不休。批評者對沙烏地阿拉伯幫前激進分子支付婚禮、嫁妝、房貸和汽車的做法有所保留[2]。印尼人民抱怨政府提供種子資金給前聖戰士做生意，守法公民卻苦無資本創業。

但佩拉查認為，薩巴溫男孩的少不更事使他們成為恐怖主義的受害者，而不是加害者。「每次聽到爆炸聲響，我既同情受害者，也同情被招攬來做這件事的男孩，」她說，「我們輔導的這些男孩加入塔利班的時候，大多以為他們真的在保護自己的文化與信仰。他們懵懂無知，被人利用和濫用。」

她是個嬌小的女人，說起話來字正腔圓，古銅色的頭髮梳著精緻的髮型。她得說服家人相信她在斯瓦特的工作值得冒險。「他們說，『妳也在拿我們的生命冒險，』」她回憶道，「『他們會殺了妳，也會殺了我們。』」為了說服哥哥，她邀請他前來參觀學校。當他看見穿著藍色和綠色制服的男孩打板球，他難以置信：「這些人不可能是激進分子。」

他見證的不僅是一場球賽，也是一次變相的感化活動。薩巴溫的學生在傍晚打板球、排球和足球，這些體育活動是幫助前激進分子恢復正常童年生活的策略之一。男孩有時會跟軍隊守衛打板球賽，這些時候，球賽承載更大的意義，是男孩們從不法分子演化成守法公民的標誌。「僅僅兩個月前，這些孩子還在說，『我們要砍掉你的頭，』」警衛感嘆，「現在他們會向我們敬禮。」

這些板球賽常常令軍隊警衛感到不安。從前的敵對者做出的改變讓一些士兵極其困惑與害怕，薩巴溫的社工人員不得不在小組會議中言明他們的擔憂。這些變化顯示薩巴溫不僅感化了前激進分子，也讓其他巴基斯坦人變得比較不激進。「巴基斯坦軍隊在跟自己的人民作戰，」佩拉查說，「士兵和激進分子以及受害者一樣受到創傷。」一位曾來參觀薩巴溫的巴基斯坦將軍在留言簿上寫道，這裡不僅治癒了前恐怖分子，也治癒了其餘民眾。

作為政府官員的女兒，費麗哈・佩拉查在拉瓦爾品第（Rawalpindi）長大，和許多出身富裕家庭的巴基斯坦女孩一樣，她在天主教學校讀書，然後到西方上大學。在倫敦取得心理學博士學位並在英國和加拿大執業二十五年後，她隨丈夫回到巴基斯坦。她在拉合爾開了一家診所，專門服務深受現代生活常見精神疾病所苦的富裕白領。「我會幫助他們緩解焦慮、憂鬱、精神錯亂，」她說，「但在我開始輔導這些男孩之前，我從未面對人類思想的暴力面。」她說，接手薩巴溫讓她變老了，但這是她所做過收穫最大的工作。接管薩巴溫之前，她一直以為自己想離開巴基斯坦，回到她摯愛的倫敦重返學術界和臨床工作。但是，「我現在覺得我應該留在這裡，」她說，「不是以巴基斯坦人的身分，而是以人道主義者的身分。知道自己能夠改變人們以為無法改變的事，感覺真好。」

她的去激進化事業幾乎始於偶然。二〇〇九年，巴基斯坦軍隊收復被塔利班統治兩年的斯瓦特河谷。她認識的一位將軍打電話請她幫忙。他的手下拘捕了幾個曾加入塔利班的男孩，不知道如何處理他們。她可以來斯瓦特替軍隊給出她的專業評估嗎？佩拉查請她的一位年輕同事——剛剛取得心理醫生資格的拉菲亞・雷伊斯・汗（Raafia Raees Khan）——陪同她從拉合爾前往斯瓦特。雖然這個地區依然危險重重，但兩位女性都毫不猶豫。

佩拉查小時候曾在斯瓦特過暑假，記憶中這個地方是「人間天堂」，有冰川、湖泊、瀑布、鬱金香和果園。但二〇〇七年到二〇〇九年間，巴基斯坦塔利班轟炸並關閉女子學校，並襲擊違抗法令的人，其中最著名的就是馬拉拉・優薩福扎伊（Malala Yousafzai）。激進分子立法禁止音樂和舞蹈，當眾鞭打和斬首成了常見的懲戒手段。

在開車前往斯瓦特的八小時路程中，她們穿越了被戰火蹂躪過的鄉間。路上擠滿了逃離家園的家庭，建築物堆滿了沙包，高速公路上站著成列的武裝士兵。兩位女士都把頭包覆起來，這是她們在拉合爾絕對不會做的事。由於她們即將跟年輕的塔利班成員見面，她們帶了外科手術口罩遮擋自己的臉。

她們最後忘了戴口罩。幸運的是，她們在明戈拉（Mingora）軍事基地見到的男孩顯然「比我害怕他們更怕我」，佩拉查回憶道。他們深受創傷，年齡從八歲到十六歲不等，蓬首垢面，指甲很長，衣衫襤褸，看起來「彷彿來自另一個世紀」。（今天，每當新的男孩抵達薩巴溫，工作人員會打電話給當地理髮師來修剪他的頭髮——和鬍子，如果他已大到開始長鬍子的話。）

兩位女士會見這些男孩，從上午九點面談到午夜，然後熬夜到五點，整理這群人的心理評估報告。翌日上午，佩拉查對集結的將領談話，發表了即將成為薩巴溫日後所有學生的治療標語：「這些男孩本身並不危險，但可以被引導做出非常危險的行為。」她判斷，只要給與適當支援，他們就可以得到幫助，或許甚至改頭換面。

她並不百分之百確定該如何著手，但時任陸軍參謀長的阿許法・帕維茲・卡亞尼（Ashfaq Parvez Kayani）將軍請她開辦薩巴溫，她立刻同意，她的同事汗也同樣義無反顧。「那是個瞬間的決定，」汗是一位嚴肅的年輕女子，她回憶說，「但自從開始談論它，我們倆都不會選擇其他不同的做法。」軍方提供了校舍，並宣誓保護學生及教職員。他們每送來一個男孩，都會留下一頁訊息說明他參與的激進活動。此外，軍方保留關於釋放男孩是否安全的最終決定權。不過在校舍聚落內，佩拉查和她的工作人員可以自由做事，沒有任何束縛。

一開始，兩位女士把男孩視為一個群體，認定既然他們都是曾加入塔利班的斯瓦特貧困男孩，他們將共享同一條改造之路。但漸漸地，她們意識到有必要為每個人量身訂製個別的計畫，視他們加入激進組織的路線、與父母的關係以及男孩的精神狀態而加以調整。佩拉查將薩巴溫的成功歸功於這套費力費神的作法，以及每個男孩離開之後受到的長期監督。「我們在他們身上下了愈多功夫，愈發現每個男孩〔進入激進組織〕的推力和拉力因素各有不同，」她告訴我，「有無數的變數。」

在西方，年輕人為了追求歸屬感、身分認同和刺激，加入從白人民族主義組織到暴力邪教等各式各樣的激進團體。許多人透過網際網路找到組織。但巴基斯坦的年輕人並非如此，他們生活的這個國家，在二〇一九年只有百分之十七的網路普及率[3]。薩巴溫的男孩之所以加入激進組織，與其說是為了尋找個人意義，不如說是因為斯瓦特地區的生活沒有前途可言。西方的預防計畫強調諸如無聊、疏離、種族歧視或伊斯蘭恐懼症等動機因素，相較之下，巴基斯坦男孩往往是基於物質需求而加入激進組織。套用薩巴溫一位心理醫生的話，那讓他們有「可以燒火的乾柴」。

九一一之後，許多西方反恐專家降低了貧窮在激進化過程中的重要性，部分原因是，世貿中心的中產階級炸彈客和身價數千萬的賓拉登顯然不是為了錢而捲入恐怖主義。但根據佩拉查的說詞，俾路支省奎達市的男孩被雇來放置路邊炸彈，每次可得二十元。以巴基斯坦的情況來說，「要預防暴力極端主義，必須從那個沒有衣服可穿、沒有東西可吃、在街上乞討的男孩開始做起，」她表示，「絕望可以生出自殺炸彈客。假如這裡的生活不夠好，天堂似乎美好得多。」

塔利班統治初期，一些父母把孩子獻給激進分子，作為他們對這項志業的獻祭。當一幫男人走進村莊要求支持，交不出錢或金手鍊的貧窮母親會把孩子交給他們。有些男孩是被父母賣掉，或被激進分子誘拐[4]。在沒有遊樂場、俱樂部或電影院的村莊街道上，激進分子只要答應給食物、幾塊錢盧比或坐上拉風的休旅車兜風，無聊且身無分文的孩子輕易成了激進分子的獵物。有些男孩被塔利班綁架，被扣留在營地幾個月、甚至幾年。

有些男孩抵達薩巴溫時，歷經了佩拉查所謂的「象徵性死亡」；激進分子綁架了他們，剝除他們原來的姓名，賦予他們新的身分。在某些營地，他們會得到新的「手足」。許多男孩抵達薩巴溫時深受創傷，夜裡在床上哭泣，白天跟別人打架。「一開始是一場混戰，」佩拉查說，「我從沒見過這樣的仇恨。」[5]

一個七歲時加入塔利班的男孩，是一名武裝分子指揮官豢養的男孩之一。指揮官出門逛市集時，總會命令兩個男孩穿上裝滿炸藥的背心，走在他前面幾步。指揮官握著引爆器，假如任何巴基斯坦士兵出現在他面前，他就會按下按鈕。他向男孩保證，一旦他們死了，他們和家人都會上天堂，因為巴基斯坦軍隊是美國人的同伙。一個男孩逃出來向軍隊投誠，後者把他交給佩拉查。「當指揮官在這些兒童穿著背心時手拿引爆器，那是謀殺，不是自殺，」她告訴我。

她拒絕從這些激進男孩身上看見邪惡，只看見環境的凶險。只要被貧窮、恐懼或洗腦的言論逼得夠緊，任何人都可能做出可怕的行為：「我害怕的是，或許我們每個人心中都住著一個怪物。」

令我不安的是，巴基斯坦激進分子的殘暴故事，注入了一條更寬廣的故事河流。幾世紀以來，棕色或黑色皮膚異國人的野蠻故事，被用來當成藉口，為西方的入侵與征服行動開脫。這些故事含沙射影地表示人民的本質是不變的，這些野蠻人的暴力根本無可救藥。但在冒著生命危險改造其他巴基斯坦人的佩拉查口中說出的故事，這些年輕的激進分子並未泯滅人性。她的故事展現了當地的動態，並生動描述男孩錯誤選擇背後的基本需求，為這些男孩重新賦予了人性。

學校開辦之初，佩拉查和汗會在結束一天工作之後回到馬拉坎德堡（Malakand Fort）；佩拉查住在邱吉爾當年擔任斯瓦特戰地記者時睡覺的房間。為了鍛鍊身體，她們會在黃昏時分到附近的山丘散步，一邊聊聊當天發生的事，猜想她們照顧的哪些男孩有可能殺了她們。回顧往事，她們當初最害怕的那些男孩，正是「今天最保護我們的人，」佩拉查告訴我，「我知道他們會確保我們安全。」

有些薩巴溫畢業生甚至會對母校做出進一步貢獻。二〇一四年，巴基斯坦塔利班炸毀一所有許多軍人子女就讀的白沙瓦學校，造成一百四十九人死亡，其中一百三十二人是兒童。魅力十足的塔利班首領毛拉．法茲盧拉（Mullah Fazlullah）發布一段影片，詢問為什麼軍官子女之死會引發如此強烈的道德憤慨。他聲稱激進分子的子女被強行帶走，送到了薩巴溫。薩巴溫的一些校友聯繫學校，迫不及待想上電視澄清真相，表示他們在那裡過得很開心，並且受到善待。但這麼做會讓他們成為報復對象。「我們必須阻止他們曝光，」佩拉查說，「我們做了那麼多，不是為了讓他們上電視露臉，重新陷入生命危險。」

儘管經營薩巴溫似乎充滿危險，但佩拉查和汗打一開始就知道，身為心理醫療人員、巴基斯坦人和穆斯林，她們絕不能半途而廢。九一一後，佩拉查目睹了整個世界以及她自己在其中的立足之地出現變化。「人們以前的紀年法是公元前和公元後，現在則是九一一前和九一一後，」她說，「之前，在西方生活二十五年，我從沒想過我的膚色。之後，我被迫察覺自己是某一特定人種。」

除了海外地區對穆斯林愈來愈不寬容，巴基斯坦國內的宗派衝突與暴力事件也日益加劇。愈來愈多的「人我之分以及非黑即白的思維方式，讓我產生了必須做點什麼的感覺，」佩拉查說。一直生活在巴基斯坦的汗也敏銳地感受到了責任。「不僅對這些年輕人，也對國家和我們的信仰，」她解釋道，「我們見到宗教被嚴重地濫用，誤導這些男孩做出根本沒有宗教意義的事。」在九一一後的世界，反伊斯蘭的偏見令她們背負一項額外任務：有必要將他們的家園和信仰，從暴力與仇恨的同義詞中解救出來。

佩拉查刻意為薩巴溫製造紀律嚴明而友善的氣氛。學校裡沒有懲罰：如果男孩行為不當，他只會喪失一點點的午後運動時間。「我囑咐我的工作人員永遠不要用審問的態度——而是詢問，」她告訴我。學校鼓勵在塔利班統治下被禁的音樂與藝術，不只為了治療，更因為「文化為你開啟今生的一切，而極端分子只談論來生。」男孩在畢業典禮上唱歌跳舞；一個男孩學會彈雷貝琴（rebab）——一種傳統的弦樂器——開始開演奏會。起初，一些學生不願在美術課上畫畫，認為繪畫是不符合伊斯蘭教義的行為。他們終究退讓了，但某些早期畫作令工作人員感到不安。孩子們畫的雨滴看起來像子彈，他們的樹用手榴彈當樹葉，以機關槍做樹枝。曾穿著自殺背心走在指揮官前面的男孩不斷畫出裝滿鮮血的水桶，隨著時間推移，畫作上的圖像慢慢改變，如今，這個男孩已長大成人，以裁縫維生。

男孩剛進薩巴溫時，對伊斯蘭教——或其餘一切——所知無幾。他們一入學就接受邏輯推理的標準化測驗，大多數人的得分落在墊底的百分之五到百分之七之間。許多人曾經輟學，而那些留在學校裡的人也僅限於死記硬背。「他們不會發問，」佩拉查表示，「有權有勢的人可以問問題，屈居他們之下的人不能。所以，我們的一大部分工作是在鼓勵這些兒童提出問題。」

由於欠缺最基本的批判性推理能力，這些男孩很容易被激進分子利用。有些人被告知《古蘭經》命令斯瓦特人民殺死巴基斯坦士兵，因為他們在替美國人工作。男孩們沒想過質疑為什麼寫於七世紀的經文會點名成立於一七七六年和一九四七年的國家。塔利班指揮官大肆宣傳一則古老神話，即《古蘭經》上的一段經文說處女會在天堂等待聖戰士——並且補充說，殺害美國人的聖戰士可以得到額外的處女。一名武裝分子領袖發現一個男孩喜歡綠鸚鵡，於是向他保證，他進了天堂以後會變成鸚鵡。後來，當他們懂得更多，男孩們會調侃彼此從前的世界觀。「你能相信我曾經那麼想嗎？」他們互相取笑。

佩拉查延攬著名的斯瓦蒂宗教學者穆罕默德．法魯克．汗（Farooq Khan），請他向男孩們傳授伊斯蘭知識。他是曾在維也納接受訓練的心理醫生，也是斯瓦特大學的校長，寫過多本關於伊斯蘭教的書，並且勇於大聲抨擊巴基斯坦的暴力極端分子。佩拉查在圖書館收藏他以普什圖語寫的古蘭經評論，以便當話題轉向關於處女與聖戰士或猶太人與基督徒的不實主張，她可以引導男孩們從他們確實可以閱讀的語言寫成的資料中尋找真相。

她努力矯正曾被塔利班挾持的宗教觀念。她會強調「聖戰」一詞的意義不僅限於「武裝戰爭」，而是代表更廣泛的「奮鬥」。先知穆罕默德說，遠比戰鬥重要許多的「更偉大的聖戰」是自我鬥爭，亦即與自己的靈魂對抗。在薩巴溫，男孩的聖戰可以是努力學習算數、交朋友或克服夢魘。「我經常使用『聖戰』這個詞，」佩拉查說。在校園內和男孩閒聊時，她會問，「你這星期要打的個人聖戰是什麼?」

她發現，比起直接質疑激進分子灌輸給這些男孩的信念，提問的效果更好。所以她會問學生，為什麼塔利班在清真寺——一個和平與祈禱的地方——堆放槍枝?或者，為什麼大多數聲稱聖戰會將人們直接帶進天堂的激進分子，不派自己的孩子穿上自殺背心出任務?「如果死後的天堂如此美麗，」她會表示，「為什麼激進分子不派自己的子女去打聖戰?」(雖然她的論點大致成立，但事實上，激進分子確實偶爾招募自己的子女。薩巴溫一名學生的父親曾派他的兩個兒子執行自殺炸彈襲擊，輪到第三個兒子時，他離家出走，向軍隊自首，被軍方帶到薩巴溫。)

起初，佩拉查和汗擔心，在斯瓦特地區，身為女性會是一項劣勢:這些男孩曾接受塔利班路線的教育，認為女性的地位是在房子的四堵牆之內。不過事實證明，她們的性別是一項資產。激進組織清一色男性的環境對薩巴溫男孩造成了創傷，他們樂得逃離裝腔作勢的大男子主義，獲得機會喘息。他們能夠更自由地向女性透露他們的恐懼與脆弱。許多人把佩拉查視為母親，較年輕的汗則更像大姊姊的角色。

星期天是家長探視日。家長第一次探訪時，男孩通常會訴說他們在激進組織裡的活動，詳細描述他們從事間諜活動、敲詐勒索(有時更糟)的日子。告白過程中，許多家長無法直視兒子的臉，更無法接受他過去的行為。當發生這種狀況，佩拉查和汗會介入說，「聽著，他正努力坦白說出自己曾經做過的事，你們必須想辦法原諒他。」

來自激進家庭或曾在塔利班晉升高層的男孩，意識形態往往已經定型，可能需要數年時間進行感化。一個相貌英俊、具有人格魅力、智商一五〇的男孩，來到薩巴溫之前已被培養成塔利班指揮官。一天，他平靜地告訴佩拉查，「你知道的，我隨時可以殺了妳。」他運用激進分子教他的技巧，在附近的野地埋了一條魚。他知道在它旁邊埋進什麼東西，可以使它的身體充滿毒氣。「只要用棍子戳它，毒氣釋放出來，你就死定了，」他告訴她。經過薩巴溫多年感化，他即將獲釋，並計畫從事醫學工作。

要評估男孩是否調整到可以離開的狀態，個案工作人員會請他們定期書寫自傳，描述他們參與的塔利班活動。「你能告訴我們的任何實情都能對你產生幫助，」男孩被告知，「因為，我們雖然設法幫助你重新融入社會，但軍方擁有最終決定權。」男孩的陳述愈接近軍方掌握的情資愈好。好比說，假如他略而不提自己曾參與殺人組織的事實，那會是個問題。佩拉查曾經不得不推遲一個男孩的釋放日期，因為他洋洋灑灑地書寫自己挖墳墓掩埋屍體的經歷，卻省略他也曾掩埋武器加以藏匿的事實。

當男孩對過去的行為愈來愈感到羞恥，顯示他正漸漸好轉。「羞恥是你必須經歷的一個非常重要的過程，」佩拉查說，「內疚（guilt）毫無益處，羞恥（Shame）可以產生進步。」當我問她為什麼要區分這兩者，她說這跟激進分子對天堂的執著有關。「內疚是一種允許來生懺悔的情緒，」她說，「但羞恥發生在今生的背景下，因為你做了不被社會接受的事。」內疚是一種孤獨而自私的感受，往往是人與神之間的祕密。相較之下，羞恥是一種社會性情感，將人和其他人產生聯繫。

將男孩與他們的社區重新結合起來，仍是薩巴溫最大的挑戰之一。任何一個男孩回到家鄉之前，薩巴溫的社工人員會跟他的家人、當地的軍事指揮官和村中的長者合作。每個男孩都被鼓勵幫助他作為激進分子時曾傷害過的社區，不論是教小孩讀書，或幫忙撿垃圾。對男孩來說，這項任務提供了懺悔和療癒的機會；對社區來說，它證明男孩已經洗心革面。這些動態往往在畢業以後持續多年：受訓成為摩托車黑手或電工的年輕人提供免費的維修服務，會開車的人則免費載村民到城裡看醫生。

雖然激進分子經常設法引誘男孩重回組織，但佩拉查說，薩巴溫的畢業生從未出現累犯的案例。她把這項成就歸功於男孩們離開之後受到的密集監督。有些人回到自己的村莊，個案管理員會經常上門拜訪，追蹤他們的進展。對於繼續升學的男孩，或者由於出身激進家庭而被視為高風險的人，薩巴溫在明戈拉有個監控中心。在適應主流生活之際，男孩住進宿舍，接受汗和她的團隊給與的輔導和情感支持。「這些男孩需要知道，無論他們如何過渡到新的生活，」汗說，「我依然會在那裡支持他們。」

這趟巴基斯坦之行，我打包了一本被我翻爛的平裝版亞歷山大大帝自傳。這位馬其頓征服者曾率領大軍穿越這塊地區，大約兩千五百年後，塔利班在這塊地區崛起，勢力大盛。但我遊歷巴基斯坦時，在我心中縈繞不去的一則軼事其實發生在波斯。公元前三三〇年，亞歷山大擊敗波斯人後，在前往戰敗國首都波斯波利斯（Persepolis）的途中，偶然遇到了一群希臘人。自從希臘人與波斯人上一次在幾年前作戰之後，他們就滯留在那裡。這群被波斯人俘虜的戰俘成了奴隸，他們的主人以切掉鼻子、耳朵或手掌等方法來為他們做記號。當亞歷山大的軍隊在路上遇見他們，據說這位年輕將軍一見到他的殘疾同胞忍不住潸然淚下，而這群重獲自由的奴隸一見到他們的解放者也跟著哭了。

亞歷山大問，他能為他們做什麼？他們想回希臘嗎？如果他們想回家，他會替他們準備路費。

但這群人拒絕了。他們說，他們身上的創傷使他們成為希臘戰敗的鮮活化身，假如回家，他們不確定自己會受到歡迎或冷落。他們想要的，是一個屬於自己的村莊，他們可以一起生活，既不是做為波斯人的奴隸，也不是希臘的屈辱象徵。亞歷山大給了他們土地，他們帶著妻子，在希臘與波斯之間的真空地帶種地維生。[6]

這些人知道，最終的挑戰出現在戰後返鄉之際。對亡命之徒或戰士來說，繼續遊蕩比停下來休息容易許多，因為返鄉考驗的不僅是返鄉者的勇氣，也檢驗了家鄉的性格，暴露出一個社會究竟會接受或拒絕返鄉者——甚至那些曾跟敵人站在同一邊的人。

我坐在伊斯蘭瑪巴德一家豪華飯店安靜的大理石餐廳，躋身在報公差吃午餐的國際商人和喝茶吃蛋糕的富裕家庭之間。我的對面坐著一位年輕人，我叫他穆罕默德。他曾是塔利班間諜，後來進薩巴溫讀書，現在擁有心理學碩士學位，在薩巴溫擔任心理醫生輔導其他前武裝分子。他坐得筆直，以「女士」稱呼我，綠色燈芯絨西裝外套的翻領上別著巴基斯坦國旗徽章。「現在，我是個平和的巴基斯坦公民，」他看到我盯著徽章的時說，「不過小時候，我是個嚴厲而殘忍的人，以虐殺小雞為樂。我的心就跟石頭一樣硬。」他在少年時期加入巴基斯坦塔利班，有一段時間，他願意為領袖犧牲生命。「我的目標就是傷人，我們比禽獸還不如。」

穆罕默德出生在開伯爾普什圖省的一個村莊，家中有七個兄弟姊妹，父母不時激烈爭吵，他在家裡覺得備受忽略。當他大約九歲，斯瓦特地區的一名激進分子毛拉·法茲盧拉因為宣揚女子教育、基督徒、猶太人和美國的邪惡而聲名鵲起。每天夜裡，穆罕默德都會收聽法茲盧拉的廣播演說，這些演說通常是透過綁在驢背上的移動發報器非法傳送的，以免受到追查。[7]每星期五，他都會到法茲盧拉的宗教學校聽他佈道，並和他交談。

穆罕默德的父親是塔利班支持者，所以當一群激進分子前來村莊招募這名十一歲男孩，他的父親毫無異議。男孩的第一項工作是替戰士搜刮村民的牛奶和麵包，短短幾個月後，他晉升為間諜，蒐集關於當地巴基斯坦軍事哨站的情報。激進分子以及他在自己村莊裡的無聊生活讓他相信這一世並不重要，他想，他可以在來世到達天堂，而他願意為運動而死。十三歲時，他被軍隊逮捕，後者關押他幾星期後，把他送到了薩巴溫。剛到的時候，他以為那裡跟監獄相差無幾，但事實證明，他說，薩巴溫是「人間天堂」。

武裝分子的生活令他變得有些好鬥、有些膽怯、有些猜疑，因為「他覺得自己沒做過什麼需要被送進薩巴溫的事，」汗回憶。雖然他曾經輟學，但他顯然很聰明。第一次和佩拉查會談時，他的態度挑釁。「聯合國決議是怎麼說個人權利的？」他質問，「我有權說出自己的想法——想說什麼就說什麼！」和只會說普什圖語的大多數薩巴溫男孩不同，他懂烏爾都語。由於人手不足，佩拉查和汗請他替新來的考生當翻譯。這項差事沒有持續太久，在他被發現幫考生答題時就停止了，但穆罕默德喜愛承擔責任的感覺。

歷經武裝分子混亂而艱苦的生活後，他覺得美味的食物、固定的課程和學校制服很奇怪。除了普什圖傳統服裝，他這輩子還沒穿過其他衣服；塔利班認為穿西式襯衫和長褲觸犯了禁忌。他花了一段時間才同意穿上學校的綠色西裝外套和繫扣子的襯衫。

他也花了一段時間才能跟佩拉查和汗自在地交談。根據他們村裡的風俗，一個人不應跟其他家庭的女人談話。佩拉查是除了他的家人以外，第一個跟他交談的女人。最打動他的是她的親切善良。「費麗哈·佩拉查醫生開始用非常輕柔的語調跟我說話，」他說，「她稱我為『我的孩子』，我永遠不會忘記那幾個字。」隨著會談持續進展，他漸漸醒悟，「她不為名利，」他說，「而是為人道而做這些事情。」長期下來，「我開始明白女性有權像男性一樣工作、獨立自主，並為自己做點什麼。」

穆罕默德在學校的大部分時間，都花在遺忘激進分子教他的東西，特別是關於伊斯蘭教的內容。在法魯克・汗醫生的課堂上，他得知聖戰並非伊斯蘭教的支柱之一；這和激進分子的主張恰恰相反。穆罕默德曾經加入一個轟炸女子學校的組織，他現在知道伊斯蘭教其實提倡女子教育。他讀到應以善意和尊重對待不同信仰的人，而不是將他們妖魔化為異教徒。他得知真主不僅是思想正確的穆斯林的神，而是「宇宙之神，全人類的創造者」。村里的課程向來要求死記硬背，法魯克博士卻鼓勵學生發問。更棒的是，他會帶糖果來上課。

大多數男孩都喜歡法魯克醫生，但剛剛失去父親的穆罕默德跟法魯克醫生尤其親密。二〇一〇年十月二日，醫生在他的診所午休時，兩名塔利班成員開槍打死了他和他的助理。[8]穆罕默德哀痛逾恆。

在學校的菜園栽種被證實有療癒效果，指導年幼的孩子運動也是如此。他發現他有讀書的天分，考慮從軍或成為律師，但佩拉查的典範讓穆罕默德確信他想成為一名心理學家。她深深打動了他，因為——正如他用體貼的語氣說的——「她上了年紀了。」佩拉查才六十歲出頭，但看到年紀足以當他祖母、有錢的城裡女人每天為貧困的鄉村青少年工作十五小時，他覺得羞愧。其他人或許認為薩巴溫的學生注定要過武裝或貧窮的生活，但佩拉查不這麼想。「我看著她，」穆罕默德解釋，「心想，假如她能幫助別人，我為什麼不能？」

他到白沙瓦大學學習心理學，沒有跟任何人透露他的過去。他一邊讀書，一邊到紅新月會（Red Crescent）——穆斯林世界的紅十字會——擔任志工。他捐血十七次，榮獲該地區的傑出志工獎。當開伯爾普什圖省遭遇洪災，他帶領團隊發放食物。塔利班激進分子轟炸一個基督教社區後，他為倖存者募款。有人尖銳地問他，他為什麼選擇為基督徒而不是遭美軍無人機襲擊的穆斯林受害者募款，他回答說，受害者的信仰無關緊要。他說，人們需要幫助，無論他們是誰。

回鄉或許是穆罕默德的最大挑戰，在那裡，大家只知道他曾是塔利班暴徒。他的對策很簡單，就是跟大家談談他的變化。「我展現了自我，」他說，「我告訴他們我的故事、我曾經是誰，以及我現在是誰。」到最後，大多數村民接受了他。「他的儀容舉止比他們預期的更好，」汗回憶，「有人評論說，他看起來根本不像進過監獄或感化中心。他們以為他是從國外回來的！」現在，當某個村民要去面試工作，或某個男孩要參加入學考試，穆罕默德會幫助他們準備。「我現在是人們的榜樣，」他說，「父母會告訴子女，看看穆罕默德——他從前是那個樣子，現在是這個樣子。看看人們可以如何脫胎換骨！」

現年二十六歲的他，在飯店寧靜而優雅的環境裡似乎完全從容不迫。他喝著茶，吟誦中世紀詩人薩迪（Sa'adi）的兩行詩，驕傲地談起他的兒子和他娶的「美麗女郎」。那個曾經為塔利班搜刮村民的青年沒有留下一絲痕跡。

「改變是一回事，」我說，「向所有人證明你已洗心革面，想必更加困難。」

兩件事都很難，他同意，「但當你接受了自己，你就能輕易直面人們的目光。」

穆罕默德的人生故事呈現一條優雅的一百八十度弧線，那是一道從激進分子轉變為專業心理醫生、從薩巴溫學生轉變為薩巴溫工作人員的美麗曲線。我歡欣鼓舞地離開飯店，在伊斯蘭瑪巴德灰濛濛的冬日陽光中眨了眨眼。我原本想從馬路對面打輛計程車，但由於沙烏地阿拉伯王子穆罕默德·本·沙爾曼（Mohammed bin Salman）來參訪，整條大道全都堵死了。政府宣布全國放假；沙烏地和巴基斯坦的國旗在街燈上飄揚，到處是歡迎王子「來到他的第二故鄉」的標語。王子將獲頒一把鍍金的衝鋒槍以及該國最高平民榮譽，巴基斯坦則會取得急需的兩百億投資經費[9]。

我拖著疲憊的腳步回到飯店打電話叫計程車，覺得穆罕默德的人生故事褪去了一些光彩。飛揚的國旗和吹捧王子的標語無不提醒著我，在事物的尺度上，穆罕默德的故事多麼渺小。感化行動——即便如薩巴溫那樣成功——根本無法跟煽動激進主義的地緣政治相比。四十多年來，一部分為了平衡伊朗在這塊地區的影響力，沙烏地阿拉伯向巴基斯坦挹注了好幾億美元。這些經費幫助成立了成千上萬的宗教學校，校方的強硬派領袖經常宣揚反什葉派和仇外的心理[10]。根據某些說法，沙烏地曾資助這塊地區的聖戰組織，並扶持暗中輸送資金給蓋達組織的慈善機構[11]。在公開場合，西方政府盛讚它是反恐行動的最大盟友，但正如布魯金斯學會（Brookings Institution）的威爾·麥坎茨（Will McCants）所言，該國始終是「縱火犯兼消防員」[12]。在後來被維基解密洩漏的一份二〇〇九年備忘錄中，國務卿希拉蕊．柯林頓稱沙烏地阿拉伯的捐助者是「全球遜尼派恐怖組織最主要的資金來源」，受到捐助的團體包括蓋達組織和塔利班。柯林頓指出，儘管沙烏地阿拉伯王國認真看待境內的恐怖主義威脅，但它顯然沒興趣阻止資金源源不絕地流向海外的恐怖組織[13]。

截至目前為止，我始終將感化行動視為個人的事，試圖透過理解某個人的問題來追索起源故事，沉醉在改變了某個問題男孩的干預故事中。去激進化領域的本質是以個人為重心，關注明尼蘇達的某個青少年為什麼離開自己的家鄉去打仗，以及伊瑪目、心理學家和社會工作者的何種組合能引導漢堡的某個年輕人遠離極端組織。丹麥、巴基斯坦和明尼亞波利斯的成功，讓我確信極端主義可以也必須一個人一個人地逐個治癒。

然而，創造極端主義的力量是系統性的。僅僅關注這些量身訂製的做法，可能使得「問題斷然且全然出在個人身上」的觀念從此根深蒂固。即使那些考慮了地區經濟與城鎮政治等當地條件的分析，也往往欠缺大局觀。退後幾步來看，我發現就連那些最成功的專案都在設法抑制助長激進主義的病症。那麼，如何制定一套可持久的治療策略呢？

解決辦法或許就落在我自己國家的外交政策。在雅加達時，我曾問有志進軍政壇的印尼蓋達組織崇拜者尤迪．祖法赫里，他會如何阻止激進組織招募新血。很簡單，他毫不猶豫地說，美國及其盟友應該停止入侵其他國家。「美國彷彿把自己當成世界警察，」他說，「假如它想干涉別人的內政，就必須準備好迎接被侵略國家的反應。」這套說詞我已聽過許多遍，正如任何一位自從一九七九年伊朗革命激發幾世代的激進分子以來讀過報紙的讀者一樣。做為記者，我聽過許多人——大多是男人和年輕人——抱怨西方的干預以及國際秩序的不公。我曾在街角、在學生休息室、在集會上聽到太多關於美國帝國主義之惡的演說，以至於尤迪說話的時候，我忍不住放空了腦袋。但從統計數字——至少根據芝加哥大學政治學家羅伯特·佩普（Robert Pape）的研究——來看，他的說法有充分的論據。佩普研究了一九八〇到二〇〇三年間全球各地自殺炸彈客的模式後，發現幾乎所有人都有一個共同特徵——而那並非穆斯林背景。相反的，百分之九十五的自殺炸彈客全都處於某種外國占領的狀態中。[14]

我知道尤迪的分析過於簡單，也知道即便某個白人女巫揮舞魔杖，讓華府召回駐紮在一百七十七個國家的所有美軍、切斷對沙烏地阿拉伯的每一筆軍售、取消購買波斯灣的最後每一滴石油、停止向折磨並殺害異議分子的盟友提供每一分錢的援助，仍然會有一些人基於各種原因——從熱愛槍枝到需要工作或某種信仰——而準備好戰鬥。

然而，尤迪的抱怨讓我停下來想一想。在我們交談之際，美國本土的「我也是」（MeToo）以及「黑人性命不容踐踏」（Black Lives Matter）運動正蓬勃發展。這兩項全國性的抗議運用了女權主義者及黑人運動家使用了幾十年的策略：連繫個人之間的經歷，然後找出指向機構濫權的模式。在這些運動取得全國關注之前，人們很容易將某個志向遠大的女演員受攝影棚淫棍性騷擾的經歷當作純屬倒楣的個案，或者把手無寸鐵的黑人遭警察從背後擊斃的案例視為純屬個人的悲劇。兩項運動都引發人們關注如此深藏且隱形以至於令人視而不見的力量。

我展開這項寫作計畫，試圖豐富把恐怖分子視為邪惡且無可救藥的流行刻板形象，將自己沉浸在個人的故事以及小規模的解決方案中。正如從耶穌到歐普拉等領袖都很熟悉的情況，個人的轉變故事可以成為改變人們看法的強大工具。但事實上，將目光局限在個人故事上，反而可能削弱了力量。從長遠來看，將焦點放在個人身上無異於淡化版的名人文化，會分散我們對更廣泛但更隱隱作崇的結構問題的注意力。我母親那一代的女權主義者高喊「個人即政治」，但我這一代人看慣了後雷根的個人主義狂熱，發現力量不是來自於集體，而是來自對瑪丹娜（Madonna）和卡戴珊姊妹（the Kardashians）的個人崇拜。「我也是」以及「黑人性命不容踐踏」等社會運動帶來了眾多禮物，其中包括使用個人故事來闡明結構性問題。「說出她的名字」的遊行口號，以及布倫娜・泰勒（Breonna Taylor）和喬治・佛洛伊德（George Floyd）之死——這些個人故事激勵了美國人呼籲進行根本性改革。

即便仍陷在哀傷中的人，有時也能看見他們的個人損失具有政治意義。我遇到的一位受害者雖然還在哀悼死於恐怖襲擊的家人，但她清醒地看到她的悲劇在格局上遠大於她個人。「恐怖襲擊的受害者，其實是政府與極端組織之間更大棋局上的一枚卒子，」她說，「平民被夾在中間。

每當政府著手干預另一個國家，就會發生一些事情。恐怖分子攻擊的不是政府或議會，被殺的都是無辜百姓。恐怖主義的受害者是國家的犧牲品。」

雖然尤迪是蓋達組織的崇拜者，而這個女人因為恐怖組織而失去了至親，但兩人都將暴力事件歸咎於政府，而不是恐怖分子。薩巴溫這類組織致力於解救陷入社會問題的個人，他們為個人的苦難制定了解決方案，希望當那些人重返家鄉的村莊，他們可以幫助當地做出改變。但要尋找解決方法，對付扼殺了穆罕默德這類生命的巨大力量，我必須尋找從全國和全球層面處理問題的機構，看看政府究竟做了什麼。

第三部

從宏觀角度來看

美國的反彈效應

如果說巴基斯坦透過保障街道、村莊或個人心靈的安全，向我展示了微縮版本的作風，那麼歐洲安全與合作組織（Organization for Security and Co-operation in Europe，簡稱OSCE）召開的一次會議，則讓我窺見一幅巨大的畫面，大到足以延伸至全球。在OSCE的五十七個會員國中，包含了美國、瑞典和亞塞拜然等截然不同的國家，所以會議定調為全球外交的真空地帶文化。會議是二〇一八年春天在羅馬舉行，名稱是略顯慎重的「外國恐怖作戰人員的逆流」。場地設在波格賽公園（Borghese Gardens）附近的一家飯店。陽光映照著憲兵的機關槍，親吻停在外面的保安車輛，把巡邏的警用馬曬成了古銅色。

在飯店的宴會廳裡，整場活動像遠洋郵輪一樣莊嚴，也一樣封閉。在頭頂螢幕上閃爍的武裝分子頭像是棕色的，圍繞會議桌的臉孔則絕大多數是白色的。也有少數例外，例如發表激情演說呼籲歐洲移民融入社會的挪威議員阿比德．卡尤姆．拉賈（Abid Qayyum Raja）。（會後，一個美國人設法穿過擠在拉賈身邊的崇拜者，大聲說，「我猜你的名片都發完了吧！」）幾位與會代表利用他們的大量發言時間宣傳他們自己國家即將召開的反恐會議——在莫斯科、紐約或維也納。「一場鬧劇，」此類會議的一名常客說道，他指的是川流不息的專家、情治人員，和經常參加此類峰會的外交官。「你會去馬德里嗎？」奧地利顧問詢問這名華府人員。「很遺憾，我不克參加，因為……」

「……它跟巴黎會議的時間衝突，」他們異口同聲說。

這場「鬧劇」有自己的行話。當聯合國反恐辦公室的負責人談起「前恐怖作戰人員生命週期的尾端」，我腦海中不由得浮起七年級生物課本上的青蛙圖解。然而，就算人們聽到了他們的聲音，外國恐怖作戰人員也只被當作蛆蟲。聖戰士被視為幽靈威脅，以粗糙的大頭照、乾巴巴的統計數字和猛然向下的箭頭呈現在會議室的螢幕上，例外少之又少。

與會代表們用單調低沉的聲音，照本宣科地陳述他們國家的干預措施，就像溫順的學生誦讀著沉悶的課本。我們學習到，現在不是自滿的時候，我們必須為明天的威脅預先做好準備。我們正面臨一項真正的全球性挑戰，我們必須更緊密地合作並即時分享訊息，不分國界。人民的安全受到威脅，保安工作必須與充分尊重人權相平衡。

這份君子共識的光彩在第一天早上就被打破了，當時，俄羅斯外交部副部長奧列格·瑟羅莫洛托夫（Oleg Syromolotov）振振有辭地發表主題演講，頌揚敘利亞軍隊「在——最重要的是

——俄羅斯武裝部隊的支持下」，取得了「對抗恐怖主義的巨大軍事勝利」[1]。他警告說，只有對返國的外籍戰士施加適當的嚴厲反擊，才能保證持續勝利。在俄羅斯，恐怖分子別想得到歐洲給與他們的「舒服」的軟性對待，而是必須面對「幾乎無可避免的嚴厲而正當的刑事訴訟」。他說，對人權的尊重只會束縛歐洲人，正中恐怖分子下懷，而「西方給與言論自由絕對優先權的作法」，則「極其危險」。歐洲企圖改造恐怖分子使其重新融入社會的嘗試是「危險的」，是以一種詭詐的方法「把『劊子手』變成了受害者」。

隨後，一位來自莫斯科的資深檢察官發表了關於俄羅斯反恐法律的勝利概述。「每個參與了恐怖主義的人都應承擔刑事責任，」她說。俄羅斯人若為政府視為恐怖分子的人提供食物，或讓他借宿沙發，可以被判處十年徒刑。那表示很多人都可能入獄，因為俄羅斯政府對恐怖分子的定義彈性十足，甚至包含耶和華見證人教派的信徒，以及任何一個在足球賽上施放煙火的人。

事實上，強人鎮壓不一定能遏阻恐怖活動。效果往往恰恰相反。比起不民主的社會，尊重公民自由、少數族群人權以及法治精神的民主國家比較不會成為恐怖襲擊的目標。二〇一六年的一項研究發現，在一九八九到二〇一四年間，百分之九十三的恐怖襲擊發生在較常出現白色恐怖的國家——政府部隊在未經審判的情況下處決、拷打和監禁人民[2]。當聯合國開發計劃署詢問非洲的激進分子，是什麼推力因素導致他們加入暴力極端組織，百分之七十一的人提到「政府行動[3]」，包括殺害或逮捕某個親人或朋友。

至少在紙上，包括OSCE在內的國際組織倡導其成員國採取多層面的做法來處理人們加入恐怖組織的原因與後果。聯合國呼籲以「全球性、整體性、多層次且策略性」的方法應對傭兵，包括從敘利亞及伊拉克返國的作戰人員[4]。二〇二〇年的OSCE報告強調「人權與安全之間具有連鎖效應，我們迫切需要解決侵犯人權、不公不義、貧富不均等問題」，以及培育恐怖組織的其他因素[5]。報告中盛讚「預防、起訴、感化和重新融入社會」的作法。

然而，該報告接著說，「在實際執行上，鎮壓與懲罰的做法，似乎仍然遠比預防或感化的行動更受重視」。

我並不天真。期望一場關於安全的國際會議花費大量時間探討恐怖主義的社會政治根源，就像要求漫威英雄談論他和媽媽的親子關係一樣牛頭不對馬嘴。而且平心而論，羅馬會議的重點在於外籍戰士的回歸，而不是驅使他們離開的原因。但我仍然持懷疑態度。撇開俄羅斯人的自我吹噓不談，這場會議完全不提全球地緣政治在煽動暴力極端主義上可能扮演的角色。沒有人提起OSCE成員國參與——好比說——入侵伊拉克和阿富汗，或支持沙烏地阿拉伯和埃及的獨裁政權，或者從匈牙利到美國，極右翼的政治力量愈來愈受到選民支持。

我意識到，會中欠缺的是承擔責任，以及承認這些政府在海外的所作所為，與他們在本國面臨的威脅之間存在一定的關係。政府沒有像妮古拉——ISIS戰士的英國母親——和我訪問過的其他母親形容的那樣，在凌晨兩點對自己進行靈魂拷問。事實上，妮古拉曾針對這些國際會議對我提出警告。作為曾參加多場反恐會議的資深人士，她記得有一次，與會代表探討驅使人們成為激進分子的原因。她發現沒有人提及西方的外交政策，於是舉手發表她的分析。「當然和外交政策有關！」她解釋，「如果你是索馬利亞人或阿拉伯人，西方外交政策塑造了你的人生。就算你是在歐洲長大，你也會在成長過程中聽到父母訴說西方外交政策如何影響你的家庭生活和文化。你怎麼說它不重要？」

一片靜默。暗示恐怖主義也許不僅是無權無勢的棕色年輕人心生不滿的衍生品，更有一部分是強權者——大多是白人——制定的政策的產物，這樣的說法得不到任何回應，起碼在那個大禮堂裡。

羅馬會議結束的那天下午，我走出飯店，漫步到附近涼爽且綠意盎然的波格賽公園，這是想逃離城市的炎熱與柴油廢氣的羅馬人最愛的地方。公園裡的波格賽美術館，有一幅畫描繪了古希臘強人史科圖薩的波呂達馬斯（Polydamas of Skotoussa）的故事。波呂達馬斯的力氣大得驚人，曾經赤手空拳打死一頭獅子、擋下四匹馬拉的戰車，並擊敗三名波斯戰士。但他對自身力量的信心，最後導致他的死亡。一個炎熱的夏日午後，他和幾個朋友跑到一個清涼的山洞躲避正午的大太陽。山洞開始坍塌，他的朋友紛紛逃走，波呂達馬斯卻留下來，確信他可以用他強壯的手臂撐住洞頂，結果反而被壓死了。一個肌肉發達的老邁強人，被他盲目相信自己無所不能的信念打敗了。

從羅馬回來後不久，我採訪了賴瑞・阿特里（Larry Attree）。他是一位長期研究反恐行動的分析師，也是和平建設組織「更安全世界」（Saferworld）的全球政策與宣傳部負責人。當談到解決暴力極端主義的根本成因，「大多數政府不願意反躬自省，」他告訴我，「他們忙著問，『這些人為什麼加入極端組織並使用暴力？』以至於沒想過解決更大的問題，也就是這些運動為什麼存在？在這種情況下，還有誰應該為暴力與欺凌負責？外國政府扮演了什麼角色？」

他指出，媒體和政府往往過於關注暴力極端主義，忽略了令它吸引人的條件，例如政府的貪腐以及侵犯人權的行為。以葉門為例，西方政府基本上只把葉門當作蓋達組織的避風港，沒看到這是一個由腐敗菁英治理的國家。西方為葉門政府提供經費打擊蓋達組織，這筆錢卻被用來鎮壓葉門國內的正當異議，因而導致一場激烈內戰，反過來給了ＩＳＩＳ和蓋達組織趁亂而起的機會。將鏡頭鎖定「暴力極端主義」而不是貪腐或鎮壓等更廣泛的議題，可能會產生長遠的風險。

「讀讀莎拉・查耶斯（Sarah Chayes）的作品，」阿特里在結束通話時建議我。

做為一名擁有十多年阿富汗經驗的美國記者兼顧問，查耶斯成功讓美國政府高層看見腐敗與安全在本質上的關聯性。在她二〇一五年的著作《竊國賊：腐敗為什麼對全球安全造成威脅》（*Thieves of State: Why Corruption Threatens Global Security*，暫譯），查耶斯表示叛亂大多發生在政府的腐敗既深且廣的地方[6]。對於每天面對系統化腐敗羞辱的公民來說，極端組織宣揚的道德純淨相當能打動人心。如果你曾目睹自己的姊姊被官僚性騷擾，或者開雜貨店的父親向當地警察付保護費，你怎能不加入一個致力於以伊斯蘭教法的詮釋來嚴懲性騷擾和盤剝的團體？正如查耶斯二〇一六年向參議院外交委員會發表的證詞：

〔腐敗〕令激進宗教極端分子——例如自封的伊斯蘭國——的論點顯得可信，並幫助他們從阿富汗和伊拉克到巴基斯坦、中亞、沙黑爾（Sahel）和西非等地招攬新兵和人心。他們的話術很簡單，根植於腐敗者明顯的道德偏差：「他們說出政府機關違法行為的真相，」奈及利亞邁杜古里市（Maiduguri）的居民在二〇一五年十一月二十一日的戶外對談中如此告訴我，解釋極端組織博科聖地早期宣講的內容。「他們說，如果我們的憲法建立在伊斯蘭制度上，這一切都不會發生；那將是一個公平公正的社會。」[7]

道德純淨的美夢，是這些組織的一個強大拉力。克麗絲蒂安的兒子達米安曾從敘利亞發來簡訊，譴責他在加拿大家人身上看到的頹廢習慣。曾加入ISIS的印尼少女阿菲法指出，祖國的腐敗是她移民到伊斯蘭國的原因之一。但查耶斯說明了根深蒂固的系統性腐敗，如何幫助激進分子把自己塑造成正義的道德鬥士。

讀著她的書，我想起一九九六年，當塔利班橫掃阿富汗，聲稱他們是為了恢復公理、尊嚴和秩序而來。許多阿富汗人厭倦了統治該國大部分地區的軍閥的腐敗與暴力，相信了塔利班的說詞。當然，至少在喀布爾，它們標榜的道德純淨後來成了恐怖統治。儘管嚴酷苛刻，該組織持續吸引追隨者——而腐敗持續作為有用的招攬工具。二〇〇三年美國入侵阿富汗、設立卡爾扎伊政府後，對政府腐敗的厭惡成了塔利班的招募助力：「部落長者告訴我，在一百名塔利班當中，不到四分之一是『真的』，」查耶斯寫道，「其餘的人都是因為厭惡政府而拾起了武器。」[8]

對另一種系統性不公——父權文化——的厭惡，也有助於提高激進組織的吸引力。心理學家兼奈及利亞政府去激進化專案的創辦人法蒂瑪・阿基魯（Fatima Akilu）博士指出，在奈及利亞，許多鄉下婦女有限的生活選擇，使得加入博科聖地猶如某種解放。對於九歲或十歲就得嫁人的農村婦女來說，戰鬥人員提出的加入組織或嫁給他的建議，聽起來或許非常誘人：「他們會說，『如果妳加入我們的組織，妳可以真的選擇自己想做的事，』」阿基魯博士解釋，「『妳可以擁有奴隸，以我的妻子的身分主持大局。』」女性可以當廚師，也可以組裝炸彈。博科聖地打破許多村莊的習俗，向婦女承諾，假如婚姻不幸福，她們有權離婚。「她們有生以來第一次享有那麼多選擇，並且真的在博科聖地內部取得巨大權力，」她表示。當奈及利亞政府試圖感化曾經加入博科聖地的新成員，「女性的去激進化工作比男性更難」。男性確實比較沒什麼可損失的。[9]

我的年紀夠大，足以記得「反彈效應」（blowback）曾是美國外交政策專家最喜歡的流行語。在華府為了保護英國的石油利益而廢黜伊朗民選首相穆罕默德・摩薩台（Mohammad

Mossadegh）的隔年，一九五四年，美國中央情報局的一位分析師發明了這個術語，指的是政府在海外的祕密行動引發的意外後果。阿富汗聖戰者是反彈效應存在的第一項證物；一九八〇年代，美國將他們武裝起來對抗蘇聯，接下來的十年裡，他們演變成全球性的聖戰分子。

人權組織與軍事分析師一直認為，美國在葉門、索馬利亞、伊拉克、巴基斯坦和阿富汗發動的定向無人機襲擊，正在引發現代版的反彈效應。二〇〇二年，布希政府率先採用掠奪者無人機對付海外恐怖分子。歐巴馬執政時期，無人機的使用呈指數增長，川普則將可接受的使用範圍從戰場擴大到任何「活躍的敵對地區」[10]。

但人權組織、安全分析師和軍方人士——那些曾近距離觀察無人機副作用的人——認為，無人機戰爭會適得其反。空襲意外造成的平民傷亡，加上無人機產生的焦慮與恐懼，只會疏遠民眾、激發好戰情緒。保守的加圖研究所的兩位研究員——安全專家崔佛．索爾與退役的美國空軍上校艾瑞克．葛普納——發現，遭美國入侵的國家，每年發生的恐怖襲擊事件比其他國家高出一百四十三起[11]；而遭美國無人機襲擊的地方，每年的恐怖襲擊事件則比沒有遭無人機襲擊的國家多出三百九十五起。一位前美國駐葉門外交官估計，無人機每擊斃一名蓋達組織特工，美國便製造了四十到六十個新的敵人[12]。無人機襲擊「為美國樹立了在幾代人之間延續的仇敵，」布希的「反恐沙皇」理查．克拉克（Richard Clarke）提出警告。[13]「你殺害的每一個無辜百姓都有兄弟姊妹和部落關係。他們許多人原本並不反美，然而在某個親友遇害之後，他們有時越過了界線，不僅反對美國，甚至願意拿起武器，成為對抗美國的恐怖分子。所以你其實可能是在製造恐怖分子，而不是消滅他們。」二〇一五年，四名資深的美國空軍無人機飛行員寫信給歐巴馬總統談論無人機計畫，聲稱「現任政府及其前任建立的無人機計畫，是在全球製造恐怖主義、導致動盪的最具毀滅性的驅動力量之一。」[14]

從白沙瓦的貧窮男孩和高明的招攬人員見面，或者加入為聖戰組織工作的社區幫派，我已見識到當地條件也可以成為激進組織的強大引擎。正如過分關注個人故事會令我們對運作中的地緣政治力量視而不見，反之亦然：「反彈效應」理論在美國人的使用下，也將使我們保持短視。它同樣圍繞著我們（事件的主要推動者）和他們（被動的受眾）打轉。這是一種以自我為中心的分析方法：重要的不是他們當地的現實情況，而是他們對美國勢力的反應。

就布萊恩．尼爾．維納斯（Bryant Neal Viñas）——九一一後第一個加入蓋達組織的美國人——的案例而言，不存在所謂的「我們」和「他們」之分。他的故事是單人反彈效應的例子。因為照他所言，導致他在二〇〇八年密謀炸毀長島鐵路的，正是美國發動的無人機襲擊。

我搭同一條鐵路從曼哈頓到皇后區的貝賽德，在他的律師辦公室與他會面。走在披薩店和廉價美甲沙龍林立的大街上，口袋裡還揣著長島鐵路車票，我納悶為什麼會有人決定摧毀他們從小坐到大的火車線路，以傷害他們出生的城市為目標。我們在布萊恩的律師辦公室見面，因為他基本上沒有家；他在法拉盛區一位女性的家裡租了一間房。他已跟家人和兒時的朋友斷了聯繫。

「我沒有這個兒子，」他的母親在他被捕後告訴《紐約每日新聞報》（*New York Daily News*），「我不知道他竟能幹出這種事。他再也沒有家人了。」[15]

布萊恩遲到了，連連道歉：他在一家義大利餐館刷鍋子維生，被老闆要求加班。他的娃娃臉、灰色T恤以及覆蓋在頭巾上的棒球帽，讓他看起來更像少年，而不是個三十五歲的男人。他的眼皮微微鬆弛下垂，帶著一種刻意低調的禮貌，流露出長年的挫折失意。布萊恩的成長過程中，毫無會刺激他加入蓋達組織的經歷，更無法解釋他如何在加入組織短短七個月內就成功接觸到最高指揮官。美國反恐官員稱他為「聖戰士中的阿甘」，因為他有每每出現在蓋達組織關鍵會議上的奇特能力[16]。這是一個從長島出發、僅有高中學歷、沒有人脈，雖然不懂阿拉伯語、普什圖語或達里語卻決心以身殉道的人。

布萊恩出生於一九八二年，從小在長島區美德福（Medford）的天主教家庭長大，父親是來自秘魯的工程師，母親則來自阿根廷。十四歲時，父親離開了母親，母親幾年後放棄了他的監護權。搬去和父親及繼母同住，只製造了更多緊張衝突。有一段時間，他以車為家，偶爾到鄰居家借宿。他開始在技術學院上課，但沒有完成學業。九一一事件發生六個月後，他帶著滿腔的愛國情操應召入伍，成了石油供應專家，卻在三星期後遭到免職。他收到第十一章退伍令，意指他無法適應軍隊生活[17]。

布萊恩做過卡車司機、堆高機操作員和洗車工，閒暇時以打拳擊填補時間。他第一次接觸伊斯蘭教，是在長島購物中心跟一個賣T恤的女孩調情之後。當他約她出去，她拒絕了，因為她的家人說穆斯林不應該約會。布萊恩開始四處打聽伊斯蘭教；一位巴基斯坦朋友給了他一本相關的兒童入門書。受到定時禱告、不吃豬肉不喝酒，以及強調保持身體強壯等教義吸引，他開始興起皈依的念頭，甚至在齋戒月禁食以聲援穆斯林。一天，他拜訪一座清真寺為齋戒月捐款。他拿著支票簿站在門口，被一群男人請進了門，還沒搞清楚狀況就被他們帶著誦讀了清真言（shahada），誦讀這句話即表示歸信伊斯蘭教。「你現在是穆斯林了，」男人說。布萊恩確實有皈依的念頭，但他還沒準備好。「我還想做很多罪惡的事情，」他告訴我。在我們談話的半小時裡，他第一次露出了一閃即逝、幾不可察的笑容。

皈依後的幾年裡，美國在伊斯林國家的行動令他日益憤怒。他開始在YouTube上觀看極端分子安瓦爾·奧拉基影響深遠的演說；出生於新墨西哥州的奧拉基從他的葉門基地，以道地的英語譴責異教徒的邪惡和美國的壓迫。（二〇一一年，奧拉基連同他的十六歲兒子被美國的無人機炸死。）

然而，促使布萊恩最終下定決心前往巴基斯坦的動力，是他跟朋友的一次電子郵件往來，內容談到西方對伊拉克和阿富汗的干預。「你是那種只會說說的人，」朋友指控他，「從不對自己認為錯的事情採取真正的行動。」這項指控深深刺痛了他，布萊恩漸漸相信他有責任保護穆斯林同胞不受外國占領。他請一位巴基斯坦裔的美國朋友替他在巴基斯坦找關係，他說他想到伊斯蘭學校學習教義，但事實上，他正祕密計畫加入激進組織。他但願最終成為死在阿富汗戰場上的烈士，為了對抗西方軍隊而捐軀。

二〇〇七年九月十日，他飛到拉合爾，然後繼續前往白沙瓦。沒多久，他化名為巴希爾・阿姆里基（Bashir al-Amriki），意思是「美國人巴什爾」，並被介紹加入沙赦布（Shah-Shab）——一個與塔利班和巴基斯坦三軍情報局（ISI）都有關聯的組織。

布萊恩加入時，沙赦布的任務是在阿富汗的庫納爾省（Kunar）發動襲擊，阻止阿富汗政府興建水壩切斷巴基斯坦的水源。他突然發覺，他原本希望在激進分子之間尋找的純淨目標，似乎沒有那麼純淨。此外，他發現該組織把他當成「吉祥物」，以加入組織的年輕美國新兵作為募款的賣點，「當我發現他們隸屬於三軍情報局，我就想，『我得離開這裡』，」他告訴我，「我不想替他們做那些骯髒的工作，那不適合我。」他離開了，但願找到組織帶他到阿富汗赫爾曼德省（Helmand）的平原作戰。

「為什麼想去赫爾曼德？」我問。

「我在山裡成事不足敗事有餘，」他用紐約式的長音說，「海拔太高，我病得厲害。我來自長島，習慣海平面的高度！」他覺得自己太悽慘了，於是主動要求執行自殺任務，認為殉教是終結痛苦的光榮方法。

他被拒絕了。二〇〇八年三月，他前往北瓦濟里斯坦（North Waziristan），加入另一個團體。直到另一位來自科威特的新成員告訴他，他才知道組織的名字。他很震驚。「我心想，『這是蓋達組織？真的嗎？跟我在影片中看到的不一樣啊。』」還在長島的時候，他在YouTube上看到蓋達組織的宣傳影片，身穿黑衣的男人在鐵絲網下匍匐前進、手持AK-47開火，這些畫面令他激動無比。但住在瓦濟里斯坦泥磚屋的日子很無聊。他每天都在等待分派任務，但通常毫無所獲，只能強咽下秋葵、馬鈴薯和米飯，靠著跟其他志願者閒聊來打發時間。「他們大多都是書呆子，不是在媒體上看到的那種嗜血的吸血鬼殺手，」他說。夜裡，他在爬滿跳蚤的睡袋裡睡覺。

當屋子裡的收音機接得到信號，男人們就聽聽英國廣播公司的新聞片段。布萊恩聽到尤塞恩·波爾特（Usain Bolt）在北京奧運會上獲勝，以及馬侃（John McCain）和歐巴馬競選美國總統的消息。較富裕的志願者通常來自波斯灣國家，有錢買羊肉、雞肉，還可以參加專門的戰鬥訓練。布萊恩沒錢，所以只能湊合著上蓋達組織要求志願者學習的三門課：基礎訓練、彈道武器理論和爆裂物理論。為了躲避頭頂上的無人機，課程在室內進行。布萊恩學會拆解AK-47、製作炸彈用的榴霰彈片、把膠水和滾珠軸承「像三明治一樣」黏在一起。到了七月，他完成了訓練，不久就被分派到一個小組，對阿富汗的一個美軍基地發動迫擊砲襲擊。但在第一次行動中，無線電觀察員離開了崗位。第二天，火箭彈沒有擊中基地，任務流產。

跟布萊恩交談就像經歷了一場認知失調，我看不出這個來自皇后區的傢伙有成為自殺炸彈客的任何跡象，也察覺不到他的憤怒，更別提想炸毀長島鐵路。「你為什麼提議這麼做？」我問，

「是為了讓指揮官另眼相看？還是因為對美國人或紐約人懷恨在心？」

布萊恩頓了一下，然後用他那低沉單調的聲音說，「當你身處戰區，」他說，「你耳邊聽到的無非暴力。」聽久了就習以為常，他說。

我繼續追問，想弄清楚是什麼令他從攻擊巴基斯坦的西方人，轉而攻擊紐約的通勤族。他最後告訴我：因為美國的無人機。一開始，飛過頭頂上空的掠奪者和收割者無人機只是讓人心煩意亂。「你有時能聽見它們，」他說，「晴天的時候，你能看見它們。人們時時刻刻意識到自己可能隨時喪命。」

有一次旅行穿越瓦濟里斯坦，他和其他幾名武裝分子在一家孤兒院停下來喝茶。不久後，一架無人機轟炸了孤兒院。聽到消息時，想到那些死去的孩子，他的心變硬了。他的聖戰理念從參與地方作戰轉變成攻擊美國平民。他語氣堅定地解釋，他想報復做出那些事情的人。「我並不以此為傲，但在那種環境下，報復成了正常的事。」

停頓一拍後，他輕聲地補充說，「戰爭非常醜惡。」

就這樣，布萊恩發現自己在蓋達組織位於瓦濟里斯坦的藏身之地，向高階指揮官說明炸毀長島鐵路能癱瘓紐約市。他還提出其他計畫——炸掉一家沃爾瑪（Walmart）、在祕魯開辦訓練營——但長島鐵路案是唯一能激起指揮官興趣的計畫。一天夜裡，和高階指揮官尤努斯・毛里塔尼（Younis al-Mauritani）共進晚餐時，布萊恩畫出家鄉長島的地圖，說明各個主要車站、最擁擠的尖峰時間，以及最重要的是，所有通往曼哈頓的列車如何匯入同一條隧道。他說明，自殺炸彈客的最佳攻擊計畫，是在隧道內引爆火車上的炸彈。毛里塔尼深感興趣。他告訴布萊恩，此類爆炸事件的重要性不在於傷亡人數，而在於破壞經濟。

這項密謀從未付諸實行，不過我記得，二〇〇八年感恩節前夕，我從收音機上聽到紐約市的旅客收到警告，「可信但未經證實的消息」顯示蓋達組織密謀在假期期間行動。這項消息是來自布萊恩。

如果說布萊恩的故事前半段是關於反彈效應的一次教訓，那麼後半段則是關於返鄉過程的曲折複雜。事實證明，就連美國政府都承認，他在蓋達組織的經歷，或許是西方世界對蓋達組織的最大情報來源。美國政府的檢察官寫道，「說這名被告為政府提供了大量協助，遠遠不足以形容他的貢獻。」[18]

他是秋天在白沙瓦遭到逮捕，當時，他正在等武裝分子到了春天再次展開戰鬥。一天，他在集市上跟店家就步槍瞄準鏡討價還價時，被巴基斯坦警察拘捕。警方把他交給美國人，後者把他帶到阿富汗的巴格拉姆（Bagram）空軍基地，從那裡引渡回美國。負責案件的聯邦調查局主管唐．博雷利（Don Borelli）記得自己看著聯邦調查局的飛機在紐約的紐堡落地，「一個瘦巴巴、看起來很虛弱的小伙子」走出飛機。

被捕後，布萊恩幾乎立刻向當局供述他知道的消息。當我追問他為什麼這個快就招供了，他支支吾吾，閃爍其詞地說他「一開始只給出部分消息，還不願意全盤托出。」

當你跟負責感化激進分子的人交談，他們會強調那是一個緩慢、多頭並進且高度個人化的過程。感化工作通常歷時數年，每個人都在微小的成功和挫敗之間反反覆覆，最好根據個人需求，精心挑選適合的工作團隊。對於信奉激進神學的人，他們會延攬伊瑪目、社會工作者和心理學家。對於吸毒成癮的新納粹分子，他們會聘用戒毒顧問，以及熟悉當地白人至上主義情況的導師。

布萊恩的感化計畫完全沒有這些待遇。的確，很難將他的轉變視為真正脫離組織；他的倒戈更像是投機行為，純粹為了活命。我請他明確指出他開始認真思考和美國情報機關合作的時間點，他描述自己坐在布魯克林監獄的禁閉室裡，渾身發冷，聽著其他囚犯大吼大叫，回想起過去的種種失望，「曾經出賣我的每一個人，以及他們許下的每一個承諾。」

一天，兩名警探把他帶出監獄、塞進車子裡、載他到納森名人餐廳（Nathan's Famous）吃熱狗和薯條。得知他是大都會隊的終身球迷後，他們又帶他到球場看該隊附設的小聯盟球隊布魯克林旋風隊（Brooklyn Cyclones）打球。其中一位警探認識球隊總經理，便詢問他們是否可以繞著內野走一圈，並以最籠統的說詞說明囚犯的情況：「嘿！這邊這位布萊恩剛剛從阿富汗回來！他進了那邊的山區。」想起那一幕，布萊恩輕聲一笑，「總經理臉上的表情就像在問——什麼？」

布萊恩的雙手銬著，繫在腰間的鍊子上。他繞著內野走一圈，那一刻，他覺得滿足，甚至喜悅，「就像孩子看見喜歡的東西一樣」。

後來，當他在停車場等著其中一位警探取車過來載他回監獄，另一位警探轉身面對他。「你打算下半輩子都待在最高警戒的監獄嗎？」他問，「或者——」他張開雙臂，環顧停車場——「你想不想重獲新生？沒有幾個人能得到重生的機會。」

就是在那一刻，「他們說服了我，」布萊恩說。

布萊恩一對聯邦調查局鬆口，美軍立刻展開行動。根據他的情報，中情局的無人機轟炸了他曾經受訓和生活的地方——包括做為安全藏身之地的瓦濟里斯坦泥磚屋。[19]他給出的情報，很可能直接導致他的老戰友喪命。

想起這些會感到痛苦嗎？我問他。

「有一點，但我的想法是，如果我要拋棄過去，就不能再把他們當成朋友，」他聳聳肩，「是有點難，但我認為現在就該這麼做。」

布萊恩在複述他的故事時，渾然不把自己的忠誠當一回事。反覆出現的情節令他的故事十分精彩；他彬彬有禮地回答我的問題，但沒有太多情緒。他輕易從一個激進組織轉投到另一個組織，先是為蓋達組織然後又為美國人提供情報，讓我想起並非每一位聖戰士都抱持某種意識形態，更遑論堅定的政治信仰。

布萊恩的律師史蒂夫．齊索堅稱，他的客戶沒有他聽起來的那樣圓滑。「我覺得他的心裡並不好過，」他說，「知道自己害死了某些老戰友，是一件很難承受的事。」布萊恩提供給聯邦調查局的消息導致了多少人喪命，我們無從得知，但鑒於美國政府如此看重他的情報，齊索推斷「死了很多人」。

當我問布萊恩，他究竟是什麼時候真正放棄之前的激進目標，他聳聳肩說，「在你認罪的那一刻就揮別了過去的生活。」

「但是你的世界觀變了嗎？」我繼續追問，「我是說，你幫助你原本對抗的軍隊轟炸以前的弟兄。對於你一開始想要打擊的不公不義，你的看法改變了嗎？」

他說，他仍然認為西方勢力不該干涉穆斯林國家，但「我現在已經見過另一面，更深刻認識到兩邊都有錯。」

對於布萊恩如何從潛在的自殺炸彈客搖身成為美國的情報資產，我仍然大惑不解。負責審理此案的法官尼古拉斯．加勞菲斯（Nicholas G. Garaufis）也流露出類似的困惑。他指出，被告驚人的一百八十度大轉變，令他的判決變得棘手：「維納斯先生犯下殘暴罪行，但他在被捕後積極配合，兩項事實擺在一起，令判決維納斯先生的任務極其困難。」[20]

我後來問齊索，他認為他的客戶為什麼如此快速且徹底地改變效忠的對象，律師緩緩吐了一口氣。「呃……是啊，我也不確定。也許只是因為不想在監獄裡度過餘生。」

後來，聯邦調查局的博雷利告訴我，被俘的武裝分子在短短幾天內、甚至幾小時內就開始招供，不是什麼稀奇的事。許多人迫不及待地說出他們的經歷。他們的內心以往靠著加入組織來填滿，現在則往往感到空虛。「當他們落網、失去了組織，訴說他們的故事有時能幫助他們讓回憶栩栩如生，」他說，「或者填補其他空虛，給與他們某種目標。」

正如《推銷員之死》（*The Death of a Salesman*）中美夢破碎的威利・洛門（Willey Loman），人們應該多關心他們。而布萊恩確實得到關注：九年的牢獄生活中，他接受了上百次的訪談、審核了上千張照片、在美國及海外協助超過三十起的執法調查。「他拯救了那麼多無名無姓的受害者，」齊索敲著桌子以示強調，「士兵！穆斯林！非穆斯林！男人、女人和兒童，那些從不知道自己差點受害的人！」

布萊恩和齊索都希望，他對政府的配合，可以為他贏得加入證人保護計畫的機會。當齊索在布萊恩出獄前一天得知他的申請被拒，齊索怒不可遏：「現在他媽的該怎麼辦？」他納悶。布萊恩沒有家人朋友、身無分文，無處可去。齊索說服當局替他付一個月的旅館費用。被分派到此案件的聯邦調查局特工法博德・阿札德（Farbod Azad）前來探望，給布萊恩帶來水果口味的早餐穀片和牛奶——然後告訴他，聯邦調查局不會繼續替他付房錢。另一個政府機關替他續租了一個月，在那之後，他被送往收容更生人的中途之家。他必須自力更生，需要找個差事。[21]「那就像是，『再見，謝了。祝你在遊民收容所一切順利，』」齊索說。時隔一年，他依然有些忿忿不平，

「他們簡直就像試圖把他逼回極端主義。」

齊索是個滿頭白髮的長者，辦理過許許多多恐怖主義案件，認為替前激進分子指引人生道路是「道德與職業責任所在」。假如前聖戰士出獄之後被剝奪了前途，他們「不僅可能再次犯罪，」他說，「還可能犯下極其兇殘的罪」。

律師與布萊恩之間遠遠超過業務關係。齊索給了他一本名家散文選集，兩人在律師辦公室一起吃飯，探討哲學與歷史。齊索想在閒談間灌輸他的一個觀念是，穆斯林人民並非總以懷疑的眼光看待美國的外交政策。聽到中東民眾曾熱烈歡迎美國高官到訪，貝魯特竟然還有一條約翰甘迺迪大道，這個在後九一一世界成年的年輕人深受震撼。

他們還絞盡腦汁替這個勉強從高中畢業、舉目無親、還有重罪前科的傢伙規劃未來。布萊恩稱齊索為他的參謀，齊索稱布萊恩為「兒子」。「要是兩三天沒見到他也沒聽到他的消息，我會傳簡訊問他：『你在搞什麼鬼？你他媽的在哪裡？』」齊索露出慈祥的微笑，「他會說，『怎麼了？』我會告訴他，『你不能這麼長時間不打一聲招呼！』」

根據他的緩刑條款，布萊恩不得擁有個人電腦，所以他在齊索的律師事務所收發電子郵件。他是那裡的常客，會替全辦公室的人跑腿買咖啡、影印文件，或者幫忙安裝無線路由器。「這裡每個人都喜歡他，」齊索說，「他什麼雜事都願意幹。」我跟布萊恩聊到一半的時候，齊索從門口探出頭揶揄這名前恐怖分子：「別提那些會害你抓狂的事情，好嗎？」

我緊張地笑了笑，但他們之間的溫情顯而易見。更重要的是，為了避免布萊恩再次不知不覺陷入極端主義，這樣的迂迴策略非常重要。

齊索希望布萊恩最終能轉而投入反恐的行列。他一開始拒絕了。齊索告訴我，「他只想加入證人保護計畫，然後從人間蒸發。」這名參謀花了好幾星期時間，苦口婆心地向他的客戶說明光明正大的生活有什麼好處。「我對他說，『聽著，你現在三十五歲。你真的希望一輩子提心吊膽地活著？還是想要過有意義的生活？你真的想要換個名字躲躲藏藏？現在機會來了，你可以扭轉人生。』」

儘管背負著社會汙點，也有可能遭蓋達組織報復，但光明正大的生活讓布萊恩得以從事有意義的工作。紐約市警局的前情報分析主任米契爾．希爾博（Mitchell Silber）聘請他擔任兼職顧問，加入名為「平行網路」（Parallel Networks）的反恐專案。他們兩人共同寫了一篇文章，並在華府的智庫發表演講。布萊恩日後或許也有機會在好萊塢賺錢：齊索一直在跟洛杉磯的人討論將他的人生故事寫成劇本。

在那之前，這名前激進分子靠著替紐約市清除鉛和石棉維持自己的生計。齊索打趣說，清除石棉的差事莫名其妙地適合他——就像是他替美國情報機構揭露蓋達組織毒素後的延伸工作。

走回長島火車站的路上，我陷入沉思：布萊恩選擇的道路不是出於意識形態，而是受生存和機會主義所驅使，這是非常美國化的作風。入獄服刑八年半之後，他基本上在監獄門口遭國家遺棄，這說明了美國缺乏感化策略。更廣泛地說，在凡事幾乎都得靠自己的國家，如此突然地斷絕關係是標準的作業程序。他不能期望像在北歐受到福利制度或政府安全網的幫助，也無法像在許多穆斯林國家，得到部落和大家庭的支持。來自長島郊區的人沒有自己的村莊可回，也沒有長者為你指引方向。幸運的話，或許你的律師除外。

我們的文化崇尚活力與個人主義，勝過傳統或親屬關係，特別適合沒有根基的人白手起家。比起我採訪過的其他激進分子，布萊恩更靠著自己一步步走來，憑運氣與智慧進入蓋達組織，然後運用同樣的智慧在獄中成為聯邦調查局的重要資產。他的人生第三幕也是典型的美國故事：他被排除在證人保護計畫之外，必須在沒有親人、沒有錢也沒有正式受到感化的情況下離開監獄。

在我們這個國家，南美洲移民之子可以成為興都庫什地區的聖戰分子，而他為了生存，可以迅速轉身向聯邦調查局提供情報。這片土地以輕率的態度看待其他國家的事務，借用臉書早年的標語，我們可以「快速行動、打破陳規」；布萊恩之所以能夠如此快速倒戈，就是跟這片土地學習的。美國自身力量強大，似乎沒有學會反彈效應，也沒有把在海外引發的恐慌與國內許多公民的恐懼連結起來。當無人機從內華達沙漠的基地飛到瓦濟里斯坦，我們知道它們會再飛回來。當我們的目光停留在國內的政治舞台，瓦濟里斯坦發生的事就只能留在瓦濟里斯坦。

對於一個以想像未來為傲的國家，在理解過去上，美國人做得很糟。直至最近，白人始終能夠忽視我國歷史上的幾樁基礎罪行：竊取美洲原住民的土地及蓄奴。幾世代以來，黑人不斷要求正視美國的種族主義，並重新思索令種族主義長期存在的制度。最近，「黑人性命不容踐踏」等運動迫使全國展開對話，並使某些領域發生了變化。為過去負責是一個緊張且笨拙的過程，需要美國人卸下國家神話，強迫家族和機構審視他們的財富與權力來源。這是個緩慢的工程。

如果誠實描述美國人在本土犯下的暴行是件困難的事，那麼正視我們在遙遠衝突中扮演的同謀角色，想必難上加難。我們許多人需要發揮想像力，才能看見奴隸制度的長尾效應如何鞭笞我們今日的社會，要看清西方帝國強權幾世紀以來如何在海外煽動暴力的事實就更困難了。我們很難理解美國的對外戰爭對全世界造成了什麼影響；我們打的戰爭會令我們陷入更多危險，而不是變得更加安全；被我們扶持來打擊恐怖主義的強人，最終可能激化恐怖主義存在的條件；也很難理解腐敗和國家暴力如何滋長恐怖主義。

恐怖分子的源起故事不僅存在於家庭或社區，也需要從國家機構中尋找。我知道我必須看到更大的全貌，審視一個曾經被暴力極端分子統治的國家，一個曾因對他者的仇恨而陷入困境並威脅全球秩序的國家。在那之後，這個國家深切反省了暴力極端主義如何腐化國家的民主。

顯然，下一個該去的國家，就是德國。

量子糾纏

若說哪個西方國家曾經被迫檢討其暴力極端主義歷史，那就是德國。現代柏林是譴責該國納粹歷史的一座紀念碑；街道上密布「絆腳石」（Stolpersteine）——鑲嵌在人行道上的黃銅板，上頭鐫刻著每個被抓到納粹集中營的柏林猶太人的姓名，以及他們被帶走的日期。歐洲受害猶太人紀念碑（Memorial to the Murdered Jews of Europe）坐落在希特勒曾經的行動中心附近；而在「恐怖地形圖」（Topography of Terror）——一座蓋在納粹黨衛軍總部遺址上的博物館——遊客目瞪口呆地緩緩移動，試著消化吸收第三帝國崛起和興盛的歷史。走在柏林，就是在看一個國家如何在街道上和石碑間療傷止痛；這是一座刻意揭開瘡疤為過去負責的城市。

我前往國家為了鼓吹寬容而設的神殿——位於著名的柏林圍牆崗哨查理檢查哨（Checkpoint Charlie）附近小巷弄裡的一家書店。那是德國聯邦公民教育局的媒體中心，在這裡，頂到天花板的落地式書架擺滿了書籍，教育德國人認識緊迫的當前時事（假新聞、飢餓、環保主義、歐洲的薩拉菲派伊斯蘭教）和歷史議題（奧許維茲、東德和第一次世界大戰）。千禧世代的人可以閱讀《探照燈》（*Fluter*）；這是一本精美雜誌，內容涵蓋從塑膠到移民等五花八門的議題。辦公室主管可以領取免費海報，張貼關於同性戀恐懼症和反猶太主義的警告標語。兒童透過玩紙牌來學習德國的政治語彙。螢幕上放映Hanisauland卡通影片，故事是關於一群動物建立了民主國家，對抗獨裁的「哈哈老闆」（Hahaboss）帶領的怯懦的「仇恨兔子」——一群穿著紅色吊帶褲的卑鄙兔子。

媒體中心的目標高尚，並受到德國政府大力資助。它展售的商品帶有一絲破釜沉舟的味道，就像《大亨小傳》中的蓋茲比為了贏回黛西．布坎南的心而扔掉襯衫一樣。我向店員問起顧客的情況，他們說顧客通常是在戰爭陰影下成長的老年人，還有一些好奇的年輕人。極右翼極端分子有時也會上門，不過不是來瀏覽，而是來滋事。他們嚷嚷著說書架上的刊物全都虛假不實！真相不在民主價值觀裡頭，而是藏在其他地方。他們說，讓德國回到屬於德國人的舊時代！

收銀機旁堆了一大落袖珍版《德國基本法》，也就是德國憲法，供民眾免費索取。書中的題詞陳述了德國戰後追求戰鬥性民主（militant democracy）的決心，誓言捍衛該國的自由民主制度——即便那意謂著必須削減某部分的自由。鑒於希特勒是透過議會民主制度上台，憲法制定者加入了「永恆條款」，表示某些原則永遠有效，即便聯邦議會的多數決也不能扼殺人權或三權分立。該國最高法院可以下令關閉傷害民主或對共和國產生威脅的協會或政黨。為了維護民主準則，德國限制了某些言論自由，例如禁止公開展示納粹符號或納粹式敬禮，除非是為了教育或藝術目的。隨著網路上的仇恨言論日益加劇，德國是監控網路內容的急先鋒。他們在二〇一八年通過一條叫做NetzDG的法令，規定社交網路平台迅速移除「明顯非法」的內容，否則將面臨巨額罰款[1]。

德國知道為整個國家去激進化有多麼困難。在近半數醫生都曾是納粹黨員、大學理學院曾開設種族主義課程的國家，如何建設一個包容的社會？納粹意識形態如此深入人心，以至於在戰後，「除了罪大惡極的罪犯之外，所有人都被允許蒙上一層遺忘的面紗，」歷史學家詹姆斯·霍斯（James Hawes）寫道[2]。同盟國陣營的每個國家，都在戰後嘗試以帶有各自政治文化印記的方法改造納粹分子。俄國開辦了「反法西斯學校」，德國戰俘被迫公開揚棄納粹信條，轉而學習馬克斯列寧主義[3]。美國的「思想工廠」向第三帝國的前士兵灌輸法西斯主義之惡，以及民主制度與資本主義之善。英國的感化工作向劍橋牛津的教育制度和議會的辯論歷史借鑑。後來，事實證明，成立於一九四九年的東德比西德更擅長去納粹化，正如蘇珊·奈曼（Susan Neiman）在《父輩的罪惡：德國如何面對歷史，走向未來？》（*Learning for the Germans: Race and the Memory of Evil*）中寫的，「比起西德，東德將更多老納粹分子送進審判，並摘去他們的公職，」她寫道，「美國與英國占領區的部隊最初制定一項大規模的去納粹化方案，打算根據德國人的罪行程度將其分為五大類，並給與相應的赦免、懲罰或再教育，但任務異常艱巨。」沒有幾個盟軍士兵的德文流利到足以閱讀納粹高層必須填寫的問卷。不久後，冷戰分散了美國人和英國人的注意力，他們將心思轉向尋找盟友對抗新的對手，而不是懲罰舊的敵人。西德的去納粹化專案漸漸失去動力，政府選擇將重心放在賠償受害者，而不是感化納粹。[4]

不過，西德即使無法全面去納粹化，仍努力防止納粹捲土重來。一九五〇年代起，政府便積極建設支持民主與多元主義的制度。建立強大的公民社會是杜絕另一個希特勒崛起的最佳辦法；受過良好教育的公民、健全的非政府組織以及自由的新聞媒體可以制衡政府的權力，防止德國再次受極權主義威脅。西德哲學家尤根・哈伯瑪斯（Jürgen Habermas）為德國公民闡述了官方的戰後理念：追求自由民主秩序，而不是任何種族的或民族主義概念下的德國。[5]茱莉亞・貝爾契克（Julia Berczyk）和弗洛里斯・維爾默朗（Floris Vermeulen）在針對德國去激進化專案的大調查中寫道，「世界上沒有其他國家如此明確表達了捍衛民主、對抗極端主義的立場。」[6]

其他西方國家將暴力極端主義定調為某種畸形的、或者屬於異國的東西，將它阻隔在較廣泛的文化潮流之外。鑒於國家歷史，德國承受不起這樣的幻想。顯而易見的是，德國致力於打擊極端主義的方案，數量比地球上其他國家都多：大約有七百二十個計畫，其中半數由政府管理，另一半則由民間主持。[7]在現代德國，正式的暴力極端分子脫離方案，最早創立於一九九〇年代，當時是為了回應東西德統一之後激增的右翼暴力事件。[8]

隨著伊斯蘭激進主義的隱患與日俱增，去激進化人員運用他們從右翼極端分子感化工作學到的心得，幫助過去與潛在的聖戰分子。德國有五花八門的方案來協助極端分子，他們所屬的組織也讓人眼花撩亂；也有各式各樣的計畫，旨在從頭阻止他們加入激進組織。去激進化從業人員的戰術從心理諮商、青年文化到反制極端主義的誘惑，無所不包。一對一的輔導可以持續多年。一些團體主張「直面過去」（*Vergangenheitsbewältigung*），呼應了國家在正視與譴責納粹歷史上的努力。[9]有些專案要求個別的極端分子為他們過去的罪行負責。一個名為「暴力預防網路」的柏林去激進化組織，為他們稱為「責任教育」的程序登記註冊商標，鼓勵暴力極端分子在其他罪犯面前解釋他們的行動。

和我採訪過的英國從業人員相比，服務於預防與脫離領域的德國人享有充裕經費，足以為他們的每一位客戶量身訂製計畫，並且視客戶需要提供長期協助。他們在當地深耕，知道哪支納粹重金屬樂隊擁有當地的追隨者，不過當他們需要支持，也能夠調動地區性與全國性的資源。在德國，我看到了一個既能從全國性、系統性的角度看待問題，又能從個人角度逐一處理問題的國家。

我前往德國東北部工業重鎮布萊梅（Bremen），見識了幫助年輕人脫離右翼環境所需的耐性。在一間閒置的一樓辦公室，我見到公立的反極端主義專案VAJA的輔導員奧萊。（基於工作性質，他要求我隱匿他的姓氏。）奧萊戴著眼鏡、一頭金髮，看起來像個認真的研究生。他告訴我，要把右翼極端分子從他們舊的團伙中撬走，可能需要很多年時間：「我們得費很多、很多、很多唇舌。」

每星期五，VAJA街頭工作團隊會前往邊緣化青年閒晃的地方，在停車場、遊樂場或公車候車亭出沒。為了亮明身分，他們會穿VAJA的兜帽上衣，免得被誤認為警察。他們會跟年輕人討一支菸，想辦法搭訕。在頭一個月左右，年輕人常常考驗街頭工作者，看看他們會對反猶太笑話或毆打移民的故事作何反應。VAJA輔導員用心傾聽，並提出保證。「你們是右翼極端分子，」他們會對年輕人說，「不論你做過什麼錯事，我們都想跟你談談。」

VAJA採取的是「接納式青年輔導法」（Acceptance-Based Youth Work），意思是「我們會把一個人的行為和他的思想——以及他本人——區分開來，」奧萊解釋。「他是納粹，但他也是人。我們接納這個人，但我們不接受這種態度。」VAJA的輔導工作大多超過一年。「我們將人視為擁有許多不同層面，」他說，「不要只把他當成法西斯主義者或納粹，要從整體角度看待這個人。」

奧萊對右翼「追隨者和同情者」——涉足右翼環境但還沒變成死忠分子的人——進行一對一輔導。不過，當客戶是右翼領袖，脫離組織意謂著需要新身分或搬到新的城市或國家時，他會請來訓練有素的ARUG專家；ARUG是專門幫助前極端分子開啟新生活的組織，總部位於布萊梅南方的狼堡（Wolfsburg），距離兩小時車程。

對於年紀較輕的「追隨者」，工作重心通常更傾向於把他們推到新的方向。VAJA為年輕人立下的規矩是無可商量的。他們必須跟以前在新納粹環境中認識的每一個人斷絕關係，刪除手機裡的所有號碼。他們不能參加右翼集會或音樂會，也不能穿印有白人至上主義符號和標語的衣服。「如果他們聲稱沒有衣服穿，我們會幫他們買些新的，」奧萊說，「工作的一半是除舊，另一半是布新。如果沒有找到新的焦點，而這個人的狀況不穩、沒有興趣愛好、整天無所事事，他們很快就會走回頭路。」

我認識他的時候，奧萊已經花了兩年半時間輔導十五歲的薩沙，而且看不到盡頭。他的主要目標之一，是幫助這名新納粹分子找到新的愛好，取代他聆聽手機上五百首白人優越主義禁歌的熱情。

接連好幾個月，薩沙每星期都央求奧萊帶他去游泳。奧萊雖然有些困惑，但為了替男孩找到新的愛好，最終還是答應帶他去游泳池。在更衣室裡，他看見薩沙的大腿纏著一大塊繃帶。「那是怎麼回事？」他問，雖然他的心裡已經大概有數。

薩沙撕開繃帶，露出自己動手紋的卐字刺青。這個男孩在公共場所露出這個符號，觸犯了禁止展示納粹標誌和符號的德國刑法第86a條。

「他說不出口，但他想秀給我看，」奧萊解釋，「那就是他想來游泳的原因。」炫耀這個刺青只是他對奧萊的一次考驗。「他總是在測試底線。有點挑釁味道，但同時也是在呼救！」最後，薩沙的母親付錢讓他遮蓋他的卐字符號。覆在上頭的新的紋身是個維京人——一種不那麼招搖的白人優越主義符號。

脫離舊團伙是個過程，以薩沙的案例，看來會是一個非常漫長的過程。

奧萊所做的是件吃力不討好的工作，他說，「這是個艱苦的重活。」好幾位業內人士告訴我，德國去激進化人員寧可輔導伊斯蘭極端分子，也不願跟新納粹分子合作。「連奏」（Legato）專案的負責人安德烈．陶伯特（André Taubert）說，「大家都想在伊斯蘭主義者的領域服務。」該專案的總部設在漢堡市，負責協助有可能走向伊斯蘭極端主義的年輕人及其家人。他認為原因很簡單：極右翼極端分子經常恫嚇預防專案的工作人員，而德國的伊斯蘭極端分子不會。「這些宗教極端分子沒興趣針對我，但假如你輔導的是右翼極端分子，你會成為攻擊目標。如果你是在青年俱樂部工作，而你們有一套對付極右派的特別計畫，你的俱樂部說不定第二天晚上就會遭人縱火焚毀。你可能在街上被痛毆，你的房子可能被胡亂塗鴉。大家都會害怕。」

二〇一四年到二〇一七年間，右翼極端組織的成員從兩萬一千人增加到兩萬四千人，其中大約半數有暴力背景。梅克爾總理二〇一五年決定向一百萬敘利亞難民敞開大門後的第二年，發生了三千五百三十三起襲擊移民和難民收容所的案件。[10]或許最令人不安的是，許多縱火犯並非眾所周知的右翼煽動者，而是沒有犯罪紀錄的普通德國百姓[11]。二〇二〇年，德國內政部長霍斯特．傑霍夫（Horst Seehofer）警告說，右翼極端主義是國家面臨的「最大威脅」。陶伯特告訴我，跟伊斯蘭極端分子的行動相比，「在德國，右翼極端主義的暴力程度要高出一千倍。」

儘管如此，多年來，許多德國人基本上認定極端主義必定跟穆斯林掛勾。二〇一七年，旨在加強反極端主義公民價值的政府組織「民主生活！」（Demokratie leben!）贊助了二十八項關於伊斯蘭極端主義的示範專案——相較之下，他們僅贊助十二個有關極右翼極端主義的計畫。不過，在民意調查顯示百分之二十的民眾有種族歧視的國家，並且存在做為反對黨的右翼德國另類選擇黨（AfD），專注於伊斯蘭而不是右翼極端主義者，純粹是在迎合大多數人的心態。陶伯特解釋，德國白人認為自己可能受到聖戰炸彈客危害，但不會受到右翼極端主義威脅。「正常的德國人不怕右翼極端分子，」他說，「我們大多金髮碧眼，不是他們的目標。」

尼可．狄馬科天生金髮，但這不妨礙他成為極右翼的針對目標。他曾被人劃破汽車輪胎，也曾被堵在一場反法西斯會議中，聽著敲打大樓窗戶的數十名納粹在外頭叫囂。這名瘦弱的四十歲男子像蜥蜴般警覺，他穿著一件無袖的黑色T恤，上頭印著一隻張牙舞爪的貓——這是反資本主義工會的標誌。他的頭髮亂糟糟的，纏成許多短辮子。這些年來，他把頭髮染成夕陽紅，甚至泡泡糖的粉紅色。「有些人不跟我說話，他們跟我的頭髮說話，」他笑著說。

髮型說明了尼可對龐克音樂的熱愛，但也是他的一項專業工具。在德國青年的風格符碼中，那表明他是左派分子，暗示他反對極右派。對他在工作中遇到的新納粹青年來說，他那件帶有紅色無政府主義標誌的皮夾克，使他成了他們的挑戰兼攻擊目標。他長得「很刺眼」——像是眼睛裡的一顆沙，刮壞極端主義者眼中過於光滑的世界。「當我主持關於納粹主義或種族主義的研討會，他們知道我是敵人，」他說，「通常在學校課堂上，那些小鬼會說我必須進毒氣室。」

尼可效力於「文化互動」（Cultures Interactive），這是一個反極端主義組織，運用次文化的力量向人們展示在僵化的極端主義思維之外還有許多可能性。該組織舉辦的龐克、塗鴉、滑板和DJ班，是以捲入暴力極端組織或受其吸引的年輕人為目標。尼可說，這些活動源於德國豐富而複雜的青年次文化潮流，能藉由激發關於種族主義、暴力、性別與認同的對話幫助年輕人拓展視野。

他曾輔導一群「非常暴力」且曾加入新納粹組織的十四、五歲女孩。她們曾拿棒球棍毆打一個男人，謊稱他有變童癖。後來真相大白：她們都曾被迫跟組織中較年長的新納粹分子發生性關係，轉而將她們的怒氣發洩在陌生人身上。尼可輔導這些女孩的那一年，他發現她們把所有怒火保留給其他人，卻溫柔地對待彼此，甚至充滿愛意。他打電話給在酷兒（queer）饒舌界享有一定名氣的饒舌歌手蘇姬，安排她專為女孩開一場演唱會：「這些女孩看了演唱會，已離開納粹組織，現在全是同性戀！」

尼可的大部分工作涉及幫助年少的空想家透過事實建立觀點。當新納粹青年慷慨激昂地指控德國已落入猶太人或光明會（Illuminati）之手，他給他們看德國前五百大富豪名單，告訴他們有權有勢的人並非某個黑暗祕密組織的成員，而是有名有姓的公眾人物。

他想起一個打定主意建立納粹社會的少年。尼可輔導他一年卻毫無進展之後，決定訴諸一種稱為顛覆性刺激法（subversive irritation method, *subversive Verunsicherungspaedagogik*）的尖銳提問策略。男孩下一次高談闊論，說著要把穆斯林和移民送往集中營，尼可逮到了機會。「好吧，」他反問道，「你打算用暴力圍捕這些人，把他們帶到集中營處決嗎？」

男孩遲疑了。

「他們也許不想去，」尼可緊追不放地說，「畢竟，他們和你一樣在這裡生活。當他們應門，他們可能不會心甘情願地走。所以你大概得使用暴力。」

也許不必用暴力，男孩有氣無力地說。

「好吧，那你會怎麼做？」

也許，男孩提議，他可以開火車，把他們載到集中營。

尼可點點頭。「可以。這麼一來，你就是送他們去死。」

細細思索後，男孩不想開火車了。也許，他猜想，他可以幫忙打掃營區。

「所以，你會讓別人做壞事，而你從旁支持？」尼可問。

一陣沉默。「也許，」男孩說，「我不想殺人。」

不久後，男孩脫離了極右翼運動——到頭來卻加入了一群暴力的搖滾樂手。「我達成了目標，但結局並不圓滿，」尼可說。這段經歷揭露了反極端主義工作中一個非常普遍的問題：新納粹分子的身分，往往只是更深層次問題的表層。那男孩吸毒、酗酒、一年到頭看不到父親。「你可以矯正右翼思維，不過那麼做只會掩蓋他的真實情況，」尼可沉思，「那顯示我們能做什麼——以及對哪些事情無能為力。」

尼可非常了解年輕極右翼極端分子的複雜面，一部分因為他自己也曾短暫地成為其中一員。他六歲以前一直住在義大利，父親是義大利人，母親是德國人。當他搬到魯都（Rudow）——柏林的一個勞工階級區——本土意識強烈的人稱他為外國人，因為他的德語有義大利口音。一些父母禁止子女和他一起玩，聲稱義大利人身上長蝨子。當地一家由義大利移民經營的冰淇淋店，突然遭到直接開在對面的另一家店惡性競爭，那家店的招牌上寫著尖銳的標語：「我們的土地，我們的冰淇淋」。尼可很早就學會害怕當地的新納粹幫派，這群混混經常毆打被他們視為移民的人。

如果尼可的口音使他成為某些魯都居民眼中的外人，他的金髮則使他成為移民子女的攻擊對象。十四歲時，他遭到阿拉伯和土耳其裔的男孩圍毆。他的母親報警，警方派了一個有啤酒肚、頭髮兩邊削短後面留長的傢伙過來，尼可不由得以為他是卡車司機，而不是警察。當男孩描述攻擊他的人有深色皮膚和頭髮時，那傢伙說這樣的描述根本沒用。「他們全都長那樣，」他繃著臉說。

他坐在尼可母親家的沙發椅上，嘀咕著這一帶變得愈來愈暴力，建議尼可跟其他德國人聯合起來，以策安全。當時，這個建議既為尼可的恐懼提供了實際解決辦法，又肯定了他的歸屬，感覺很好：「第一次有人說我是德國人。」

一天晚上，在新納粹國家民主黨青年團的地下室會議上，他聽到關於需要保護「真正的德國人」免受「外國人」侵害的演講。有人舉起手說，為了維持街上的秩序，德國人需要的是巡邏隊。

這場會議令尼可震撼不已。這是他第一次窺見運作中的惡性循環：右翼種族主義激發聖戰種族主義，恐懼成了分裂的動力，讓害怕而憤怒的群體彼此對立。恐懼壯大了極端組織的行列，不論令人害怕的是全球性團伙的炸彈陰謀，還是柏林學童的暴行。被一群移民子女毆打在他心裡種下了恐懼，讓他奔向新納粹分子尋求保護。不過，關於「巡邏隊」和「真正德國人」的談話喚醒了他；比起遭到圍毆，這些話更令他害怕。

十七歲時，他加入魯都的龐克族，設法迴避本地子女與移民子女之間的緊張衝突。尼可回憶，儘管「龐克族經常使用暴力」，但他有選擇退出行動的自由。「我可以說，『我不想參與暴力。』軟弱和恐懼是可以被接受的。」

瑪麗・雅格、尼可和我坐在柏林新克爾恩區（Neukölln）的一家咖啡館，在這條砂土路上，滿街都是燒烤店和夜店。瑪麗有如來到二十一世紀參加龐克演出的威瑪時代歌舞演員。她的黑髮如刺蝟、塗著墨色的眼圈、無袖上衣外掛著一長串假珍珠。一九九〇年代，當她在東德的小鎮長大成年，嘻哈、龐克和塗鴉是她逃離當地極右翼同情者的方法。有一次，學校去布亨瓦德（Buchenwald）集中營遠足，她看著幾個同學用石頭刻出卐字符號。十多歲時，她逃到柏林，深受酷兒及女性主義文化吸引，並在大學主修伊斯蘭研究、哲學和政治學。

今天，尼可專注於處理極右翼議題，瑪麗則致力於協助有可能加入極端組織的穆斯林青年。她開辦DJ教學和塗鴉班，兩者都是為了暗度陳倉，用來公開討論種族主義、性別議題和極端主義。和尼可一樣，她投入大量時間引導年輕人質疑自己的信仰與夢想。尼可努力打破建立純粹的雅利安德國的幻想，瑪麗也在做同樣的事情，努力打破建立純粹的哈里發，或者逃回某個浪漫舊時代的穆斯林信念。

她常常發現自己設法在年輕穆斯林探討歷史時教他們明辨細節。「YouTube上最受歡迎的影片之一，是一部把猶太人在一九三〇年代的遭遇和現在的事情串連起來的恐怖電影，」她告訴我，「影片顯示我們真的瀕臨把穆斯林送進集中營。孩子們看完電影後說，『噢，猶太人現在安全了，』但他們卻感到前所未有的恐懼與憤怒。」當他們此刻覺得如此被邊緣化，有些人質疑國家為什麼把重心放在納粹歷史上。「我們老是聽到反猶太主義的事情，」年輕穆斯林會告訴她，「可以偶爾談談對穆斯林的種族歧視嗎？」

「我明白你的意思，」瑪麗回答，「也許我們可以看看兩者間的關聯？」

近年來，德國右翼愈來愈尖銳囂張——也愈來愈主流化。這個國家的右傾跡象在二〇一〇年浮出檯面，當時，德國央行董事蒂洛．薩拉辛（Thilo Sarrzin）出版了一本名為《德國自取滅亡》（*Germany Does Away with Itself*）的書，聲稱穆斯林移民正讓這個國家變得「愈來愈笨」。此書轟動市場，暢銷一時。右翼活動的另一次大爆發，出現在梅克爾總理二〇一五年允許上百萬中東和非洲移民入境的時候。隔年共出現一百一十三起縱火襲擊、十起爆炸事件，以及一千三百一十三起人身攻擊，全都出自右翼極端分子之手。二〇一七年，極右翼的德國另類選擇黨成了德國第三大政黨，該國出現自第三帝國垮台以來最多的右翼暴力攻擊事件。[12]「真正強硬的右翼運動跟十年前沒什麼不同，但我們社會的中間派已開始偏右，」奧萊告訴我，「今天關於難民的這些言論，人們在十年前絕不敢說出口。」二〇一六年，聲望很高的《法蘭克福匯報》（*Frankfurter Allegemeine Zeitung*）憂心忡忡地指出，某些形式的種族主義與不容異己已成了社會認可的行為。

長期以來，反法西斯的社運人士堅稱右翼組織受到德國各地警察保護。懷疑官方勾結極右翼分子的流言在國家社會地下組織（National Socialist Underground）——二〇〇〇年到二〇〇七年間犯下十起謀殺案，殺害了九名移民和一位警察的極右翼團體——受審期間吵得沸沸揚揚。經過警方多年來堅稱這些謀殺案件並非右翼陰謀，而是德國土耳其社區幫派火併的結果，判決終於在二〇一八年出爐。

全國情緒如此高漲，甚至連幾位國家英雄都覺得被邊緣化。我剛認識尼可的那個月，二〇一四年世界盃的德國足球球星梅蘇特・厄齊爾（Mesut Özil）退出了國家代表隊。他是出生於德國的土耳其裔德國人，曾獲頒象徵成功融入德國社會的榮譽獎章。但在他貼出與土耳其總統埃爾多安（Recep Tayyip Erdoğan）的合影後，批評者質疑他對德國的忠誠。厄齊爾在他的辭職信中表示，他之所以退出球隊，是因為德國在二〇一八年世界盃失利之後出現的種族歧視批評聲浪。「當我們獲勝，我是德國人，」他寫道，「一旦輸了，我就成了移民。」[13]這跟愛因斯坦在將近一世紀前說的話不謀而合，令人毛骨悚然：「假如我的相對論被證明是對的，德國會宣布我是德國人，法國會聲稱我是世界公民。假如我的理論被證明是錯的，法國會說我是德國人，而德國會聲明我是猶太人。」[14]

愛因斯坦曾以「幽靈般的超距離作用」描述「量子糾纏」的概念，亦即彼此遠離的粒子的特性相互纏繞，對一個粒子的作用會影響另一個粒子。[15]在德國期間，我不斷聽到極右翼與聖戰極端分子之間的某種量子糾纏，發現儘管受眾不同，但他們的訴求內容極其相似。負責為這兩種極端主義招募新成員的人都在玩弄人們對歸屬感、意義和超越的渴望。兩者都描繪出一個光榮的、臆想中的過去，不論是強大的雅利安王國，或是據說以先知穆罕默德的麥地那為藍本的穆斯林哈里發。曾在《憤怒：伊斯蘭主義和極右翼極端主義的惡性循環》（*The Rage: The Vicious Circle of Islamist and Far-Right Extremism*；暫譯）中編列兩項運動的年表，並記述兩者間如何相互強化的茱莉雅．艾柏納（Julia Ebner）寫道，面對社會問題，這兩項運動的解決之道如出一轍，「都是建立在零和遊戲的基礎上，要求找到『絕對』的解決方案，」她寫道，「令聖戰組織與新納粹組織結合起來的，正是他們故事的本質。」[16]

如同其他地方，在德國，右翼與伊斯蘭極端分子之間並沒有正式的聯繫。不過，他們的言論彼此呼應，氣味相投。「薩拉菲派說，『我們穆斯林需要退回到穆斯林社區，在烏瑪中尋找力量，』這跟右翼極端分子宣揚的訊息有異曲同工之妙，」柏林的公民教育與極端主義預防組織「烏福克」（Ufuq）的格茨．諾德布魯赫（Götz Nordbruch）指出，「這是兩個同質的群體，都建立在身分之上——德國白人以及穆斯林。兩者都聲稱自己貨真價實，不論是基於本質，或基於上帝的旨意；就這層面來看，兩者非常相似，而且都非常排外。」

尼可在他從前就讀的高中看到這種惡毒的反射；他重回學校，試圖緩解兩群十五歲少年之間的摩擦，他們一群人屬於極右派，另一群人自稱是伊斯蘭主義者。在魯都，新納粹幫派人多勢眾，經常縱火燒毀阿拉伯和土耳其移民的房子。一群薩拉菲派的穆斯林少年試圖在學校展現他們自己的勢力。他們向校長請願，得到了一間祈禱室。他們幾乎把那裡當成自己的領地，並開始刁難穆斯林女孩，要求她們穿著得體並遮住自己的頭部。

一天，尼可在學校附近的牆上看見帶有伊斯蘭恐懼症訊息的貼紙，於是停下來清理。當他用鑰匙刮除貼紙（用手會有危險，因為新納粹分子有時會在貼紙底下藏刀片，割傷任何試圖清除貼紙的人），他聽到新納粹幫的一名成員嚷嚷著要他住手。他們交談的時候，土耳其穆斯林幫的幾個傢伙走過來給新納粹分子撐腰：他們也認為尼可應該任由貼紙留在牆上。

由於同樣主張分裂，兩個組織形成了一種扭曲的聯盟。他們沆瀣一氣地支持彼此對文化種族隔離的追求：兩者都希望穆斯林只跟穆斯林交往。分離主義的邏輯已深入移民子女的骨髓。引人注目的是，在有關魯都一個穆斯林家庭在後院宰殺一頭羊的謠言傳開來後，附近的牆上立刻被貼上密密麻麻的貼紙。右翼分子逮到機會，認為這是移民野蠻生活方式的象徵。穆斯林幫則毫不在意這樣的宰殺行動——只是不滿事情被他們的白人鄰居看得一清二楚。「兩個群體同聲地說，『我們有白人文化』和『我們有穆斯林文化』，不該被混在一起，」尼可說。新納粹和薩拉菲穆斯林對待女性的方式也有相似之處。「白人說，『不准跟阿拉伯男人上床，』瑪麗說，『阿拉伯和土耳其人這邊則說，『不要跟德國人約會』。』

特別是自一九九〇年東西德統一以來，德國一直積極檢討其納粹歷史，但遠遠未達成共識。

雖然國家支持民眾直面大屠殺的記憶和第三帝國的恐怖，但極右翼仇恨近年來在該國出現了捲土重來之勢，一些組織建立在歷史悠久的反猶太主義之上，許多團體因為出現新的目標——伊斯蘭教——而死灰復燃。正如尼可熟知的那樣，極端組織之間拉幫結黨的情況極其複雜，以至於看似自相矛盾。有些新納粹分子和伊斯蘭極端分子結盟，他們分享反猶太主義思想，一起上街遊行支持巴勒斯坦，計畫攻擊以色列人。[17]

ＩＳＩＳ的興起和新一波移民潮將穆斯林塑造成當前的公敵，為極右翼分子帶來的新的焦點和火力。儘管反猶太主義仍在許多極右翼組織中燃起熊熊的恨意，但伊斯蘭恐懼症已成了將他們結合起來的新興因素。全國民意調查顯示，四分之一的德國人有反猶太情結——但有半數的德國人抱持伊斯蘭恐懼症觀點。[18]

暴力事件讓ＩＳＩＳ招募人員多了說話的底氣。「他們可以利用右翼民粹主義和伊斯蘭恐懼症興起的證據，」柏林暴力防範網絡的茱莉亞．萊茵特說，「他們可以說，『看到了吧？德國不要你們，你們不能在這裡用虔誠穆斯林的方式生活。你們永遠不會被接受，所以來哈里發吧。』」

反過來，聖戰恐怖襲擊則為右翼招募人員提供了強而有力的素材。二〇一六年十二月，一名出生於突尼西亞的男子開卡車衝撞人群造成十二人死亡之後，極右翼民粹主義政黨ＡｆＤ的聲望愈來愈高。在戰術層面上，兩者也相互啟發：高明的ＩＳＩＳ宣傳影片讓右翼極端分子得知網際網路的力量。受害的氛圍為兩股極端主義注入新的泉源。「當我們在學校提出大屠殺的議題，」瑪麗說，「右翼學生的態度是，『我們還要為此內疚多久？可以停了嗎？我想再度以身為德國人而自豪。』但對於國內的穆斯林來說，有關納粹的記憶截然不同。他們愈來愈常說出薩拉菲派灌輸給他們的想法：『我們是新一代的猶太人。』」

我帶著鄭重的心情離開德國，對他們直面歷史仇恨並對抗當前仇恨的努力感到欽佩。它的過去是慘痛的一課，教導國家如何避免陷入仇恨。在罪惡感與富裕推動之下，德國的專案似乎比歐洲其他措施發展得更完善。該國分散而多元的去激進化方法似乎不像法國的策略那樣嚴苛；後者往往較集中化、以安全為導向，而且在不久以前，幾乎完全以監禁為主。比起急需現金的英國專案，德國本土的計畫似乎得到更多支持。對於在言論自由的福音中長大的美國人來說，禁止張貼納粹標誌與符號的禁令讓我有些不自在。但德國人認為這些禁令是在保護「戰鬥性民主」，是國家為過去的恐怖歷史負責的部分努力。

然而，「直面過去」究竟有多大效果，這個問題依然存在。極右翼仇恨犯罪的上升，以及仇恨對精銳部隊的滲透，顯示慷慨的政府專案有其極限。事實上，該國「永不忘記」的誓言，或許在德國當代認同的核心製造了一個矛盾。劍橋大學人類學家娥斯拉・烏茲雷克（Esra Özyürek）認為，將大屠殺推上重大歷史時刻的殿堂、由所有德國人承擔其重量，已創造出排擠該國穆斯林的新理由。「儘管德國反對超級民族主義，但德國的大屠殺緬懷文化並沒有將非日耳曼裔的社會成員涵蓋在內，」她在以色列的《國土報》（*Haaretz*）上寫道，「今天，德國輿論指控穆斯林族群無法對大屠殺歷史感同身受、無法對猶太人受害者建立同情心，並且將新的反猶太思想引入一個被認為已成功解決其反猶太種族主義的國家。」[19]

當歷史如此沉重，它既可以被鍛造成促進團結的工具，也可以被用來煽動分裂。記憶可以幫助一個國家擺脫它在世界舞台上的恥辱，但經過精心設計，它可以成為分裂的武器。事實證明，在一個擁有八千五百萬人口的國家，取得正確平衡極其困難。

從較小的範圍來看，有可能在過去的記憶與當前的現實之間進行調和。事實上，在比利時的一座小城市，市長成功說服居民，打擊極端主義和兩極對立並非某個移民群體、母親或安全部門的工作。在他看來，那是全體公民的責任。

如何讓家園去激進化

我在二〇一八年夏天初次造訪梅赫倫（Mechelen），那是個又熱又憤怒的夏天。各地的領袖似乎都在興建愈來愈高的高牆，並宣布將「我們」與「他們」區分開來的限制性新定義。在美國，最高法院判決支持川普的穆斯林禁令。在以色列，議會通過法律，正式將巴勒斯坦人奉為二等公民，自決權成了「猶太人獨有」的特權[1]。在匈牙利，任何人只要為尋求政治庇護的移民提供幫助，都會被維克多・奧班（Viktor Orbán）的極右翼政府視為罪犯[2]。

在這樣的季節，梅赫倫感覺就像世外桃源。這座比利時城市的美麗河流、山牆房屋和教堂塔樓，在在令人回想起巧克力盒版本的古老歐洲——極右翼聲稱他們必須加以捍衛、不受他者侵犯的那個神話之地。然而，當我走在鵝卵石街道上，我不斷想起的一個詞是「世界主義」。這個概念最近已經過時，它被民粹主義者和民族主義者詆毀，認為那是遊歷全球的菁英獨有的視野，除了護照，什麼都拴不住他們。不過，如果做得好，世界主義允許人們扎根在一個地方或文化，同時將眼光超越自我、投向世界。「世界主義是道德想像力的延伸，」英國的迦納裔哲學家克瓦米‧安東尼‧阿皮亞（Kwame Anthony Appiah）曾寫道，「人類是在套疊的組織關係中塑造自己的生活：家庭、鄰里，許多重疊的身分群體，一環接著一環，直至涵蓋全人類。世界主義要求我們擁有許多面向，因為我們擁有許多面向。」[3]在梅赫倫，我即將看到一個致力於打造類似願景的市政府。

早年，梅赫倫拒不接受多元主義。二戰期間，納粹利用這座城市的軍營，將比利時的猶太人和羅姆人運送到奧許維茲集中營。直至二十一世紀初，仍有近三分之一的梅赫倫居民支持比利時的極右派政黨[4]。二〇〇一年，情況在決心帶領這座城市遠離偏狹與極端的新市長上任後開始出現轉變。他之所以想要改變地方，很大程度上是出於對家族曾經參與暴力極端主義所做的自我檢討。

巴特‧薩默斯（Bart Somers）在梅赫倫出生長大，一如他之前的十七代祖先。薩默斯家族從一五二〇年便定居於此，那一年，梅赫倫的大教堂蓋了塔樓，但願它榮登歐洲第一高塔。巴特‧薩默斯出生於一九六四年，在魯汶學習法律後投身政界，成為開放佛蘭德自由民主黨（Open Flemish Liberals and Democrats）的領軍人物，隨後當選梅赫倫市長。我認識他時，他已連任五屆市長，政績斐然，傳言他即將到歐盟出任重要職位。他的身材高大，頭髮花白，臉頰紅潤，行為舉止融合了德國哲學家的博學和義大利足球教練的熱情。

乍聽到數百名年輕穆斯林準備離開比利時加入ＩＳＩＳ，他彷彿看見了自己。在他十六歲時，愛爾蘭共和軍在牢房裡絕食，抗議英國對北愛爾蘭的統治，這樣的決心深深撼動了他。他的上一代人曾信服一種有毒的政治意識形態，使得他的伊揚叔叔落得悲慘下場。「我每次聽說兒童被伊斯蘭國吸收的消息，我看到的不只是恐怖分子，」他告訴我，「我還看到我無緣認識的叔叔。」

薩默斯家族曾一度從理想主義慢慢倒向暴力極端主義。祖父路德維格是個熱心公益、人情練達的人，曾擔任學校校長和當地戲劇協會的主席，並寫過布魯塞爾的旅遊指南。[5]一九二〇年代，他還是青澀少年的時候就是佛蘭德民族主義者，覺得比利時政府並不真心感激佛蘭德士兵在一次大戰期間的犧牲。一九三三年，路德維格加入弗拉芒民族黨（Vlaams Nationaal Verbond）。比利時歧視荷蘭語公民的情況令他愈來愈沮喪，所以當該黨向右傾斜、支持納粹的新秩序，路德維格加入了他們。二戰後期，他的兩個兒子投入希特勒在一九四四年為做困獸之鬥而成立的最後一個民兵組織人民衝鋒隊（Volkssturm），十五歲的伊揚在東線的納粹營與俄羅斯人作戰時陣亡。

薩默斯回想起小時候陪父親和祖父去探望叔叔的墳墓，老人淚流滿面。「我的祖父問自己：『像我這樣一個受過良好教育、為民主目標奮戰的人，怎麼會因為沮喪、憤怒與負面情緒而陷入極端主義？我怎麼會接受暴力極端主義，加入一個站不住腳的組織？』」薩默斯在那一刻認識到

「政治多麼危險」，以及「在某些時刻，基於某些理由，你會如何地被激進思想奪去了理智。這些社會運動可以愈走愈偏，直到最後，你會和我祖父一樣，站在穿著納粹制服被殺的兒子的墳墓前。」

當比利時白人問他，年輕的穆斯林為什麼想要離開歐洲、加入敘利亞的激進組織，他舉他的伊揚叔叔為例。「只要回顧歐洲幾十年前的歷史，你會發現數百萬歐洲人深信猶太人是所有苦難的根源，而民主是一件壞事，」他說，「這是一種瘋了的意識形態，但它奪走了五千萬條人命，也毀滅了歐洲。」當然，這個「瘋了的意識形態」不僅埋藏在薩默斯家族的過往中，也埋藏在梅赫倫的歷史裡。二戰期間，該城市的多辛（Dossin）軍營是比利時猶太人與羅姆人的中轉站。一九四二到一九四四年間，超過兩萬五千人從梅赫倫上了火車，被運送到奧許維茲—比克瑙集中營。

幾世代之後，梅赫倫的鐵軌恰好落在伊斯蘭國在西方世界招募新兵成果最豐碩的地帶。幾年來，布魯塞爾和安特衛普之間的二十六英里鐵路成了前往敘利亞的中心點。多虧了派出大量志工沿著布魯塞爾—安特衛普鐵路尋找新血的比利時伊斯蘭教法（Sharia4Belgium）這類組織，在敘利亞的外國作戰人員當中，比利時的人均數量高居歐洲之冠。[6]在緊鄰梅赫倫南方的布魯塞爾，約有兩百名居民前往敘利亞；北方的安特衛普也走了一百個年輕人。而在距離梅赫倫十三分鐘車程的衛星城市維爾福德（Vilvoorde），激進組織的招募人員發現了全比利時最容易哄騙一群人

——因此也是整個西方世界最容易被說服的一群人。這座只有四萬兩千人口的小鎮有二十九人前往敘利亞。在維爾福德，幾乎每一所高中都有學生去了敘利亞，其中幾個人甚至爬上了ISIS的外交部高層。

驚人的外國作戰人員比例，意謂著維爾福德必須迅速展開行動。為了制訂支持激進分子重返社會的策略，該城市成立了一個七人小組，由主修伊斯蘭研究的年輕博士生潔西卡・索爾斯（Jessika Soors）主持大局。當涉及找出有激進化風險的人，索爾斯的焦點並非宗教，而是社會排擠：「重點不在於找到留長鬍子的人，而是惡劣的社會環境。」作為去激進化與兩極化的政策協調員，她的大部分工作都在嘗試幫助遭受孤立、長期失業或被父母忽視的年輕人。維爾福德的外國作戰人員開始從敘利亞返國，被送往比利時各地的監獄。市長漢斯・邦特（Hans Bonte）到六座不同的監獄探望每一位返國者。「他堅持這麼做，」索爾斯說，「他告訴他們，『你們是維爾福德的市民，享有和其他市民相同的權利。不過由於你們情況特殊，我們會時時刻刻盯著你們。』」

如果維爾福德是——套用邦特市長的話——「比利時乃至歐洲和全世界的實驗室」，用來探索如何應對本土暴力極端分子，那麼，梅赫倫就是研究如何從根本防範極端主義的實驗場[7]。雖然周邊城鎮被伊斯蘭國奪走了許多年輕人，但梅赫倫沒有一個人離開。和維爾福德一樣，梅赫倫的人口非常多元化，城市的上一代人也同樣經歷了人口和經濟的快速變遷。在巴特・薩默斯少年時期，梅赫倫居民幾乎清一色是比利時白人：現在，它的八萬五千名居民分別來自一百三十八個國家。維爾福德和梅赫倫都見證了一九八〇年代和九〇年代的經濟大蕭條：維爾福德的雷諾汽車廠關門大吉，梅赫倫則成了犯罪與商店倒閉的同義詞。但在二〇一一年，當比利時伊斯蘭教法的招募人員在梅赫倫下了火車，清真寺和青年俱樂部的領袖叫他們原車返回。

薩默斯承認，沒有人從梅赫倫前往敘利亞，一部分是出於運氣。透過自己的家族歷史，他深知每一個族群都有特別容易受激進觀念影響的分子。但ISIS的招募人員之所以在梅赫倫鎩羽而歸，一個關鍵原因是薩默斯決心讓每一位城市居民都得到歸屬感。其策略不僅僅是創造溫暖而美好的環境，重點在於確保人民安全。薩默斯認為，假如你建立一個強大的公民機構網絡，並提升歸屬感，那麼即使少數人被極端主義的意識形態吸引，他們跟社區也有足夠連結，同一個圈子的人肯定會察覺異狀，然後通知警方和社福機構。此外，培養歸屬感可以消弭極端分子最不滿的一點：社會排擠。「用挑釁一點的說法，」薩默斯咧嘴微笑道，「我們試圖在激進組織的人招募他們之前，搶先把他們招進我們的社會。」

他認為，傳統的身分政治（identity politics）行不通，因為「給人貼上標籤實際上是在進行組織性的隔離」。相反的，他認為激進化源於孤立，於是著手加強梅赫倫的社會結締組織。在高度多元化的城市，居民需要被允許以多層次的面貌茁壯成長，而不是簡單地以「穆斯林」或他們的原始國籍定義。以單一身分的角度思索人們，「我們每個人都成了一幅可笑的諷刺漫畫，」他說，「如果我把你簡化成美國人，而我只是個歐洲人，那麼在我眼中，你就成了唐納．川普。」更糟的是，這種簡化法「允許他人決定了你的身分」。政治機會主義者擅長運用單一身分遂行他們的意志，沒多久，「你的領袖就開始定義我們必須怎麼做才能成為一個好的美國人、好的穆斯林、好的比利時公民。然後你就失去了自由。」

否認每個人的多面性，會使公民生活變得不堪一擊。例如，提倡單一身分的政客和組織，不會看見薩默斯市長同時是「梅赫倫人、佛蘭德人、比利時人、歐洲人、父親、自由主義者、喜歡看書而不喜歡看足球賽的人」。每一個身分都是他與其他公民建立連結的方法。「這種種身分讓我可以跟其他人銜接，在我們之間產生共同點。假如人們有三四個共同點，那麼兩三樣歧異就不會構成威脅——而是變得有趣！我們可以談論彼此的差別，因為我們有足夠的共同點。」他熱情洋溢的多面自我觀念，以及他認為這項觀念可以用於打造強健民主的信心，讓我想起早期同樣熱情的多元主義擁護者的名言。「我自相矛盾嗎？」華特．惠特曼（Walt Whitman），「那好吧，那我就自相矛盾了。／（我很大，我就是芸芸眾生）。」[8]

二〇一五年歐洲移民危機期間，梅赫倫逆向操作，主動要求移民在該市定居，與整個地區的趨勢背道而馳。不過隔年，當布魯塞爾發生連環恐怖攻擊，導致三十五人罹難、超過三百人受傷，梅赫倫兼容並蓄的決心受到了考驗；當時，恐怖分子在距離梅赫倫僅二十分鐘路程的布魯塞爾機場引爆了兩枚炸彈。薩默斯公開譴責兇手及這場殺戮，但他的訊息刻意將比利時穆斯林歸類為自己人，和其他政客的言論調性明顯不同。他說，本國穆斯林是此類攻擊的雙重受害者：他們一方面是比利時公民，另一方面，他們的宗教被作為替這類攻擊開脫的藉口。「這場襲擊出自土生土長的比利時人之手，」他告訴梅赫倫市民，「他們是恐怖分子，但他們是我們的恐怖分子。他們在這裡出生長大，上我們的學校念書。他們是我們的問題，我們必須努力解決。」

簡而言之，薩默斯拒絕將攻擊者貶為「他者」。他們的罪行不是漢娜・鄂蘭描述納粹官僚時所說的「平庸之惡」，但藉由將犯罪者重新定義為「我們的恐怖分子」，他不僅向梅赫倫的穆斯林發出接納的信號，更呼籲比利時同胞反思恐怖主義如何在他們的默許下滋生。

襲擊發生當晚，在梅赫倫一家青年俱樂部，一大群人緊盯電視，看著市長發表聲明。聽完後，幾個傢伙哭了起來。「你是第一個這麼說的政治人物，」一名年輕人後來告訴薩默斯，「你是第一個對我們說，我們仍是這個社會一分子的人。」

接下來幾天，比利時政府派遣一千八百名士兵巡邏各個城市，並在穆斯林密集的社區攔查搜索。[9]但梅赫倫沒有這麼做。薩默斯要求警方在未來幾個月延長工作時數，但他覺得沒必要大張旗鼓動用軍隊。他希望梅赫倫展現警力，但不是具有威脅性的那種。警察在巡邏時很少帶槍，也從不穿防彈背心。警方沒有在公共地區設置路障或架設高牆來防止襲擊，而是學會在特定地點以巧妙的角度停放警車來保護民眾。自從第一次當選以來，薩默斯就希望「讓梅赫倫在不加強安全措施的情況下看起來很安全，」梅赫倫警察局長伊夫・博加茲（Yves Boegarts）告訴我，該城市展開了理論家所說的「去安全化」（desecuritization）行動，亦即從緊急狀態回歸市民生活的正常節奏。正如國際關係學者派翠西亞・歐文斯（Patricia Owens）曾在文章中所言，去安全化有利於創造「真正的公共領域，在這樣的領域中，人們能夠以鄂蘭的方式『辯論、行動，打造出共通的世界』。」[10]

一九九〇年代，梅赫倫人對「共通的世界」還沒什麼概念。販賣大麻的摩洛哥移民、猖獗的宵小、店門緊閉的街道，種種故事為它贏得了「代勒河上的芝加哥」稱號。「移民在許多人心目中的形象是負面的，」薩默斯說。二〇〇一年，梅赫倫三分之一的店面閒置，犯罪率高居比利時之冠，消費者雜誌將它評為佛蘭德地區最骯髒的城市。白人居民的恐懼助長了佛蘭德地區極右翼政黨弗拉芒利益黨（Vlaams Belang）的聲勢：二〇〇三年，百分之三十二的梅赫倫市民把選票投給了該黨。「右翼政客試圖將多元化與衰退掛勾，」薩默斯說，「我們努力扯斷這樣的連結。」

他藉由加強城市的綠化、清潔與安全來做到這一點。[11]具有里程碑意義的方案——例如將古老的啤酒廠改建為文化遺產展覽館——吸引了第一批私人投資，隨後更引來中產階級居民。年輕白領搬進了城市邊緣的十九世紀住宅區，躋身大量移民之間。在英國或美國，這可能是社區縉紳化（gentrification）的開始：節節高漲的房租重創移民和窮人，迫使他們搬離社區，為高檔公寓騰出空間。不過在梅赫倫，這種情況幾乎沒有發生。大多數外國裔的梅赫倫居民擁有自己的房子。種族主義通常意謂著他們無法租房，但由於政府鼓勵買房，比利時人民大多擁有自住的房子。當薩默斯開始注資修建貧困地區的公園與街道，房價跟著水漲船高。但是，當中產的白領階級開始在移民密集的地區買房，原來的居民並沒有搬離。相反的，薩默斯指出，他們說，「我的房子價格翻倍了——謝謝這座城市！我打算留在這裡。」

隨著愈來愈多中產階級遷入，社區文化漸漸出現改變。居民開始更積極參與公眾生活，他們會在路燈或操場的鞦韆壞掉時向市政廳抱怨，也開始舉辦街頭派對和燒烤大會。人們可能會想，這些都是芝麻綠豆的小事，但薩默斯認為，正是這些微小的事件強力挑戰了孕育極端主義的兩極分化。

他是個高明的政治家，透過講故事來解釋自己的理念。「假設你是一個叫做彼得的傢伙，已經八十二歲了。好長一段時間，你一直覺得自己的城市很陌生，因為有那麼多摩洛哥裔的新住民。多年來頭一次，有個佛蘭德人來敲門說，『來吧。』」

你去參加街頭派對，用你最愛喝的啤酒配鄰居拉希德做的燉羊肉。幾天後，當拉希德的兒子在街上玩得太吵鬧，「你不會報警，因為你曾經跟他的父親在燒烤大會上聊天，」薩默斯說，「你會按他的門鈴說，『拉希德，你兒子真的吵到我了。』而拉希德不會豎起渾身的刺，他不會認為『這是一個有種族歧視的中產階級白人來這裡教訓我』，因為他也去了燒烤大會，知道彼得是個正常人。」

如果薩默斯市長的願景聽起來太過簡單，那麼值得注意的是，這些社區變化得到了更廣泛的整合性政策支持。在比利時，家長可以選擇讓子女上哪一所學校。久而久之，這造成了正常的分裂：梅赫倫的一些學校吸引白人中產階級的小孩，另一些學校則吸引新住民。薩默斯的團隊說服兩百五十位中產階級的家長，將他們的孩子送進有大量移民人口的學校。他們向家長保證教育品質，並與校長合作，確保學校交出理想成績。接著，市政廳開始遊說移民家庭，希望家長把子女送進中產階級學校。「新住民說的話，跟中產階級一開始說的話一模一樣：『我們在那裡不自在，那不是我們的學校。』而我們會說，『不，那是你們的學校，因為你們的孩子夠聰明，可以去那裡上學。』」

從某個衡量標準來看，這項行動似乎為第二代穆斯林創造了更大的歸屬感。人類學家兼梅赫倫去激進化專案負責人亞歷山大．范魯文（Alexander Van Leuven）說，最近一項研究向佛蘭德地區的兒童詢問他們的身分認同，在整個大地區中，許多移民子女覺得他們是穆斯林或土耳其人或摩洛哥人，但在梅赫倫，兒童壓倒性地回答自己是「梅赫倫人」。

薩默斯相信，包容源於精心經營的社會融合。當一群穆斯林市民請求他開辦一所伊斯蘭學校，他拒絕了，表示梅赫倫不實行種族隔離。摩洛哥社區的足球隊被說服敞開大門，接納各種背景的青年。加入童子軍是比利時兒童傳統的階段性儀式，但市府工作人員發現童子軍隊伍白得出奇，因此走訪大街小巷，說服移民父母讓他們的子女加入。

薩默斯贊助了他戲稱的梅赫倫「速配」方案。每個新來的外國人都能從五個志願者當中挑選一個朋友，與一個梅赫倫本地人配對。配對的搭檔會簽訂六個月的合約，每週見面一次幫助新住民練習荷蘭語、學習比利時的生活常識。「我以為參加這項計畫的志願者，會是那些有多元文化背景的人，」薩默斯沉思道，「但也有一群人說，『他們必須適應，我願意教他們。』」在這項計畫中，老資格的梅赫倫人向新人傳授開設銀行帳戶和購物等生活技能。但在散步或喝咖啡時，移民常常會向老師傾訴他對母親的思念或他的孤獨，「這是非常人性化的一刻，」薩默斯說，「人們心靈相通，出現了改變。」不只移民被訓練成優秀的比利時人，比利時人也學會接受歐洲二十一世紀的現實。六個月後，在「畢業」典禮上，新住民和老住民都會獲頒畢業證書。

為了改革梅赫倫，薩默斯同時向政治光譜上的左翼和右翼思想借鑒。當保守派指控他「左傾」，市長會指向和盤子一樣光潔的梅赫倫街道，以及街道上頭的監控錄影機——這是全比利時安全監控最嚴密的地方。他聘用更多警察，並信奉因前紐約市長魯道夫．朱利安尼（**Rudolph Giuliani**）而名噪一時的「破窗」理論，即認為輕微的罪行會引來更嚴重的犯罪。這套理論在美國廣受質疑，因為它導致警察過分針對少數族裔。梅赫倫刻意放鬆警察的安全措施，很大程度上避免了這種情況的發生。「我們特意如此設計，好讓警察只是共同運作的整個機構鏈中的一個小環節，」警察局長博格茲說，「我們試著以全球視角看待任何問題。」

薩默斯努力爭取讓警察的身影無所不在，很大程度上是為了解決仇外心理。他推論，如果人們覺得街上不安全，「他們會怪罪兩種人：民主派政治家和移民。」他們會投票給民粹主義者，並把街上的新住民當成替罪羔羊。但假如從虛弱的老人到高中中輟生，每個人都覺得這座城市很安全，「你會增強人們對民主的信任、為多元化創造更開放的空間、打斷多元化與衰退之間的連結。我們已證明多元化與進步可以齊頭並進。」

雖然許多歐洲政客將融合視為替新移民找到工作，例如刷馬桶或掃街，但薩默斯認為那是每個歐洲人的責任，從血統可追溯到查理曼大帝的銀行家到出生於阿勒坡的難民，每個人都責無旁貸。「大家都必須適應新的常態，」他說，「我們家或許已經在梅赫倫生活了十七代，但我是生活在多元化現實的第一代。」五分之一的梅赫倫人是穆斯林，這項統計數據令薩默斯調皮地公開邀請匈牙利總理維克多．奧班訪問梅赫倫；奧班是極右翼的民粹主義者，曾說難民是「穆斯林入侵者」。「我們的穆斯林人口比匈牙利和斯洛伐克加起來還多，」市長說，「但我們這裡更安全、更繁榮、更有活力。」

薩默斯說，梅赫倫的成功使它成為「對抗民粹主義的武器」，而且靠的不是多元文化的天真，而是事實和數據。「搶劫案件減少了百分之九十一，其他型態的犯罪也直線下降。之前把梅赫倫評為佛蘭德地區最骯髒城市的消費者雜誌，最近在乾淨度上給了它最高評價。梅赫倫人的公民自豪感以及對同市市民的信任度曾在民意調查中墊底，現在在這兩個範疇，梅赫倫高居佛蘭德地區的前三名。梅赫倫的逆轉令薩默斯的事業生涯如日中天。他在二〇一六年贏得全球最佳市長獎，經常到世界各地發表關於打擊極端主義的演講，並且進入佛蘭德政府出任部長。

並非每個梅赫倫人都信服市長的願景。我在大市場廣場問卡琳娜——一個性格嚴厲、體態豐滿的金髮婦人——她對這座城市的超級多元化有什麼看法。她說，她做了四十年的服務員和清潔工，到最後只掙得每個月七百二十歐元的退休金，「而這些移民來了，什麼都不做就能拿到一千一百一十歐元。他們來了，不勞而獲。對我們來說，他們是來掠奪。」她也不覺得安全。「到了晚上，全部的黑人都出來了。身為女人，你並不安全。」她最後承認，她確實有個移民背景的朋友。她的丈夫替一個行事公平的摩洛哥老闆開計程車，兩對夫妻偶爾到彼此家裡吃飯。她說，這不難做到，因為另一對夫妻基本上是比利時人：「他們沒有戴頭巾，而且有非常良好的道德。」

在大市場廣場的黃金地段、距離我們談話之處不到五十英尺的地方，坐落著極右翼的佛蘭德民族主義政黨——弗拉芒利益黨——的地方辦公室。薩默斯市長上任之前，弗拉芒利益黨在地方議會選舉中贏得該市約三分之一的選票。市長自豪地告訴我，到了二〇一四年，該黨在本地的支持率已大幅下跌到百分之六。

但是在二〇一九年大選，弗拉芒利益黨的支持率往上翻了一倍，獲得百分之十五的梅赫倫選票。可以肯定的是，弗拉芒利益黨在地區議會占了百分之二十三的席次，和整個地區相比，該黨在梅赫倫的支持率相對較低。不過，我為這些數字感到不安，而且當我瀏覽弗拉芒利益黨梅赫倫分會的線上社群媒體網站，本土主義者的仇恨也令我震驚：「外國人大量湧入，已使梅赫倫人在自己的城市成了少數群體，」一個典型的帖子這麼寫著，「佛蘭德人的身分認同將被破壞無遺。此刻，我們必須起而對抗。停止大規模移民！保護我們的身分認同。」另一個常見的攻擊目標：「大左派#薩默斯」。各種貼文譏諷他的「覺醒的瘋狂」，以及他「對任何不具備或不想要我國國籍的人的縱容政策」。二〇二一年，薩默斯公開支持年輕政治家西哈梅・埃爾考阿基比（Sihame El Kaouakibi）。弗拉芒利益黨臉書頁面上的一則帖子稱她是他的「寵兒」，並聲稱她對她的哥哥持「同情」立場，後者因為跟伊斯蘭組織往來密切而「被比利時國家安全部門視為危險人物」。[12]

這是川普式的粗暴種族主義，這項訊息顯然是針對白人選民，意圖引發他們對移民的恐懼，擔心移民的存在會犧牲他們的安全與身分認同。如同民粹主義者的一般論調，這些帖子圍繞著零和邏輯打轉：新來者——或甚至第三、第四代的非歐洲裔比利時人——無可避免地奪走比利時的一些東西。「對民粹主義者來說，假如我們改變任何社會秩序，那就意謂著屈服，」薩默斯告訴我，「彷彿他們認為只有一公斤的自由，一旦遷就他們，我們就放棄了部分自由，或者失去了部分權利。」

局外人可能很難理解，比利時人在一生當中，自我意識發生了多麼劇烈的變化。我從歐文・

沃特斯身上窺見了變化的速度。他是個絮絮叨叨、面色紅潤的六十九歲退休族，也是梅赫倫「速配」計畫的畢業生。我們在梅赫倫的小館子喝啤酒時，他從藍色背包拿出一本相冊，翻到一頁，上面有兩張照片。第一張是歐文小時候穿著雙排扣西裝、打著領結、到布魯塞爾參觀一九五八年世界博覽會的照片，他站在兩個剛果人的中間，剛果當時是比利時的屬地。這次博覽會主打「剛果風情畫」——一個人類動物園，進口了數百名剛果人供比利時民眾賞玩。這張童年快照的下面有另一張照片，歐文擺出一模一樣的姿勢，旁邊是他的新住民「夥伴」，一位名叫拉明・桑布的塞內加爾音樂家。三年前，兩人透過「速配」計畫相識，現在把彼此當成家人。歐文和他九十四歲的母親剛剛從拉明在北塞內加爾的家鄉一年一度旅行回來。我們凝視歐文的照片：拉明是個音樂大師，曾以他的科拉琴（kora，類似豎琴）替塞內加爾明星尤索・恩多（Youssou N'Dour）伴奏；歐文和拉明彼此擁抱，露出燦爛笑容。歐文承認，並非每一對「夥伴」都如此成功，但「慢慢地，我們逐個教育人們，將他們聯繫起來。」

然而，在「逐個」改變社會以及改變社會權力結構之間，存在明顯的滯後。雖然超過三分之一的梅赫倫居民是新住民，但在二〇一九年，該市只有百分之二十三的行政人員來自非比利時背景。

如果說政府的願景與其實際結構之間存在落差，事實證明，歐文的情感跟他的投票紀錄也存在差距。我第二次去梅赫倫時，得知歐文——一個主張向比利時從前的非洲殖民地賠款，並且帶領梅赫倫居民到塞內加爾進行文化之旅的人——竟投票給弗拉芒利益黨。他相當平靜地說出他的政治傾向——事實上，當我深入追問這個話題，他似乎嚇了一跳。他堅稱，他並不支持該黨的本土主義言論，但他因為擁護佛蘭德人追求權利而受該黨吸引。這跟巴特·薩默斯的祖父大約八十年前加入一個最終支持納粹的政黨，似乎是同樣的理由。歐文說，從他在小學被老師逼著說法語而不能說母語荷蘭語開始，他大半輩子都是佛蘭德民族主義的支持者。

但是，我問，假如佛蘭德議會的弗拉芒利益黨議員制定政策，剝奪他的朋友拉明的工作、支持或甚至比利時居留權，該怎麼辦？

歐文露出難以置信的表情。「那種事情，」他堅稱，「絕不會發生。」

我自相矛盾嗎？／那好吧，那我就自相矛盾了。／（我很大，我就是芸芸眾生）。

歐文或許天真，但我不認為他是個種族主義者。受害的感覺令這位六十多歲的長者投票給右翼的仇外者。他的投票提醒人們，成功的極端組織將各式各樣的憤懣編織到他們的仇恨中。最高明的組織善用政府尚未解決的需求或不公——不論這些問題是想像出來或真實存在的。我想起一九九〇年代，因為父母養不起或無法供他們上學而被送到所謂「聖戰士工廠」宗教學校的巴基斯坦男孩。我想起因為需要為殘疾兒子尋求醫療照顧而加入ＩＳＩＳ的印尼人阿菲法的姨媽。我想起因為博科聖地給了她們在家鄉無法得到的地位和工作而不願意離開該組織的奈及利亞婦女。激進組織在招兵買馬上的成功，正可供社會循線認識自己的錯誤。

兩次的梅赫倫之行，我都參觀了卡茲恩多辛（Kazerne Dossin）；那是一座猶太大屠殺和人權博物館，蓋在兩萬五千六百八十五名猶太人和羅姆人前往奧許維茲之前被關押的軍營旁。在貼滿受害者黑白肖像的對面牆上，是一幅和牆壁等長的照片。照片是現代的——可能拍攝於某個戶外音樂節，我的孩子每年夏天都會求著參加的那種節慶。場面很壯觀；你可以感受到人群之間的電流起伏和擠壓。手臂的擺動、熱汗的氣味、共聚一堂的歡喜。一個欣喜若狂的女孩高舉雙臂，坐在某個戴著雷朋眼鏡的男子肩上。這張照片一點兒都不邪惡，反倒令人身歷其境，把你捲進集體的狂喜中。

在大屠殺博物館的入口處，這樣一幅純真歡樂的照片是個大膽的選擇。這張照片為一樓奠定了基調；這個樓層的主題是「群體」（mass）——博物館手冊說，「群體」是一種力，可以「在領袖袖手旁觀、鼓勵或煽動下，累積成摧枯拉朽的致命力量」[13]。樓上一層的主題是「恐懼」，講述比利時猶太人受迫害的故事；以「死亡」為主題的頂樓則詳盡描述了集中營的滅絕行動。在另一個樓層，展覽的範疇從大屠殺擴大到人權；一個展區描繪比利時的當代移民，另一個展區則檢驗源於種族主義的全球暴行。我強迫自己注視一九〇四年拍攝於剛果橡膠園的奴隸照片。兩個戴著遮陽帽的大鬍子歐洲人站在兩側，中間一群奴隸舉起被警衛殺死的工人的斷手。博物館目錄裡有一張一九三〇年拍攝於印第安那州的照片，我曾在我自己國家的歷史書籍上看過：兩名黑人男子——湯瑪斯．希普和亞伯拉罕．史密斯——的屍體掛在樹上，標題寫著，「一群男男女女冷眼旁觀，興致不減」。

不過，最令我糾結的，是這張日常生活的照片。對我來說，音樂節照片暗示極端主義可能潛伏在我們每個人身邊，隨時準備在適當時機浮出檯面。那些和激進分子與極端分子成功建立連結、致力於感化他們的人，很清楚自己可能被捲進怎樣的處境。我在菲根・穆雷身上見到這樣的知識；她曾深受支配欲望強烈的基督教教派所害，得以運用這段往事，以同理心面對殺害她兒子馬汀的自殺炸彈客。我也在致力於感化極右翼追隨者的柏林人尼可・狄馬科身上見到這樣的知識，他自己也曾參與新納粹團體。還有雅加達的諾爾・胡達・伊斯梅爾，他堅稱他幫助過的聖戰分子「他媽的正常」。

在梅赫倫，我在巴特・薩默斯身上見到了這一點。他的祖父感受到的文化邊緣化，驅使他的家族支持一個進行種族滅絕的政權。不過，市長努力追求社區凝聚力，不僅是為了阻止極端主義，還具有更根本的意義。在本質上，這是一場維護民主規範的戰爭。將不同種族或社會群體隔離成平行的社會，或甚至只是覺得欠缺共同的公民空間，都可能使公民彼此對立。「我們（在歐洲）常常談論多元化的好處，」他曾說，「但事實上在城市裡，我們生活在分離的世界中。」當一個社會的社群結締組織出現萎縮，「我們會容易嫉妒。我們會問，『為什麼他們有公園而我沒有？』」從這些憤懣走到社會與政治的兩極對立，只有一小段路程；而兩極對立會危及民主本身的運作，這一點，美國人可以為證。[14]

恐懼也會腐蝕民主規範。在我下筆此刻，來自五十七個國家的六萬四千多人——主要是原本住在伊斯蘭國的婦女與兒童——棲身在敘利亞東北部的阿爾霍爾（Al Hol）和羅赫（Roj）難民營。聯合國敦促他們的母國把他們帶回家，聯合國人權理事會說，「婦女與兒童基於不明原因羈留難民營，這是一個嚴重的問題，破壞了問責、真相和正義的進展。」[15]

我想起了在英國引發熱烈爭議的沙米亞・貝古姆（Shamima Begum）案；這個倫敦女學生十五歲時加入了ISIS。二〇一九年，英國內政大臣以國家安全為由，剝奪了她的英國國籍。她從敘利亞北部的難民營申請返國為她的公民身分案件抗辯。不過二〇二一年，最高法院認同了內政部的意見。法院雖然承認滯留敘利亞使她無法得到公平審判，卻基於國家安全而拒絕她返國。人權觀察組織（Human Rights Watch）強烈反對這項決定——尤其反對以公共安全之名。「背棄〔敘利亞難民營中的英國人〕不僅是法律和道德上的過失，更是長期的安全風險，」該組織英國分會的主任雅思敏・艾哈默德（Yasmine Ahmed）寫道，「把他們留在拘留營會讓他們變得激進，惡劣的環境能成為招攬的工具。假如我們曾在過去二十年間學到任何教訓，那就是我們絕不能靠傷害人權來換取安全。」[16]

不論在我出生或我定居的國家，都出現了將恐怖分子從公共生活中抹去的衝動。我們把他們藏進監獄、剝奪他們的國籍，或者否決他們回家的權利。現在，我們的一次性文化從廉價消費品延伸到了人們：一旦壞了，盡數銷毀比修復他們更省事。這種懲罰性的、消極認命的做法，明顯背離了使美國生活之所以美好的優點：樂觀，以及相信人們的共同利益大到足以庇護脆弱者和邊緣人的信念。

仔細想想，那就是我從傾聽母親開始這次探索之旅的原因之一。的確，妮古拉、克麗絲蒂安和菲根都對子女抱有強烈責任感，不過除此之外，她們也都將喪子之痛，轉化為她們更廣泛地投入社會的力量。她們開始聆聽其他人的激進化子女，並且跟前極端分子成了意想不到的盟友。她們對個人悲劇的反應是建立連結的基礎，讓人重新產生休戚與共的感覺。或許是因為她們非常了解自己的兒子，所以目光能超越她們的兒子之所以激進化的宗教、政治和社會經濟原因。她們可以看到子女想要填補的更大的空虛，以及他們對意義、目的、連結和尊嚴的追尋。狡猾的極端組織招募人員也知道這一點，同樣的，那些從事緩慢而複雜的感化工作的人也不例外。

我在這次探索之旅遇到的每個人都面臨了孤立或孤獨。人類莫不孤獨，但那些在激進化和去激進化草根組織工作的人，發現孤立是問題的核心。那是招募人員可以利用而輔導員需要修補的感受。「孤獨是恐懼的共同基礎，」切斷了對話、連結與辯論，漢娜・鄂蘭在《極權主義的起源》（*The Origins of Totalitarianism*）中寫道[17]。

我在疫情期間寫下這段話，隨著COVID-19病毒，孤獨感也四處蔓延。在封鎖的英國，除了同一屋簷下的人，我們的其他對話一般透過電腦進行，人們出現在畫質粗糙的舞動光塊中。我們失去了美國法學家凱斯・桑斯坦（Cass Sunstein）所說的「偶遇的架構」——即可以讓我們不期然遇見新的想法和世界觀的空間[18]。商店關閉，街道空空盪盪，酒吧和戲院一片漆黑，沒什麼機會跟會質疑我們的人交談——除了爭吵看哪部Netflix影集或冰箱裡的雞肉是不是擺太久了。特別是在疫情剛開始的時候，恐懼令我追求純淨，不僅用殺菌劑噴灑平面並擦拭雙手，還退避混亂的世界以求安心和安全。我躲開街上的陌生人，把自己緊緊貼在牆上以免碰到他們和他們攜帶的細菌。

和我交情最久的朋友從華盛頓特區打來電話，告訴我一歐元就可以買到一個廢棄的義大利村莊。我們胡謅一個小時，聊著在普利亞（Puglia）的山丘上建立我們的家庭，遠離城市生活的擁擠與混亂。我們可以自己種菜，讀書寫作，開創一個小社區。這個計劃很荒唐——我在鄉下待超過一星期就會閒得發慌，而且，就連超市買的羅勒盆栽都會被我種死，毫無例外。但這樣的美夢也熟悉得令人毛骨悚然，強而有力地結合了恐懼、懷古與渴望：為了追求純淨與簡單而任性地自我孤立。

不久前，我讀到紐約聯邦儲備銀行的一項研究發現，德國在一九一八年流感大流行期間的死亡人口，和一九三二到三三年大選期間支持納粹的人口之間存在一定的關聯性。研究人員控制了失業率和城市預算等其他變數，發現高死亡率刺激了當地對希特勒的支持。[19]初步證據顯示，極端組織正在利用COVID-19時代的孤立與悲傷。針對亞裔美國人的仇恨犯罪和暴力事件急遽上升[20]。極右翼團體在網路上鼓勵追隨者故意將病毒傳染給猶太人和穆斯林；伊斯蘭極端主義者聲稱COVID-19是上帝對西方「墮落」的懲罰。

在美國，COVID-19帶來了煩悶與孤立，螢幕使用時間直線上升——「一場完美風暴，正適合招兵買馬和激進化，」極端主義研究室PERIL的負責人辛西雅・米勒伊德里斯（Cynthia Miller-Idriss）在國家公共廣播電台上說，「對極端分子來說，這是充分利用年輕人因為缺乏能動力、家庭經濟陷入困境，並強烈感到迷失、困惑、恐懼和焦慮而心生不滿的理想時機。」沒有去學校上學，無法跟老師和教練等成年人面對面接觸，使得「年輕人成了極右翼可以輕易得手的目標，」她說。[21]

然而，在這疫情蔓延、為美國人帶來了孤立、恐懼與猜忌的同一年，街頭上接連幾個月充斥著和平抗議活動。喬治・佛洛伊德遭殺害後，人們群起抗議警察的暴力行為，不分老少、不分城鄉，也不分黑人或白人。在疫情令世界驟然停頓之前的季節，大約四百萬人——大多是年輕人——展開遊行，要求對氣候的崩壞採取行動。休士頓的一塊告示牌寫著：我們的街道被洪水淹沒，所以我們淹沒了街道。在舊金山，一名遊行者揮舞著標語牌：大海在高漲，我們也必須高漲。[22]

夜裡，我擔心我的祖國會成為人類歷史上最孤獨的地方。人們躲在車裡或死巷子裡與世隔絕，亞馬遜送貨員是唯一可見的人影。最近，許多人上街交流，共同表達憤怒以及對一顆垂死星球的責任感；我用這些畫面安慰自己。假如極端分子藉著人們對生存威脅的恐懼而壯大，氣候變遷想必是最終極的生存威脅？如果他們利用的是人們對共同目標的需求，還有什麼更好的共同利益目標？

這個世界甚至從未聽過COVID-19之前的一個星期六早晨，我在梅赫倫市政廳參觀婚禮。在高聳入雲、以致讓人以為睡美人會從裡面跳出來的哥德式立面和角樓底下，走出了一對穆斯林夫妻。新娘穿著蓬鬆的白色婚紗，新郎則西裝畢挺，怯生生地笑著。婚禮的女性賓客──許多都戴著頭巾──圍繞著新婚夫婦敲打小鼓、大聲呼號。我聽著阿拉伯婦女傳統的集體歡樂吶喊聲，在中世紀梅赫倫但願榮登歐洲最高塔的教堂塔樓對面響起。

和薩默斯市長會面時，我問他是否擔心他認真籌謀的公民政策會適得其反。我提到喬治・歐威爾（George Orwell）在一九四〇年評論《我的奮鬥》（*Mein Kampf*）時，曾很有遠見地表示人們不見得渴望和平與和諧，而是渴望一件能令他們熱切相信並依此行動的事。「人類，」歐威爾寫道，「不只想要舒服、安全、工作輕鬆、衛生、節育和種種常識。他們還至少偶爾需要鬥爭、自我犧牲，更別提戰鼓、旗幟和效忠遊行。」[23]

人類學家史考特・阿特蘭曾引述歐威爾的這段話，表示光為人們提供良好的工作和投票機會，無法阻止西方年輕人被極端主義所吸引。他指出，根據世界價值觀大調查，大多數歐洲人不認為生活在民主國家對他們而言「絕對重要」。[24]超過三分之一的高所得美國年輕人事實上贊成軍事統治。與激進分子為聖戰奮鬥犧牲的意願相比，阿特蘭看不到人們願意為民主價值做出同樣的犧牲。[25]

這麼一來，我問薩默斯，梅赫倫繁榮而乾淨的街道又有什麼用？如果人類確實需要為理想奮鬥，梅赫倫的友好策略如何滿足這項需求？

「人們想要活得轟轟烈烈，」薩默斯同意道。但他認為梅赫倫的社會融合行動，本身就是個理想。對他而言，梅赫倫是集體英雄主義的故事，提供了人們渴望而民粹主義者能利用的自豪感和袍澤之情。值此傾軋分裂的時代，打造一個能反映歐洲二十一世紀超級多元化的城鎮，是一項艱巨的工程。「我們是希望的燈塔，」他說，「那是這個小城市所能做的最偉大的事：證明民粹主義者是錯的！」

那樣的理想能製造熱情而不產生暴力。那樣的理想，他說，「比梅赫倫的教堂塔樓還偉大！」

致謝

這本書裡的故事，多虧了眾人的慷慨和勇氣才能公諸於世，其中許多人不吝分享他們人生最黑暗時期的細節。有些人致力於感化暴力極端分子，他們的樂觀與奉獻精神是永遠的榜樣。

感謝Tom Dodd在我展開這項寫作計畫之初，分享了他的專業知識與鼓勵。史丹佛大學麥考伊社會倫理中心的作家研習營給了本書初稿莫大的助益；他們讓紀實文學作家有機會跟一屋子史丹佛教授相處一天，聽取他們對初稿的批評與指教。我要感謝Joan Berry和Anne Newman，他們不僅親身參與這項活動，更幫忙召集分散史丹佛校園各地的專家：Eamonn Callan、Collin Anthony Chen、Martha Crenshaw、John Evans、David Laitin、Alison McQueen、Salma Mousa、Rob Reich、Shirin Sinnar、Sharika Thiranagama和Jeremy Weinstein。Jane Coyne是我那天的搭檔兼軍師——謝謝你。

除了書中引述的人物，許多學者、研究員和感化人員也在採訪中分享了他們的專業知識，為本書提供寶貴的背景知識。感謝Nasir Abas、Rashad Ali、Zahed Amanullah、Chaula Rininta Anindya、Rania Awaad、Moustafa Ayad、Byron Bland、Jean Decety、Julia Ebner、Leanne Edberg、James S. Gordon、Todd Green、Rüdiger José Hamm、Georgia Holmer、Melinda Holmes、漢堡市「連奏」專案的工作人員、Shashi Jayakumar、Muhammad Asfandiyar Khan、Khalid Koser、Shiraz Maher、Emmanuel Mauleón、Wissem Missoussi、Charlotte Moeyens、Alaina M. Morgan、Jeffrey Murer、René Hedegaard Nielsen、Nina Noorali、Jamuna Oehlmann、Philipp Oswalt、Faiza Patel、Edward W. Powers中校、Béatrice Pouligny、Jeremy Richman、Sara Savage、Edit Schlaffer、Aneela Shah、Mitchell Silber、Amrit Singh、Anne Speckhard、Henry Tuck、Robert Örell、Bernd Wagner、Harald Weilnböeck、Fabian Wichmann、布萊梅VAJA/Kitab的工作人員、Melissa Yeomans，以及Michael Zekulin。

我很榮幸跟才華橫溢的Chris Jackson合作，他成功地以一種輕盈而深刻、微妙而具有變革性的方法完成編輯。Emi Ikkanda是本書最早的擁護者；我很感謝她為本書勾勒的編輯願景，也感謝Julie Grau和Cindy Spiegel對這項計畫的熱情支持。非常感謝Sun Robinson-Smith在本書最後階段成為堅定盟友，合作愉快。Carla Bruce-Eddings、Lulú Martínez、Mika Kasuga以及One World團隊的其他成員是本書很棒的啦啦隊。也謝謝Janet Biehl細心的文字編輯工作。Alan Zarembo是部分印尼章節的出色編輯，該文章後來刊登在《洛杉磯時報》。Mayolisia Ekayanti、Pascale

Müller和Petra Tank提供了印尼文與德文的英譯。Shan Vahidy給了關於語調和結構的高明的編輯建議。Jaclyn Jacobs提供了攝影長才；Kai Eston則幫忙琢磨出一個合適的標題。Erin Harris擔任我的經紀人近十年了，我依然不敢相信自己竟然有幸在她的名單之上。

感謝Sarita Choudhury，謝謝你每天用FaceTime給我一劑你的笑容和聰穎。感謝Liz Unna、Caro Douglas-Pennant、Frances Stonor Saunders和Camilla Bustani，謝謝你們在我上倫敦做田野調查時，為我提供晚餐、空房間和許多歡笑。布魯塞爾城市修道院的Elke Van Campenhout是最棒的東道主。Nina Berman始終是無可比擬的合作者，讓比利時和德國的報導之行充滿樂趣。Rebecca Goldsmith、Neena Jain和Anne Treeger提供了跨大西洋兩岸的智慧。Anita Dawood分享了她對巴基斯坦藝術界的看法。Moni Mohsin讀了部分章節的初稿，為我在英國和巴基斯坦找到非常寶貴的聯絡人。我們在大英圖書館和每日麵包店碰面時，Selina Mills總能給我明智的建議。Beth Gardiner、Natasha Randall和Women Who Write的其他成員透過視訊為我加油打氣，並給與同情和建言。每星期天下午四點，Hanna Clements、Amy Dulin和Jill Herzig總會幫助我打起精神，讓我有力量繼續下一星期的寫作。

最後，我要對Antony Seely致上愛與感激，他讓我比這個星球上任何人笑得更開懷、想得更深入。謝謝Julia和Nic Seely-Power：妳們的一路陪伴，提醒了我更美好的世界是什麼模樣。

附注

引言

1 J. Patrick Coolican, "How Do We De-Radicalize? Three Experts in Political Extremism and Violence Share Ideas," *Ohio Capital Journal,* February 8, 2021, ohiocapitaljournal .com/ 2021/ 02/ 08/ how-do-we-de-radicalize-three-experts-in-political-extremism-and-violence-share-ideas/

2 Simon Shuster, " 'Everyone Thinks I'm a Terrorist': Capitol Riot Fuels Calls for Domestic War on Terror," *Time,* January 18, 2021.

3 Chuck Hagel, "Advice for the Next Secretary of Defense," *Defense One,* January 19, 2021, www.defenseone.com/ideas/2021/01/advice-next-secretary-defense/171466/.

4 Jane Ronson, "Raymond Williams Papers at the Richard Burton Archives, Swansea University," *Archives Hub,* October 2017, blog .archiveshub .jisc .ac .uk/ 2017/ 10/ 02/ raymond-williams-papers-at-the-richard-burton-archives-swansea-university/.

5 Verse 9:5, *The Quran,* trans. Thomas Cleary (Chicago: Starlatch, 2004).

6 John L. Esposito, *Unholy War: Terror in the Name of Islam* (New York: Oxford University Press, 2002), p. 28.

7 Alex Nowrasteh, "More Americans Die in Animal Attacks than in Terrorist Attacks," Cato Institute, March 8, 2018, www.cato.org/blog/more-americans-die-animal-attacks-terrorist-attacks.

8 "Odds of Dying," *Injury Facts,* National Safety Council, 2019, injuryfacts .nsc .org/ all-injuries/ preventable-death-overview/ odds-of-dying/.

9 Florence Gaub, "Trends in Terrorism," European Union Institute for Security Studies, March 2017, www.iss.europa.eu/sites/default/files/EUISSFiles/Alert4TerrorisminEurope_0.pdf.

10 Mona Chalabi, "Terror Attacks by Muslims Receive 357% More Press Attention, Study Finds," *Guardian,* July 20, 2018.

11 "Equal Treatment? Measuring the Legal and Media Responses to Ideologically Motivated Violence in the United States," Institute for Social Policy and Understanding, April 2018, www.ispu.org/public-policy/equal-treatment.

12 "Right-Wing Extremism Linked to Every 2018 Extremist Murder in the U.S., ADL Finds," Anti-Defamation League, January 23, 2019, www.adl.org/news/press-releases/right-wing-extremism-linked-to-every-2018-extremist-murder-in-the-us-adl-finds.

13 艾迪受訪請見Mark Mazzetti et al., "Inside a Deadly Siege: How a String of Failures Led to a Dark Day at the Capitol," *New York Times,* January 10, 2021.

14 Praveen Menon, "NZ's Ardern Apologises as Report into Mosque Attack Faults Focus on Islamist Terror Risks," Reuters, December 8, 2020.

15 Joby Warrick, "Jihadist Groups Hail Trump's Travel Ban as a Victory," *Washington Post,* January 29, 2017.

16 " 'I Think Islam Hates Us' " (editorial), *New York Times,* January 26, 2017, www.nytimes.com/2017/01/26/opinion/i-think-islam-hates-us.html.

17 "Trump Opens Global Center for Combating Extremist Ideology," *Washington Post,* May 21, 2017, www.washingtonpost.com/video/politics/trump-opens-global-center-for-combating-extremist-ideology-with-egypts-al-sissi-saudi-arabias-salman/2017/05/21/2875d228-3e4f-11e7-b29f-f40ffced2ddbvideo.html.

18 "Transcript of Trump's Speech in Saudi Arabia," CNN, May 21, 2017.

19 Adam Gartrell and Mark Kenny, "Paris Attacks: Malcolm Turnbull Calls the Paris Assault the 'Work of the Devil' " *Sydney*

Morning Herald, November 14, 2015.

20 J. Weston Phippen, "Theresa May's Terrorism Strategy," *Atlantic,* June 4, 2017.

21 Kevin Rawlinson, "How the British Press Reacted to the Manchester Bombing," *Guardian,* May 23, 2017.

22 見前注。

23 Colin Clark, "Counterterror Costs Since 911: $2.8 TRILLION and Climbing," *Breaking Defense,* September 11, 2018, breakingdefense .com/ 2018/ 09/ counterterror-costs-since-911-2-8-trillion-and-climbing/.

24 Erik W. Goepner, "Measuring the Effectiveness of America's War on Terror," *Parameters* 46, no. 1 (2016): 113, publications .armywarcollege .edu/ pubs/ 3323 .pdf.

25 A. Trevor Thrall and Erik Goepner, "Step Back: Lessons for U.S. Foreign Policy from the Failed War on Terror," Cato Institute, June 26, 2017, www.cato.org/policy-analysis/step-back-lessons-us-foreign-policy-failed-war-terror.

26 "Race and Religious Hate Crimes Rose 41% after EU Vote," BBC News, October 13, 2016.

27 "Terrorists Have Nowhere to Hide, Says Defence Secretary," BBC News, December 7, 2017.

28 斯圖爾特接受訪問請見"British IS Fighters 'Must Be Killed,' Minister Says," BBC News, October 23, 2017.

29 D. Elaine Pressman, "Risk Assessment Decisions for Violent Political Extremism," Public Safety Canada, 2009, www.publicsafety.gc.ca/cnt/rsrcs/pblctns/2009-02-rdv/2009-02-rdv-eng.pdf.

30 Jonathan Powell, *Talking to Terrorists: How to End Armed Conflicts* (London: Vintage, 2015), p. 10.

31 "Saudi Activist 'Loses Appeal Against Sentence,' " BBC News, March 10, 2021.

32 "Government Abandons Attempts to Define 'Extremism' in Law," *Irish Legal News,* April 8, 2019, www.irishlegal.com/article/government-abandons-attempts-to-define-extremism-in-law.

33 即為《伯明罕獄中書信》（*Letter from Birmingham Jail*）。Martin Luther King, Jr., "Letter from Birmingham Jail," letterfromjail .com/.。

34 蓋茨克的訪問請見 Jonathan Powell, “How to Talk to Terrorists,” *Guardian,* October 7, 2014.

35 Michael Burleigh, *Blood and Rage: A Cultural History of Terrorism* (London: HarperPerennial, 2010), p. ix.

36 Luke Byrne, “McGuinness’ Widow to Receive Letter of Condolence from Queen,” *Irish Independent News,* March 22, 2017.

37 對錢尼的引述請見 Jonathan Powell, “Negotiate with ISIS,” *Atlantic,* December 7, 2015.

38 對羅斯科的引述請見 Gabriella Angeleti, “In Pictures: Rothko Chapel’s 50th Anniversary Celebrated in New Publication,” *Art Newspaper,* March 5, 2021, www.theartnewspaper.com/feature/in-pictures-or-rothko-chapel-s-50th-anniversary-celebrated-in-new-publication.

39 Allyn West, “Houston’s Rothko Chapel Vandalized with Paint, Handbills: ‘It’s Okay to Be White,’ ” *Houston Chronicle,* May 22, 2018, www .chron .com/ houston/ article/ Houston-s-Rothko-Chapel-vandalized-with-paint-12931429 .php.

迷失的男孩

1 Ian Ward, *Law, Text, Terror* (Cambridge: Cambridge University Press, 2009), p. 147.

2 Sanam Naraghi-Anderlini, “Debunking Stereotypes: Which Women Matter in the Fight Against Extremism?” International Civil Society Action Network, April 7, 2016, icanpeacework .org/ 2016/ 04/ 07/ debunking-stereotypes-which-women-matter-in-the-fight-against-extremism-by-sanam-anderlini/.

3 Robert M. Sapolsky, *Behave: The Biology of Humans at Our Best and Worst* (London: Vintage, 2018), p. 155.

4 引述卡麥隆的看法請見 Nadia Khomami, “David Cameron Urges Swift Action Against ISIS,” *Guardian,* August 16, 2014.

5 引述梅伊的看法請見 Gordon Rayner and Jack Maidment, “Theresa May Says ‘Enough Is Enough’ in Wake of London Bridge Terror Attack as She Confirms General Election Will Go Ahead,” *Telegraph,* June 4, 2017.

6 Zaman al-Wasl, “Leaked ISIS Documents Reveal Most Recruits Know Little on Islam,” *Haaretz,* January 10, 2018, www.haaretz.com/middle-east-news/leaked-isis-documents-reveal-recruits-ignorant-on-islam-1.5424990.

7 Jamie Doward, “Revealed: Preachers’ Messages of Hate,” *Guardian,* January 7, 2007.

8 Nazir Afzal, “Young People Are Easily Led. Our Anti-Radicalisation Schemes Need to Be Cleverer,” *Guardian,* April 8, 2015.

9 John Holmwood, “The Birmingham Trojan Horse Affair: A Very British Injustice,” www.opendemocracy.net,December13,2017, www.opendemocracy.net/en/birmingham-trojan-horse-affair-very-british-injustice/.

10 Mark Easton, “The English Question: What Is the Nation’s Identity?” BBC News, June 3, 2018.

11 Steven Levy, “Facebook Can’t Fix What It Won’t Admit To,” *Wired,* January 15, 2021.

12 有關「傳送帶理論」(conveyor belt theory)的討論請見如 Clark McCauley and Sophia Moskalenko, “Understanding Political Radicalization: The Two-Pyramids Model,” *American Psychologist* 72, no. 3 (2017): 205–16, www.apa.org/pubs/journals/releases/amp-amp0000062.pdf,以及 Arun Kundnani, “A Decade Lost: Rethinking Radicalisation and Extremism,” Muslim Association of Britain, January 2015, mabonline .net/ wp-content/ uploads/ 2015/ 01/ Claystone-rethinking-radicalisation .pdf.

13 Tore Bjørgo and John G. Horgan, eds., *Leaving Terrorism Behind: Individual and Collective Disengagement* (London: Routledge, 2009), p. 1.

14 *Ayman Latif v. Loretta E. Lynch,* U.S. District Court, District of Oregon, Civil case no. CV 10-00750-BR, “Declaration of Marc Sageman in Opposition to Defendants’ Cross-Motion for Summary Judgment,” p. 6, www.aclu.org/sites/default/files/field_document/268. declaration of marc sageman 8 .7 .15 .pdf.

15 United Nations, *Plan of Action to Prevent Violent Extremism,* 2016, p. 14, www.un.org/counterterrorism/plan-of-action-to-prevent-violent-extremism.

16 “*Prevent* Strategy,” HM Government, June 2011, p. 3, assets .publishing .service .gov .uk/ government/ uploads/ system/ uploads/ attachment data/ file/ 97976/ prevent-strategy-review .pdf.

17 Randeep Ramesh and Josh Halliday, “In Staffordshire Student Accused of Being a Terrorist for Reading Book on Terrorism,” *Guardian,* September 24, 2015.

18 "Radicalisation Fear over Cucumber Drawing by Boy, 4," BBC News, March 11, 2016.

19 "Liberty's Written Evidence to the JCHR's Inquiry on Freedom of Expression in Universities," *Liberty,* March 3, 2020, p. 6, www .libertyhumanrights .org .uk/ wp-content/ uploads/ 2020/ 02/ Libertys-Evidence-to-the-JCHRs-Inquiry-into-Freedom-of-Expression-in-Universities-Dec-2017 .pdf.

20 "Privacy Impact Assessment for the Future Attribute Screening Technology (FAST) Project," U.S. Department of Homeland Security, December 15, 2008, www .dhs .gov/ xlibrary/ assets/ privacy/ privacy pia st fast .pdf.

21 Mark C. Niles, "Preempting Justice: "Precrime" in Fiction and in Fact," *Seattle Journal for Justice* 9, no.1 (2010), law .seattleu .edu/ Documents/ sjsj/ 2010fall/ Niles .pdf.

22 "Terrorism Indicators Chart," in Faiza Patel, Andrew Lindsay, and Sophia DenUyl, "Countering Violent Extremism in the Trump Era," Brennan Center for Justice, 2018, www .brennancenter .org/ our-work/ research-reports/ countering-violent-extremism-trump-era.

23 "Global Terrorism Index 2019," *ReliefWeb,* November 20, 2019, reliefweb.int/report/world/global-terrorism-index-2019.

「妳是恐怖分子之母」

1 Rita Dove, " 'Persephone Abducted,' " *Mother Love* (New York: W.W. Norton, 1995), p. 13.

2 "Dabiq VII Feature Article: The World Includes Only Two Camps — That of ISIS and That of Its Enemies," Middle East Media Research Institute, February 18, 2015, www .memri .org/ jttm/ dabiq-vii-feature-article-world-includes-only-two-camps-%E2 %80 %93-isis-and-its-enemies.

3 Enid Logan, "The Wrong Race, Committing Crime, Doing Drugs, and Maladjusted for Motherhood: The Nation's Fury over 'Crack Babies,' " *Social Justice* 26, no. 1 (1999): 115–38, www .jstor .org/ stable/ 29767115 ?seq = 1.

4 Sara Brzuszkiewicz, "An Interview with Daniel Koehler, German Institute on Radicalization and De-Radicalization Studies,"

European Eye on Radicalization, January 2, 2019, eeradicalization .com/ an-interview-with-daniel-koehler-german-institute-on-radicalization-and-de-radicalization-studies/.

5 United States v. Abdullahi Mohamud Yusuf, U.S. District Court, District of Minnesota, File no. 15-CR-46, vol. 1, Daniel Koehler testimony, pp. 3–34.

6 Daniel Koehler, *Understanding Deradicalization: Methods, Tools and Programs for Countering Violent Extremism* (New York: Garland, 2018), p. 75.

7 United States v. Abdullahi Mohamud Yusuf, U.S. District Court, District of Minnesota, File no. 15-CR-46, vol. 1, Daniel Koehler testimony, p. 34.

8 Mothers for Life, "Open Letter to Our Sons and Daughters in Syria and Iraq," German Institute on Radicalization and De-Radicalization Studies, June 3, 2015, girds .org/ mothersforlife/ open-letter-to-our-sons-and-daughters.

9 Mothers for Life, "A Second Letter to Abu Bakr al-Baghdadi from the Mothers for Life," German Institute on Radicalization and De-Radicalization Studies, n.d., girds .org/ mothersforlife.

10 菲根的對話內容，見*Victoria Derbyshire,* BBC News, May 21, 2018, archive .org/ details/ BBCNEWS 20180521 080000 _ Victoria Derbyshire.

11 Alex Green, " 'We Lost Our Sons to the SAME Monster': Mothers of Man Killed in Manchester Attack and Man Who Died Fighting for ISIS Forge Unlikely Bond," *Daily Mail,* May 21, 2018, www .dailymail .co .uk/ news/ article-5754557/ Mothers-man-killed-Manchester-terror-attack-man-died-fighting-ISIS-forge-bond .html.

12 讀者評論，同前注。

13 《Victoria Derbyshire》觀眾評論，見 Facebook, www .facebook .com/ VictoriaDerbyshire.

教母和她的「教女」

1 引述請見Gillian Slovo, *Another World: Losing Our Children to Islamic State,* performed at National Theatre, London, 2016.

2 Abdullah Mustafa, "Belgium: Mother of Extremist Killed in Syria Charged with Financing Terrorism," *Asharq Al-Awsat,* May 20, 2016, eng-archive .aawsat .com/ a-mustafa/ world-news/ belgium-mother-extremist-killed-syria-charged-financing-terrorism.

3 Julien Balboni, "Julie a enlevé sa fille pour rejoindre Daesh, elle a 'plongé sa fille dans un enfer,' " *DH Les Sports,* January 12, 2017, www .dhnet .be/ actu/ faits/ julie-a-enleve-sa-fille-pour-rejoindre-daesh-elle-a-plonge-sa-fille-dans-un-enfer-5876834ccd70717 f88f148de.

4 Jacques Laruelle, "Pas de double peine pour Julie B, partie en Syrie avec son enfant," *La Libre,* February 9, 2017, www .lalibre .be/ actu/ belgique/ pas-de-double-peine-pour-julie-b-partie-en-syrie-avec-son-enfant-589b5e10cd702bc31911e17e.

5 Amos Oz, *Dear Zealots: Letters from a Divided Land,* trans. Jessica Cohen (Boston: Mariner Books, 2019), pp. 8–9.

信任練習

1 Dave Merritt, "Jack Would Be Livid His Death Has Been Used to Further an Agenda of Hate," *Guardian,* December 2, 2018.

2 Peter R. Neumann, "Prisons and Terrorism: Radicalisation and De-Radicalisation in 15 Countries," International Centre for the Study of Radicalisation and Political Violence (ICSR), 2010, www .clingendael .org/ sites/ default/ files/ pdfs/ Prisons-and-terrorism-15-countries .pdf; and Gabriel Hoeft, " 'Soft' Approaches to Counter-Terrorism: An Exploration of the Benefits of Deradicalization Programs," International Institute for Counter-Terrorism, 2015, www .ict .org .il/ UserFiles/ ICT-Soft-Approaches-to-CT-Hoeft .pdf.

3 有關各種去激進化方案的異同可見 "Preventing Radicalization to Terrorism and Violent Extremism," from the European Commission-sponsored Radicalization Awareness Network (RAN), and Koehler's *Understanding Deradicalization.*

4 Nic Robertson and Paul Cruickshank, "Cagefighter 'Cures' Terrorists," CNN, July 23, 2012.

5 Jess Gormley and Alex Healey, "How a German Prison Is Using Theatre to De-Radicalise Young Isis Volunteers — Video," *Guardian,* March 6, 2017.

6 James Khalil et al., "Deradicalisation and Disengagement in Somalia: Evidence from a Rehabilitation Programme for Former Members of Al-Shabaab," Royal United Services Institute, January 2018, rusi .org/ sites/ default/ files/ 20190104 whr 4-18 deradicalisation _and disengagement in somalia web .pdf.

7 Marisa L. Porges, "The Saudi Deradicalization Experiment," Council on Foreign Relations, January 22, 2010, www .cfr .org/ expert-brief/ saudi-deradicalization-experiment.

8 Elisabeth Zerofsky, "France: How to Stop a Martyr," Pulitzer Center, September 2, 2016, pulitzercenter .org/ reporting/ france-how-stop-martyr.

9 Setyo Widagdo and Milda Istiqomah, "Development of Counseling Model of Deradicalization Program in Indonesia," *International Journal of Advanced Research,* March 2019, doi .org/ 10 .21474/ IJAR01/ 8710.

10 United States v. Abdullahi Mohamud Yusuf, U.S. District Court, District of Minnesota, File no. 15-CR-46, vol. 1, Daniel Koehler testimony, September 26, 2016, p. 63.

11 Koehler, *Understanding Deradicalization,* p. 146.

12 Helen Warrell, "Inside Prevent, the UK's Controversial Anti-Terrorism Programme," *Financial Times,* January 24, 2018, www .ft .com/ content/ a82e18b4-1ea3-11e9-b126-46fc3ad87c65.

13 Matt Apuzzo, "Only Hard Choices for Parents Whose Children Flirt with Terror," *New York Times,* April 9, 2016.

14 Nate Gartrell, "In Rebuke of Feds, Judge Frees East Bay Man Once Accused of Terrorism," *Mercury News,* March 30, 2019, www .mercurynews .com/ 2019/ 03/ 30/ in-rebuke-of-feds-judge-frees-east-bay-man-once-accused-of-terrorism/.

15 Townsend at "Deradicalization: Oasis or Mirage?" panel at Global Security Forum, 2011, Center for Strategic and International

Studies, www .csis .org/ events/ global-security-forum-2011-'deradicalization'-oasis-or-mirage.

16 "Mass Incarceration," American Civil Liberties Union, n.d., www .aclu .org/ issues/ smart-justice/ mass-incarceration.

17 Joseph Margulies, "Deviance, Risk, and Law: Reflections on the Demand for the Preventive Detention of Suspected Terrorists," *Journal of Criminal Law and Criminology* 101, no. 3 (2011), scholarlycommons .law .northwestern .edu/ cgi/ viewcontent .cgi ?referer = & httpsredir = 1 & article = 7402 & context = jclc. See also James Forman, Jr., "Exporting Harshness: How the War on Crime Helped Make the War on Terror Possible," *NYU Review of Law and Social Change* 33, no. 3 (2009): 333, digitalcommons .law .yale .edu/ cgi/ viewcontent .cgi ?article = 4018 & context = fss papers.

書本的力量

1 Dina Temple-Raston, "He Wanted Jihad. He Got Foucault," *New York* magazine, November 27, 2017, nymag .com/ intelligencer/ 2017/ 11/ abdullahi-yusuf-isis-syria .html. For details of Abdullahi's early life, I've relied heavily on Temple-Raston's excellent reporting on Abdullahi Yusuf, as well as United States v. Abdullahi Mohamud Yusuf, U.S. District Court, District of Minnesota, Defendant's Position with Regard to Sentencing and Motion for a Downward Variance.

2 Alexander Meleagrou-Hitchens, Seamus Hughes, and Bennett Clifford, "The Travelers: American Jihadists in Syria and Iraq," George Washington University Program on Extremism, February 2018, p. 2, extremism .gwu .edu/ sites/ g/ files/ zaxdzs2191/ f/ Travelers AmericanJihadistsinSyriaandIraq .pdf.

3 Harriet Staff, " 'I'm in the Reservation of My Mind': Sherman Alexie's Early Inspiration," Poetry Foundation, October 2013, www .poetryfoundation .org/ harriet/ 2013/ 10/ im-in-the-reservation-of-my-mind-sherman-alexies-early-inspiration.

4 David Foster Wallace, "This Is Water (Full Transcript and Audio)," *Farnam Street,* January 14, 2021, fs .blog/ 2012/ 04/ david-foster-wallace-this-is-water/.

5 Oz, *Dear Zealot,* p. 20.

6 Michael Herzog zu Mecklenburg and Ian Anthony, "Preventing Violent Extremism in Germany: Coherence and cooperation in a Decentralized System" (working paper), Stockholm International Peace Research Institute, August 2020, www .sipri .org/ sites/ default/ files/ 2020-08/ wp 2005 violent extremism .pdf.

7 Maddy Crowell, "What Went Wrong with France's Deradicalization Program?" *Atlantic,* September 28, 2017.

8 Angel Rabasa et al., "Deradicalization Process Is Essential Part of Fighting Terrorism," RAND Corporation, November 29, 2010, www .rand .org/ news/ press/ 2010/ 11/ 29 .html.

9 Arun Kundnani, *The Muslims Are Coming!: Islamophobia, Extremism, and the Domestic War on Terror* (London: Verso, 2015), pp. 212–16.

10 Laura Yuen, Mukhtar M. Ibrahim, and Doualy Xaykaothao, "Latest: ISIS Trial in Minnesota," MPR News, June 3, 2016, www .mprnews .org/ story/ 2016/ 05/ 09/ isis-trial-minnesota-updates.

11 Faiza Patel, and Amrit Singh, "The Human Rights Risks of Countering Violent Extremism Programs," *Just Security,* April 7, 2016, www .justsecurity .org/ 30459/ human-rights-risks-countering-violent-extremism-programs/.

12 Emmanuel Mauleón, "It's Time to Put CVE to Bed," Brennan Center for Justice, November 2, 2018, www .brennancenter .org/ our-work/ analysis-opinion/ its-time-put-cve-bed.

13 Peter Beinart, "Trump Shut Programs to Counter Violent Extremism," *Atlantic,* October 29, 2018.

14 Faiza Patel, Andrew Lindsay, and Sophia DenUyl, "Countering Violent Extremism in the Trump Era," Brennan Center for Justice, June 15, 2018, www .brennancenter .org/ our-work/ research-reports/ countering-violent-extremism-trump-era.

15 與瑪麗・麥金利的Email通信, November 7, 2017.

16 Kundnani, *Muslims Are Coming!,* p. 289.

17 引述戴維斯的看法請見Laura Yuen, "3 of 9 Twin Cities Men Sentenced in ISIS Conspiracy Trial," MPR News, November 14, 2016, www .mprnews .org/ story/ 2016/ 11/ 14/ first-day-of-sentencing-isis-trial.

18 " 'Hug a Terrorist' Program in Denmark," *Federalist,* August 12, 2017, thefederalist-gary .blogspot .com/ 2017/ 08/ hug-terrorist-program-in-denmark .html.

恐怖分子受理中心

1 "Denmark: Extremism and Counter-Extremism," Counter Extremism Project, February 18, 2021, www .counterextremism .com/ countries/ denmark.

2 Anthony Dworkin, "The Problem with Western Suggestions of a 'Shoot-to-Kill' Policy Against Foreign Fighters," *Just Security,* December 13, 2017, www .justsecurity .org/ 49290/ problematic-suggestions-western-shoot-to-kill-policy-citizens-fighting-isis/.

3 Gilles de Kerchove et al., "Rehabilitation and Reintegration of Returning Foreign Terrorist Fighters," Washington Institute for Near East Policy, February 23, 2015, www .washingtoninstitute .org/ policy-analysis/ rehabilitation-and-reintegration-returning-foreign-terrorist-fighters.

4 Richard Orange, "Denmark Swings Right on Immigration — and Muslims Feel Besieged," *Guardian,* June 10, 2018, www .theguardian .com/ world/ 2018/ jun/ 10/ denmark-swings-right-immigration-muslims-besieged-holbaek.

5 Preben Bertelsen, "Danish Prevention Measures and De-Radicalization Strategies: The Aarhus Model," *Panorama: Insights into Asian and European Affairs,* January 2015, psy .au .dk/ fileadmin/ Psykologi/ Forskning/ Preben Bertelsen/ Avisartikler radikalisering/ Panorama .pdf.

6 Andreas Casptack, "Deradicalization Programs in Saudi Arabia: A Case Study," Middle East Institute, June 10, 2015, www .mei .edu/ publications/ deradicalization-programs-saudi-arabia-case-study.

7 Crowell, "France's Deradicalization Program,"同頁 ○注出處。

8 Jeppe Trolle Linnet, "Money Can't Buy Me Hygge: Danish Middle-Class Consumption, Egalitarianism, and the Sanctity of Inner Space," *Social Analysis* 55, no. 2 (2011): 21–44, doi .org/ 10 .3167/ sa .2011 .550202.

9 Billy Perrigo, "What to Know About Denmark's Controversial Plan to Eradicate Immigrant 'Ghettos,' " *Time,* July 2, 2018, time .com/ 5328347/ denmark-ghettos-policies/.

遇見斬首者

1 I Gede Widhiana Suarda, "A Literature Review on Indonesia's Deradicalization Program for Terrorist Prisoners," *Mimbar Hukum* 28, no. 3 (2016): 526–43, journal .ugm .ac .id/ jmh/ article/ view/ 16682.

2 Emma Broches, "Southeast Asia's Overlooked Foreign Fighter Problem," *Lawfare* (blog), June 5, 2020, www .lawfareblog .com/ southeast-asias-overlooked-foreign-fighter-problem.

3 Agustinus Beo Da Costa, "Indonesia Brings Together Former Militants and Attack Survivors," Reuters, February 28, 2018, www .reuters .com/ article/ uk-indonesia-militants-conciliaton-idUKKCN1GC1T6.

4 "Mitigating Terrorism by Soft Skills," *AsiaViews,* March 9, 2018, asiaviews .net/ mitigating-terrorism-soft-skills/.

5 Diego Gambetta and Steffen Hertog, *Engineers of Jihad: The Curious Connection Between Violent Extremism and Education* (Princeton: Princeton University Press, 2018), pp. 7–8.

6 Nafees Hamid, "What Makes a Terrorist?," *New York Review of Books,* July 10, 2020. www .nybooks .com/ daily/ 2017/ 08/ 23/ what-makes-a-terrorist/.

7 Clark R. McCauley, "The Psychology of Terrorism," Social Science Research Council, n.d., essays .ssrc .org/ sept11/ essays/ mccauley .htm.

8 Anthea Butler, "Shooters of Color Are Called 'Terrorists' and 'Thugs.' Why Are White Shooters Called 'Mentally Ill'?" *Washington Post,* June 18, 2015.

9 "Militant on Trial for Allegedly Beheading 3 Girls in Indonesia," CBC News, November 8, 2006, www .cbc .ca/ news/ world/ militant-on-trial-for-allegedly-beheading-3-girls-in-indonesia-1 .600621.

10 胡達的發言引用自作者另一篇報導, " 'We Have Four Generations of Former Terrorists Here Today': Rehabilitating Extremists in Indonesia," *Los Angeles Times,* April 20, 2018.

11 "Council on Foreign Relations Backgrounder: What Is Hamas?" PBS NewsHour, November 20, 2012, www .pbs .org/ newshour/ world/ hamas-backgrounder.

12 Shawn Flanigan and Mounah Abdel-Samad, "Hezbollah's Social Jihad: Nonprofits as Resistance Organizations," *Middle East Policy,* June 2009, onlinelibrary .wiley .com/ doi/ 10 .1111/ j. 1475-4967 .2009 .00396 .x/ pdf.

13 Saeed Shah, "Pakistan Floods: Islamic Fundamentalists Fill State Aid Void," *Guardian,* August 3, 2010.

14 Jessica Watkins and Mustafa Hasan, "The Popular Mobilization and COVID-19 Pandemic in Iraq: A New Raison d'être?" *LSE* (blog), April 28, 2020, blogs .lse .ac .uk/ crp/ 2020/ 04/ 28/ the-popular-mobilisation-and-covid-19-pandemic-in-iraq-a-new-raison-detre/, and Nisha Bellinger and Kyle Kattelman, "How the Coronavirus Increases Terrorism Threats in the Developing World," *Conversation,* May 26, 2020, theconversation .com/ how-the-coronavirus-increases-terrorism-threats-in-the-developing-world-137466.

15 Dina Temple-Raston, "Al-Qaida: Now Vying For Hearts, Minds and Land," NPR, July 13, 2012.

16 Linton Weeks, "When the KKK Was Mainstream," NPR, March 19, 2015, www .npr .org/ sections/ npr-history-dept/ 2015/ 03/ 19/ 390711598/ when-the-ku-klux-klan-was-mainstream.

17 Erin Blakemore, "How the Black Panthers' Breakfast Program Both Inspired and Threatened the Government," History .com, February 6, 2018, www .history .com/ news/ free-school-breakfast-black-panther-party.

18 Richard Jackson, "Constructing Enemies: 'Islamic Terrorism' in Political and Academic Discourse," *Government and Opposition* 42, no. 3 (2007): 394–426, doi .org/ 10 .1111/ j .1477-7053 .2007 .00229 .x. 傑克森指出西方論述是如何特別強調聖戰士反叛團體的「恐怖主義」面向，並對此有詳細的評論。

19 Robert Chesney, "Fifth Circuit Affirms Convictions in Holy Land Foundation," *Lawfare* (blog), December 8, 2011, www

.lawfareblog .com/ fifth-circuit-affirms-convictions-holy-land-foundation.

20 Sarah Chayes, "Corruption and Terrorism: The Causal Link," Carnegie Endowment for International Peace, May 12, 2016, carnegieendowment .org/ 2016/ 05/ 12/ corruption-and-terrorism-causal-link-pub-63568.

21 Sanam Naraghi-Anderlini, in "COVID-19 and Violent Extremism" (online webinar), Monash Gender, Peace and Security Center, June 3, 2020, www .monash .edu/ arts/ gender-peace-security/ engagement/ event-recordings #COVID-19 and violent extremism _Gender perspectives-2.

22 Hannah Beech, "What Indonesia Can Teach the World About Counterterrorism," *Time,* June 7, 2010.

失去信仰

1 我在二〇一八年閱覽這些來自敘利亞的社交媒體Tumblr帳號，但這些內容已被刪除。原網址：fa-tubalilghuraba .tumblr .com/ archive and diary-of-a-muhajirah .tumblr .com.

2 阿特蘭的訪談請見：Onbehagen, April 4, 2018, www .human .nl/ onbehagen/ kijk/ interviews/ scottatran .html.

3 "The Adolescent Brain: Beyond Raging Hormones," *Harvard Health* (blog), March 2011, www .health .harvard .edu/ mind-and-mood/ the-adolescent-brain-beyond-raging-hormones.

4 Charlie Winter, *The Virtual "Caliphate": Understanding Islamic State's Propaganda Strategy* (Quilliam, July 2015), core .ac .uk/ download/ pdf/ 30671634 .pdf.

5 Amanda Taub, "No, CNN, Women Are Not Joining ISIS Because of 'Kittens and Nutella,' " *Vox,* February 18, 2015.

6 Carolyn Hoyle, Alexandra Bradford, and Ross Frenett, *Becoming Mulan? Female Western Migrants to ISIS* (Institute for Strategic Dialogue, 2015), www .isdglobal .org/ wp-content/ uploads/ 2016/ 02/ ISDJ2969 _Becoming Mulan 01 .15 WEB .pdf.

7 Cihan Aksan and Jon Bailes, eds., *Weapon of the Strong: Conversations on US State Terrorism* (London: Pluto Press, 2013), p. 1.

8 Nafees Hamid et al., "Neuroimaging 'Will to Fight' for Sacred Values: An Empirical Case Study with Supporters of an Al

Qaeda Associate," *Royal Society Open Science* 6, no. 6 (2019), royalsocietypublishing .org/ doi/ abs/ 10 .1098/ rsos .181585.

9 John G. Horgan and Mary Beth Altier, "The Future of Terrorist De-Radicalization Programs," *Georgetown Journal of International Affairs* (Summer–Fall 2012): 88, www .academia .edu/ 3882144/ The Future _of Terrorist De Radicalization Programs. See also Stefan Malthaner, "Radicalization: The Evolution of an Analytical Paradigm," Cambridge Core, Cambridge University Press, December 4, 2017, www .cambridge .org/ core/ journals/ european-journal-of-sociology-archives-europeennes-de-sociologie/ article/ radicalization/ A91A5B84B27365A36ADF79D3 DFFE6C0C.

10 Marc Sageman, *Understanding Terror Networks* (Philadelphia: University of Pennsylvania Press, 2004).

11 Clark R. McCauley and Sophia Moskalenko, *Friction: How Conflict Radicalizes Them and Us* (New York: Oxford University Press, 2017), p. 104.

12 Julie Chernov Hwang, *Why Terrorists Quit: The Disengagement of Indonesian Jihadists* (Ithaca, NY: Cornell University Press, 2018), p. 50.

13 佩奇的引述請見：John Horgan, "Individual Disengagement: A Psychological Analysis," in Bjørgo and Horgan, eds., *Leaving Terrorism Behind,* p. 22.

唯有真主鑒察人心

1 Abu Amina Elias, "Hadith on Jihad: Did You Tear Open His Heart to See His Intention?" *Daily Hadith Online,* December 2, 2020, www .abuaminaelias .com/ dailyhadithonline/ 2012/ 04/ 19/ jihad-tear-open-heart/.

2 "Indonesia Jails Driver over Jakarta Hotel Bomb," BBC News, June 14, 2010, www .bbc .com/ news/ 10310940.

3 Frank Meeink, "Tree of Life, Roots of Rage: 3 Former Extremists Discuss Planting Seeds of Hope in the Context of Rising Hate-based Violence in the United States" (online discussion), Parallel Networks, October 29, 2018, pnetworks .org/ tree-of-liferoots-of-rage-3-former-extremists-discuss-planting-seeds-of-hope-in-the-context-of-rising-hate-based-violence-in-the-

united-states/.

4 Niniek Karmini, "Indonesia Brings Convicted Militants and Victims Together," *Daily Herald* (Chicago), February 26, 2018, www .dailyherald .com/ article/ 20180226/ news/ 302269966.

5 Cihan Aksan and Jon Bailes, *Weapon of the Strong: Conversations on US State Terrorism* (London: Pluto Press, 2013), p. 1.

6 Richard Fausset, "A Voice of Hate in America's Heartland," *New York Times,* November 25, 2017, www .nytimes .com/ 2017/ 11/ 25/ us/ ohio-hovater-white-nationalist .html.

7 Marc Lacey, "Readers Accuse Us of Normalizing a Nazi Sympathizer; We Respond," *New York Times,* November 26, 2017, www .nytimes .com/ 2017/ 11/ 26/ reader-center/ readers-accuse-us-of-normalizing-a-nazi-sympathizer-we-respond .html.

8 Freddy Mayhew, "*Daily Mirror* Changes Splash Headline Describing Mosque Killer as 'Angelic Boy,' " *Press Gazette,* March 18, 2019, www .pressgazette .co .uk/ daily-mirror-changes-splash-headline-describing-mosque-killer-as-angelic-boy/.

9 Lacey, "Readers Accuse Us."

10 Bruce Hoffman, "Al-Qaeda's Resurrection," Council on Foreign Relations, March 6, 2018, www .cfr .org/ expert-brief/ al-qaedas-resurrection.

11 Michael Fürstenberg and Carolin Görzig, "Learning in a Double Loop: The Strategic Transformation of Al-Qaeda," *Perspectives on Terrorism* 14, no. 1 (2020): 26–38, www .jstor .org/ stable/ pdf/ 26891983 .pdf.

12 Niccola Milnes, "When Less Empathy is Desirable: The Complexity of Empathy and Intergroup Relationships in Preventing Violent Extremism," wasafirihub .com (blog), November 12, 2018, www .wasafirihub .com/ when-less-empathy-is-desirable.

大博弈

1 *Global Terrorism Index 2019,* November 2019, www .economicsandpeace .org/ wp-content/ uploads/ 2020/ 08/ GTI-2019web .pdf.

2 Secunder Kermani, "Pakistan's Dilemma: What to Do about Anti-India Militants," BBC News, March 9, 2019, www .bbc .com/ news/ world-asia-47488917.

3 請見例如Jennifer Wriggins, "Rape, Racism, and the Law," *Harvard Women's Law Journal* 6, no. 103 (1983), digitalcommons .mainelaw .maine .edu/ faculty-publications/ 51.

4 "Proud Boys," Southern Poverty Law Center, www .splcenter .org/ fighting-hate/ extremist-files/ group/ proud-boys.

5 Alejandro Beutel, "The New Zealand Terrorist's Manifesto: A Look at Some of the Key Narratives, Beliefs and Tropes," National Consortium for the Study of Terrorism and Responses to Terrorism, April 30, 2019, www .start .umd .edu/ news/ new-zealand-terrorists-manifesto-look-some-key-narratives-beliefs-and-tropes.

6 Rudyard Kipling, *Kim* (Garden City, NY: Doubleday, Page), p. 186.

7 Mohammed Hanif, speech to Karachi Literary Festival, London, May 20, 2017.

8 Jeremy Scahill, "The Drone Papers," *Intercept,* October 15, 2015, theintercept .com/ 2015/ 10/ 15/ the-drone-papers/.

9 Jackie Northam, "Popularity of Drones Takes Off for Many Countries," NPR, July 11, 2011, www .npr .org/ 2011/ 07/ 11/ 137710942/ popularity-of-drones-takes-off-for-many-countries.

10 Grégoire Chamayou, *A Theory of the Drone,* trans. Janet Lloyd (London: Hamish Hamilton, 2015), p. 169.

11 Ann Rogers and John Hill, *Unmanned: Drone Warfare and Global Security* (London: Pluto Press, 2014), p. 85.

全球最佳去激進化專案

1 "Economic Survey Reveals Pakistan's Literacy Rate Increased to 60%," *News International,* June 11, 2020, www .thenews .com .pk/ latest/ 671198-economic-survey-reveals-pakistans-literacy-rate-increased-to-60.

2 Christopher Boucek, "Saudi Arabia's 'Soft' Counterterrorism Strategy: Prevention, Rehabilitation, and Aftercare," Carnegie Endowment for International Peace, September 22, 2008,-strategy-prevention-rehabilitation-and-aftercare-pub-22155.

3 "Individuals Using the Internet (% of Population) — Pakistan," Data, World Bank, 2020, data .worldbank .org/ indicator/ IT .NET .USER .ZS ?locations = PK.

4 Cathy Scott-Clark and Adrian Levy, "How to Defuse a Human Bomb," *Guardian,* October 15, 2010.

5 Christina Lamb, "100% Pass Rate at Boy Bomber Reform School," *Sunday Times,* April 27, 2013.

6 Mary Renault, *The Nature of Alexander* (London: Alan Lane, 1975), p. 131.

7 Krishnadev Calamur, "New Pakistani Taliban Leader Blamed for Schoolgirl Shooting," NPR, November 7, 2013, www .npr .org/ sections/ parallels/ 2013/ 11/ 07/ 243752189/ pakistani-taliban-pick-leader-blamed-for-schoolgirl-shooting.

8 Ayesha Umar, "Dr. Farooq: The Loss of an Intellectual," *Express Tribune,* October 6, 2010, tribune .com .pk/ article/ 2025/ dr-farooq-the-loss-of-an-intellectual.

9 Jack Guy, "Saudi Crown Prince Gifted Golden Submachine Gun in Pakistan," CNN, February 20, 2019.

10 Madiha Afzal, "Saudi Arabia's Hold on Pakistan," Brookings Institution, May 10, 2019, www .brookings .edu/ research/ saudi-arabias-hold-on-pakistan/.

11 Bruce Riedel, "Saudi Arabia Is Part of the Problem and Part of the Solution to Global Jihad," Brookings Institution, July 29, 2016, www .brookings .edu/ blog/ markaz/ 2015/ 11/ 20/ saudi-arabia-is-part-of-the-problem-and-part-of-the-solution-to-global-jihad/.

12 Scott Shane, "Saudis and Extremism: 'Both the Arsonists and the Firefighters,' " *New York Times,* August 25, 2016.

13 "WikiLeaks: Saudis 'Chief Funders of Sunni Militants,' " BBC News, December 5, 2010.

14 Elliott Balch, "Myth Busting: Robert Pape on ISIS, Suicide Terrorism, and U.S. Foreign Policy," *Chicago Policy Review,* May 6, 2015, chicagopolicyreview .org/ 2015/ 05/ 05/ myth-busting-robert-pape-on-isis-suicide-terrorism-and-u-s-foreign-policy/.

美國的反彈效應

1 奧列格·瑟羅莫洛托夫（俄羅斯外交部副部長）在OSCE反恐會議上的演說, “The Reverse Flow of Foreign Terrorist Fighters: Challenges for the OSCE Area and Beyond,” Rome, May 10–11, 2018.

2 “Global Terrorism Index 2016,” Institute for Economics and Peace, November 2016, economicsandpeace .org/ wp-content/ uploads/ 2016/ 11/ Global-Terrorism-Index-2016 .2 .pdf.

3 “Journey to Extremism in Africa: Drivers, Incentives and the Tipping Point for Recruitment,” United Nations Development Program, 2017, journey-to-extremism .undp .org/ content/ downloads/ UNDP-JourneyToExtremism-report-2017-english .pdf.

4 Helen Duffy, “ ‘Foreign Terrorist Fighters’: A Human Rights Approach?” Brill Nijhoff, December 12, 2018, brill .com/ view/ journals/ shrs/ 29/ 1-4/ article-p120 120 .xml ?language = en.

5 “Guidelines for Addressing the Threats and Challenges of ‘Foreign Terrorist Fighters’ within a Human Rights Framework,” OSCE, 2020, www .osce .org/ odihr/ 393503.

6 Sarah Chayes, *Thieves of State: Why Corruption Threatens Global Security* (New York: W. W. Norton, 2015).

7 “Testimony to the Senate Foreign Relations Committee: Corruption: Violent Extremism, Kleptocracy and the Dangers of Failing Governance,” Carnegie Endowment for International Peace, 2016, carnegieendowment .org/ files/ Chayes Testimony 6-30-16.pdf.

8 Chayes, “Corruption and Terrorism,” *op. cit.*

9 Fatima Akilu, remarks at Thomson Reuters Foundation conference “Is Deradicalization Possible?” London, 2016.

10 Jack Serle and Jessica Purkiss, “US Counter Terror Air Strikes Double in Trump’s First Year,” *Airwars,* December 19, 2017, airwars .org/ news-and-investigations/ page/ 2/ ?belligerent = us-forces & country = somalia.

11 Thrall and Goepner, *op. cit.*

12 Matt Sledge, “Every Yemen Drone Strike Creates 40 to 60 New Enemies for U.S,” *HuffPost,* October 24, 2013.

13 “Former Counterterrorism Czar Richard Clarke: U.S. Drone Program Under Obama ‘Got Out of Hand,’ ” *Democracy Now!,*

June 2, 2014, www .democracynow .org/ 2014/ 6/ 2/ former _counterterrorism czar richard clarke us.

14 Ed Pilkington and Ewen MacAskill, "Obama's Drone War a 'Recruitment Tool' for ISIS, Say US Air Force Whistleblowers," *Guardian,* November 18, 2015.

15 引述自 Henrick Karoliszyn and John Marzulli, "Long Island–Bred Terrorist's Plea Reveals LIRR Plot," *New York Daily News,* April 9, 2018.

16 Paul Cruickshank, "The Radicalization of an All-American Kid," CNN, May 15, 2010.

17 Bryant Neal Viñas and Mitchell Silber, "Al-Qa`ida's First American Foreign Fighter after 9/11," Combating Terrorism Center at West Point, January 17, 2019, ctc .usma .edu/ al-qaidas-first-american-foreign-fighter-9-11/.

18 "American Al Qaeda Member Turned Informant Avoids Long Sentence," Reuters, May 11, 2017.

19 Viñas and Silber, *op. cit*

20 Adam Goldman, "Service to Both Al Qaeda and U.S., with Fate Hanging in the Balance," *New York Times,* May 15, 2017.

21 Adam Goldman, "He Turned on Al Qaeda and Aided the U.S. Now He's on Food Stamps and Needs a Job," *New York Times,* March 6, 2018.

量子糾纏

1 Kenneth Propp, "Speech Moderation and Militant Democracy: Should the United States Regulate like Europe Does?" Atlantic Council, February 1, 2021, www .atlanticcouncil .org/ blogs/ new-atlanticist/ speech-moderation-and-militant-democracy-should-the-united-states-regulate-like-europe-does/.

2 J. M. Hawes, *The Shortest History of Germany: From Julius Caesar to Angela Merkel: A Retelling for Our Times* (New York: Experiment, 2019), p. 195.

3 Frederick Taylor, *Exorcising Hitler: The Occupation and Denazification of Germany* (London: Bloomsbury, 2014).

4 Susan Neiman, *Learning from the Germans: Race and the Memory of Evil* (New York: Picador, 2020), pp. 98–99. 繁體中文版《父輩的罪惡：德國如何面對歷史，走向未來？》（衛城出版：二〇二二）。

5 Jeffrey Gedmin, "Right-Wing Populism in Germany: Muslims and Minorities after the 2015 Refugėe Crisis," Brookings Institution, July 24, 2020, www .brookings .edu/ research/ right-wing-populism-in-germany-muslims-and-minorities-after-the-2015-refugee-crisis/.

6 Julia Berczyk and Floris Vermeulen, "*Prevent* Abroad: Militant Democracy, Right-Wing Extremism, and the Prevention of Islamic Extremism in Berlin," in *Counter-Radicalization: Critical Perspectives,* ed. Christopher Baker-Beall, Charlotte Heath-Kelly, and Lee Jarvis (Milton Park, UK: Routledge, 2015), pp. 88–105.

7 Lukasz Jurczyszyn et al., *Report on the Comparative Analysis of European Counter-Radicalisation, Counter-Terrorist and De-Radicalisation Policies* (Dialogue About Radicalisation & Equality, 2019), p. 16, www .dare-h2020 .org/ uploads/ 1/ 2/ 1/ 7/ 12176018/ _reportcounterradicalisationpolicies d3 .2 .pdf.

8 Witold Mucha, "Polarization, Stigmatization, Radicalization: Counterterrorism and Homeland Security in France and Germany," *Journal for Deradicalization,* 2017, journals .sfu .ca/ jd/ index .php/ jd/ article/ download/ 89/ 79; "We Talk to Extremists, Not About Them," Violence Prevention Network, 2021, violence-prevention-network .de/ ?lang = en.

9 "Breaking Away from Hate and Violence — Education of Responsibility (Verantwortungspädagogik)," Migration and Home Affairs — European Commission, December 11, 2018, ec .europa .eu/ home-affairs/ node/ 7422 en.

10 Michael Herzog zu Mecklenburg and Ian Anthony, "Preventing Violent Extremism in Germany: Coherence and Cooperation in a Decentralized System" (working paper), Stockholm International Peace Research Institute, August 2020," p. 64, www .sipri .org/ sites/ default/ files/ 2020-08/ wp 2005 violent extremism .pdf.

11 Tony Barber, "Germany Wakes up to the Far-Right Terror Threat," *Financial Times,* December 3, 2020.

12 *Germany's New Nazis,* Panorama, BBC, September 30, 2017, www .ronachanfilms .co .uk/ 2017/ 10/ 16/ panorama-germanys-

new-nazis-2/.

13 "Mesut Özil: Arsenal Midfielder Quits Germany over 'Racism and Disrespect,' " BBC Sport, July 23, 2018, www .bbc .com/ sport/ football/ 44915730.

14 Albert Einstein, in *The Expanded Quotable Einstein,* ed. Alice Calapice (Princeton: Princeton University Press, 2005), assets .press .princeton .edu/ chapters/ s6908 .pdf.

15 " 'Spooky Action at a Distance' Makes Sense — in the Quantum World," *Mind Matters,* December, 2020, mindmatters .ai/ 2020/ 12/ spooky-action-at-a-distance-makes-sense-in-the-quantum-world/.

16 Julia Ebner, *The Rage: The Vicious Circle of Islamist and Far-Right Extremism* (London: I. B. Tauris, 2017), p. 28.

17 Ibid., pp. 181–82.

18 Esra Özyürek, "Export-Import Theory and the Racialization of Anti-Semitism: Turkish-and Arab-Only Prevention Programs in Germany," LSE Research Online, March 2016, core .ac .uk/ download/ pdf/ 188463821 .pdf.

19 Esra Özyürek, "German Muslims' 'Shocking' Response to the Holocaust," *Haaretz,* February 1, 2021, www .haaretz .com/ world-news/ german-muslims-shocking-response-to-the-holocaust-1 .9500759.

如何讓家園去激進化

1 "Jewish Nation State: Israel Approves Controversial Bill," BBC News, July 19, 2018.

2 El bieta M. Go dziak, "Using Fear of the 'Other,' Orbán Reshapes Migration Policy in a Hungary Built on Cultural Diversity," *Migration Policy,* October 10, 2019, www .migrationpolicy .org/ article/ orb %C3 %A1n-reshapes-migration-policy-hungary.

3 Kwame Anthony Appiah, "The Importance of Elsewhere," *Foreign Affairs,* March–April 2019.

4 Ryan Heath, "Liberal Mayors Launch Fightback against Populism," *Politico,* December 2, 2016, www .politico .eu/ article/ liberal-mayors-launch-fightback-against-populism-bart-somers-of-mechelen-francois-decoster/.

5 Bart Somers, *Mechelen Bouwstenen voor een betere stad* (Antwerp: Houtekiet, 2012).

6 Michael Birnbaum, "Belgian Muslims Face Renewed Anger, Alienation after Attacks in Paris," *Washington Post,* January 15, 2015.

7 Hans Bonte, "The Vilvoorde Model as a Response to Radicalism," Strong Cities Network, 2015, strongcitiesnetwork .org/ en/ wp-content/ uploads/ sites/ 5/ 2017/ 02/ The-Vilvoorde-model-as-a-response-to-radicalism .pdf.

8 Walt Whitman, "Song of Myself " (1892), Poetry Foundation, www .poetryfoundation .org/ poems/ 45477/ song-of-myself-1892-version.

9 Alissa de Carbonnel and Robert-Jan Bartunek, "Soldiers on Europe's Streets Dent NATO's Defence Edge," Reuters, September 14, 2017, www .reuters .com/ article/ europe-attacks-military-idINKCN1BP1C6.

10 Lene Hansen, "Reconstructing Desecuritisation: The Normative-Political in the Copenhagen School and Directions for How to Apply It," *Review of International Studies* 38, no. 3 (2012): 525–46, www .jstor .org/ stable/ 41681477.

11 梅赫倫在薩默斯上任前後的轉變，可從二〇一六年薩默斯得到民眾提名「世界市長獎」（World Mayor Prize）並獲獎可見一斑。見 www.worldmayor.com/contest _2016/ mechelen-mayor-somers .html.

12 "Vlaams Belang Mechelen," Facebook, www .facebook .com/ VlaamsBelangMechelen.

13 Herman Van Goethem, ed., *Kazerne Dossin: Memorial, Museum and Documentation Centre on Holocaust and Human Rights* (Mechelen: Kazerne Dossin, 2012).

14 Bart Somers, *The Mechelen Model: An Inclusive City* (Barcelona Centre for International Affairs, 2017).

15 "Syria: UN Experts Urge 57 States to Repatriate Women and Children from Squalid Camps," UN Human Rights Council, February 8, 2021, reliefweb .int/ report/ syrian-arab-republic/ syria-un-experts-urge-57-states-repatriate-women-and-children-squalid.

16 Yasmine Ahmed, "The UK Supreme Court Has Failed Shamima Begum," HRW .org (blog), March 2, 2021, www .hrw .org/

news/ 2021/ 03/ 02/ uk-supreme-court-has-failed-shamima-begum.

17 此處引述自 Maria Popova, “Hannah Arendt on Loneliness as the Common Ground for Terror and How Tyrannical Regimes Use Isolation as a Weapon of Oppression,” *Brain Pickings,* September 27, 2020, www .brainpickings .org/ 2016/ 12/ 20/ hannah-arendt-origins-of-totalitarianism-loneliness-isolation/.

18 Cass Sunstein, *Going to Extremes: How Like Minds Unite and Divide* (Oxford: Oxford University Press, 2009), p. 80.

19 James Politi, “NY Fed Study Links Spanish Flu to Extremist Voting in 1930s,” *Financial Times,* May 5, 2020, blogs .ft .com/ the-world/ liveblogs/ 2020-05-05-2/.

20 Ali Rogin and Amna Nawaz, “ ‘We Have Been Through This Before’: Why Anti-Asian Hate Crimes Are Rising amid Coronavirus,” *PBS NewsHour,* June 25, 2020, www.pbs.org/newshour/nation/we-have-been-through-this-before-why-anti-asian-hate-crimes-are-rising-amid-coronavirus.

21 Miller-Idriss quoted in Hannah Allam, “ ‘A Perfect Storm’: Extremists Look for Ways to Exploit Coronavirus Pandemic,” NPR, April 16, 2020, www.npr.org/2020/04/16/835343965/-a-perfect-storm-extremists-look-for-ways-to-exploit-coronavirus-pandemic.

22 Somini Sengupta, “Protesting Climate Change, Young People Take to Streets in a Global Strike,” *New York Times,* September 20, 2019, www .nytimes .com/ 2019/ 09/ 20/ climate/ global-climate-strike .html.

23 George Orwell, “Review of *Mein Kampf,*” *Book Marks,* April 25, 2017, bookmarks .reviews/ george-orwells-1940-review-of-mein-kampf/.

24 阿特蘭的論述引用自 Robert Gebelhoff, “Rethinking the War on Terrorism, with the Help of Science,” *Washington Post,* March 31, 2019.

25 Scott Atran, “Alt-Right or Jihad?,” *Aeon,* November 6, 2017, aeon .co/ essays/ radical-islam-and-the-alt-right-are-not-so-different.

國家圖書館出版品預行編目資料

家・國・安全：從聖戰士媽媽、德國新納粹到斬首者，在全球「暴力極端主義」時代尋找消弭衝突的希望／卡拉・鮑爾（Carla Power）著；黃佳瑜譯. -- 初版. -- 臺北市：麥田出版：英屬蓋曼群島商家庭傳媒股份有限公司城邦分公司發行, 2023.01
面； 公分. --（麥田叢書；114）
譯自：Home, land, security : deradicalization and the journey back from extremism.
ISBN 978-626-310-369-6（平裝）
1.CST: 恐怖主義 2.CST: 恐怖活動
548.86 111019305

麥田叢書114

家・國・安全

從聖戰士媽媽、德國新納粹到斬首者，在全球「暴力極端主義」時代尋找消弭衝突的希望

HOME, LAND, SECURITY : Deradicalization and the Journey Back from Extremism

作　　者／卡拉・鮑爾（Carla Power）
譯　　者／黃佳瑜
責任編輯／許月苓
主　　編／林怡君

國際版權／吳玲緯
行　　銷／闕志勳　吳宇軒　陳欣岑
業　　務／李再星　陳紫晴　陳美燕　葉晉源
編輯總監／劉麗真
總 經 理／陳逸瑛
發 行 人／涂玉雲
出　　版／麥田出版
10483臺北市民生東路二段141號5樓
電話：(886)2-2500-7696　傳真：(886)2-2500-1967
發　　行／英屬蓋曼群島商家庭傳媒股份有限公司城邦分公司
10483臺北市民生東路二段141號11樓
客服服務專線：(886) 2-2500-7718、2500-7719
24小時傳真服務：(886) 2-2500-1990、2500-1991
服務時間：週一至週五09:30-12:00・13:30-17:00
郵撥帳號：19863813　戶名：書虫股份有限公司
讀者服務信箱E-mail：service@readingclub.com.tw
麥田網址／https://www.facebook.com/RyeField.Cite/
香港發行所／城邦（香港）出版集團有限公司
香港灣仔駱克道193號東超商業中心1/F
電話：(852)2508-6231　傳真：(852)2578-9337
馬新發行所／城邦（馬新）出版集團 Cite (M) Sdn Bhd
41, Jalan Radin Anum, Bandar Baru Sri Petaling, 57000 Kuala Lumpur, Malaysia.
Tel: (603) 90563833　Fax: (603) 90576622　Email: services@cite.my

封面設計／張巖
印　　刷／前進彩藝有限公司

■2023年1月　初版一刷

定價：550元
ISBN／978-626-310-369-6
其他版本ISBN／978-626-310-365-8（EPUB）

城邦讀書花園
www.cite.com.tw
書店網址：www.cite.com.tw

cite城邦媒體 麥田出版
Rye Field Publications
A division of Cité Publishing Ltd.

廣　告　回　函
北區郵政管理局登記證
台北廣字第000791號
免　貼　郵　票

英屬蓋曼群島商
家庭傳媒股份有限公司城邦分公司
104 台北市民生東路二段141號5樓

▼

請沿虛線折下裝訂，謝謝！

文學・歷史・人文・軍事・生活

Rye Field Publications

書號：RL4114　　書名：家・國・安全

讀者回函卡

cite城邦媒體

※為提供訂購、行銷、客戶管理或其他合於營業登記項目或章程所定業務需要之目的，家庭傳媒集團（即英屬蓋曼群島商家庭傳媒股份有限公司城邦分公司、城邦文化事業股份有限公司、書虫股份有限公司、墨刻出版股份有限公司、城邦原創股份有限公司），於本集團之營運期間及地區內，將以e-mail、傳真、電話、簡訊、郵寄或其他公告方式利用您提供之資料（資料類別：C001、C002、C003、C011等）。利用對象除本集團外，亦可能包括相關服務的協力機構。如您有依個資法第三條或其他需服務之處，得致電本公司客服中心電話請求協助。相關資料如為非必填項目，不提供亦不影響您的權益。

□ 請勾選：本人已詳閱上述注意事項，並同意麥田出版使用所填資料於限定用途。

姓名：＿＿＿＿＿＿＿＿ 聯絡電話：＿＿＿＿＿＿＿＿

聯絡地址：□□□□□＿＿＿＿＿＿＿＿

電子信箱：＿＿＿＿＿＿＿＿

身分證字號：＿＿＿＿＿＿＿＿（此即您的讀者編號）

生日：＿＿年＿＿月＿＿日 性別：□男 □女 □其他＿＿＿＿

職業：□軍警 □公教 □學生 □傳播業 □製造業 □金融業 □資訊業 □銷售業

□其他＿＿＿＿＿＿＿＿

教育程度：□碩士及以上 □大學 □專科 □高中 □國中及以下

購買方式：□書店 □郵購 □其他＿＿＿＿＿＿＿＿

喜歡閱讀的種類：（可複選）

□文學 □商業 □軍事 □歷史 □旅遊 □藝術 □科學 □推理 □傳記 □生活、勵志

□教育、心理 □其他＿＿＿＿＿＿＿＿

您從何處得知本書的消息？（可複選）

□書店 □報章雜誌 □網路 □廣播 □電視 □書訊 □親友 □其他＿＿＿＿

本書優點：（可複選）

□內容符合期待 □文筆流暢 □具實用性 □版面、圖片、字體安排適當

□其他＿＿＿＿＿＿＿＿

本書缺點：（可複選）

□內容不符合期待 □文筆欠佳 □內容保守 □版面、圖片、字體安排不易閱讀 □價格偏高

□其他＿＿＿＿＿＿＿＿

您對我們的建議：＿＿＿＿＿＿＿＿

＿＿＿＿＿＿＿＿＿＿＿＿＿＿＿＿